Rudi Rhode/Mona Sabine Meis
Wortlos sprechen

Guter Rat für aktive Menschen bei Oesch

Lillian Glass
Mit mir nie wieder!
10 Methoden, mit Menschen umzugehen, die Ihnen das Leben schwer machen
14. Auflage! ISBN 3-0350-0014-X

Lillian Glass
Ich weiß, was Sie denken
Vier glasklare Methoden, Menschen zu durchschauen. 6. Auflage
ISBN 3-0350-0007-7

Peter Koenig
30 dreiste Lügen über Geld
Befreie dein Leben – rette dein Geld. Neu! ISBN 3-0350-9001-7

Allen E. Mallinger/Jeannette de Wyze
Keiner ist perfekt
Wie man sich von der Angst vor Versagen befreit und zu einem
guten Leben findet
3. Auflage. ISBN 3-0350-0025-5

Emil Oesch
Die Kunst, Zeit zu haben
Ratschläge für den Umgang mit dem kostbarsten Gut. 40. Auflage!
ISBN 3-0350-0019-0

Susan RoAne
Sag doch einfach hallo!
Wie man sich in Gesellschaft selbstbewußt bewegt und Kontakte knüpft
18. Auflage! ISBN 3-0350-0006-9

Rose Rosetree
Die Kunst, aus dem Gesicht zu lesen
Mimik und Gesichtsmerkmale in Gespräch, Verhandlung und
in zwischenmenschlichen Beziehungen. Neu! ISBN 3-0350-0001-8

Rachelle Zukerman
Strahlende Sie sucht Mann fürs Leben
Wie reife Frauen Partner finden. Neu! ISBN 3-0350-0010-7

In Ihrer Buchhandlung
Programminfos:
www.oeschverlag.ch
www.joppverlag.ch

Rudi Rhode / Mona Sabine Meis

Wortlos sprechen

Körpersprache:
Körperwahrheiten – Körperlügen

Mit Fotos und Zeichnungen von
Mona Sabine Meis

Oesch Verlag

Alle Rechte vorbehalten
Nachdruck in jeder Form sowie die Wiedergabe
durch Fernsehen, Rundfunk, Film, Bild- und Tonträger,
die Speicherung und Verbreitung in elektronischen
Medien oder Benutzung für Vorträge, auch auszugsweise,
nur mit Genehmigung des Verlags

Copyright © 2004 by Oesch Verlag, Zürich
Satz: Oesch Verlag
Druck und Bindung: Ebner & Spiegel, Ulm
Printed in Germany

ISBN 3-0350-0027-1

Gern senden wir Ihnen unser Verlagsverzeichnis:
Oesch Verlag, Jungholzstraße 28, 8050 Zürich
E-Mail: info@oeschverlag.ch
Telefax 0041/44 305 70 66 (CH: 044 305 70 66)

Programminfos:
www.oeschverlag.ch
www.joppverlag.ch

Inhalt

Einleitung 11

Systematischer Teil

»Wer ist hier der Boß?«
(Körper-)Sprache und kommunikativer Status 19
    Kommunikativer Hochstatus 22
    Kommunikativer Tiefstatus 25

»Guck nicht so blöd!«
Blickverhalten, Macht und Konflikt 31
    Auf Augenhöhe 34
    Visueller Hochstatus 40
    Visueller Tiefstatus 49
    Der »feste Blick« 58
    Zusammenfassung 63

»Bleib mir von der Pelle!«
Raumverhalten, Macht und Konflikt 64
    Sozialer Status und Raum 67
    Körpersprachliche Expansion 69
    Körpersprachliche Invasion 73
    Legitimierte Invasionen 75
    Körpersprachliche Raumreduktion 76
    Erdulden von Invasion 78

Inhalt

»Kleine Fluchten« 80
Time is money 83
Zusammenfassung 86

»Größe zeigen ...«
Körpergröße, Macht und Konflikt 88
   Körpergröße als Drohgebärde 92
   Deckeln und unterdrücken 95
   Buckeln 96
   Vom »röhrenden Hirsch« zur » Harley Davidson« .. 100
   Zusammenfassung 104

»Immer locker bleiben!«
Körperspannung, Macht und Konflikt 105
   Körperspannung und Status 107
   Spannung und Entspannung im Konflikt 110
   Zusammenfassung 113

»Gefühle machen angreifbar!«
Undurchschaubarkeit, Macht und Konflikt 114
   Undurchschaubarkeit und Macht 115
   Versteinerung im Konflikt 117
   Zusammenfassung 121

»Gute Miene zum bösen Spiel«
Vom »echten« und vom »falschen« Lächeln 122
   Das partnerschaftliche Lächeln 123
   Das Tiefstatus-Lächeln 127
   Das Hochstatus-Lächeln 134
   Das Signal-Lächeln 136
   Zusammenfassung 140

Machiavelli läßt grüßen

Vom Machtsignal zur Strategie 141
   Die Angriffsstrategie 142
   Die Opferstrategie 145
   Zwei Seiten einer Medaille 147
   Zusammenfassung 151

Praktischer Teil

Körpersprache, Macht, Konflikt und Gewalt im Alltag 155

»Versuch's mal mit Gemütlichkeit ...«
Wenn uns die Sicherung durchbrennt 157
   Der Verstand auf dem Abstellgleis 158
   Gelassenheit siegt 161

»Vier Fäuste für ein Halleluja«
Angriffsstrategie, Männlichkeit und Körpersprache 165
   Neulich in der Disko 167
   Körpersprachlich-symbolische Kämpfe 171
   »Alles nur ein Spiel?« 174
   Real-körperliche Kämpfe 177
   Ganzer Kerl oder halbe Portion? 178
   »Was Hänschen nicht lernt ...« 182
   Körpersprache als Peilgerät 185
   »Der Klügere gibt nach!« 188
   Spitze Messer, spitze Zungen 190
   Mädchen rüsten nach 192

Inhalt

»Bitte tu mir nichts!«
Wegducken oder aufmucken? 194
   Helden in Not 195
   Raus aus der Opferrolle! 196
   Präventive Besänftigung 199
   Weibliche Waffen? 201

»Der kleine Unterschied ...«
Männliche und weibliche Körpersprache 204
   Raumverhalten 206
   Spannung und Entspannung 212
   Blicke und Mimik 215
   Zugeknöpft und offenherzig 218
   Körpergröße 221

»Wer den Schaden hat ...«
Komik, Status und Macht 228
   Komiker und Kabarettisten 232
   Frauen hatten lange Zeit
   nichts zu lachen 235

Wer hat hier das Sagen?
Körpersprache und Macht in Hierarchien 238
   Chefsache 239
   Das System der Höflichkeit 242
   Kommunikation mit Augenmaß 244

»Bitte nach Ihnen!«
Körpersprache und Macht in der Fußgängerzone 247
   »Augen zu und durch« 249
   Man(n) trifft sich 251
   »Ein Schritt vor und zwei zurück« 253
   Pas de deux 254

Sind Sie rechts oder links? 256
Beim Tanzen führt der Mann 258

Schlußbemerkungen
Körpersprache, Bewegung und Konflikt 263
Bewegung tut gut 264
Begeisterung begeistert 266
Starre Fronten 269
Bewegung im Konflikt 270
Körpersprache ist reflexiv 272
Auf den Körper achten 276

Literaturliste 279

Einleitung

Körperwahrheiten – Körperlügen, Macho-Verhalten, Duckmäusertum ... fast zwangsläufig fallen uns bei diesen Schlagwörtern hochrangige Politiker oder Wirtschaftsbosse ein, die ihre Dominanzgesten, herrischen Posen oder ihr gewinnendes Lächeln mühsam eingeübt haben, um sich wirkungsvoll in Szene setzen zu können. Doch allen Assoziationen zum Trotz: Die Hauptakteure unseres Buches sind weniger jene »hohen Tiere« als vielmehr wir »kleinen Fische«. Denn nicht nur am Rednerpult im Bundestag und auf der Aktionärsversammlung eines Unternehmens, sondern auch beim Streit im Großraumbüro und im Bad wird die Stichhaltigkeit so mancher Aussage mit einer verletzenden Körpersprache flankiert. Und wenn es gilt, eigene Interessen gegen die des Partners durchzusetzen, dann wird auch bei der leidigen Diskussion um den Abwasch so manches schlagkräftige Argument von uns mit nonverbalen Signalen der Dominanz und Macht unterstrichen:

- Wir heben die Stimme und senden mit unserer Lautstärke Drohsignale aus.
- Wir machen uns größer und stemmen die Hände in die Hüften, um unseren Konfliktpartner zu beeindrucken und abzuschrecken.
- Wir werfen verächtliche Blicke, denn »Blicke können töten«.
- Wir verkleinern den Abstand und treten dem Gegenüber zu nahe, damit dieser verunsichert wird.
- Wir hauen mit der Faust auf den Tisch und wollen mit diesem Schlag nicht nur unsere geballte Energie unter Be-

weis stellen, sondern den Kontrahenten zusätzlich einschüchtern.
- Wir fuchteln mit dem gestreckten Zeigefinger dicht vor dessen Nase herum und demonstrieren damit, daß wir den Konfliktgegner am liebsten durchbohren würden.
- Und wir verschränken schützend die Arme vor unserer Brust, sobald uns jener mit seinen »Anwürfen« in die Defensive treibt.

Bei aller scheinbaren Sachlichkeit der Konfliktaustragung kämpfen wir in unseren Streitereien immer auch auf einer körperlichen Ebene um Sieg oder Niederlage. Je eskalierter und emotionsgeladener eine Auseinandersetzung ist, desto schwerer wiegt die Rolle des Körpers für deren Verlauf und Ausgang: Ein großer und kräftiger Mann vermag allein mit seiner körperlichen Übermacht einer kleinen und schmächtigen Person – egal ob Frau oder Mann – so zu imponieren, daß diese in einem Streit schneller klein beigibt und ihre Interessen denjenigen des überlegenen Gegners unterordnet. Selbst die zierlichste Frau ist ihrem kleinen Sprößling körperlich so weit überlegen, daß sie diesem gegenüber ihre Größe als Drohgebärde einsetzen kann, wenn es gilt, im Konfliktfall den aufmüpfigen Kleinen zu deckeln.

Im Klartext: Niemand von uns kann sich davon freisprechen, den eigenen Körper als Waffe zu benutzen. Niemand von uns kann leugnen, mit der Körpersprache auch Druck und Macht auszuüben. Oftmals überschreiten wir – ohne daß uns die eigenen Verhaltensweisen verletzend vorkommen müssen – die Grenzen unserer Mitmenschen. Da jene uns unbewußte Grenzübertritte nicht immer eindeutig zurückspiegeln, wundern wir uns über die Distanz, die zwischen ihnen und uns entsteht ...

Sicher haben auch Sie, liebe Leserinnen und Leser, schon ähnliche Situationen wie die folgenden aus der Opferperspektive am eigenen Leib erfahren müssen:

Einleitung

- Die Chefin betritt das Büro ihrer Angestellten, ohne anzuklopfen.
- Der Lehrer beugt sich von hinten über die Schulter des Schülers und malt in dessen Bild hinein.
- Die Mutter verdreht im Beisein ihrer Tochter die Augen, während diese von ihren Problemen mit Jungen erzählt.
- Der Vorgesetzte wird laut und ausfallend, sobald ein Mitarbeiter ihm widerspricht.
- Der Mann an der Theke stiert auf den Körper der Frau, die neben ihm steht.
- Eine Verkäuferin »übersieht« einen Kunden und läßt ihn warten, weil sie noch mit ihrer Kollegin über den letzten Betriebsausflug tratschen möchte.
- Der Ehemann blättert in der Zeitung, während seine Frau ihm von ihrem Tag berichtet.
- Ein Mann berührt scheinbar beiläufig eine ihm fremde Frau in der U-Bahn.

Jede der beschriebenen Verhaltensweisen stellt eine Verletzung dar. Doch statt uns der Übergriffe zu erwehren, fressen wir allzu häufig den Ärger in uns hinein und ducken uns weg: Wir senken verschämt den Blick, werden kleinlaut und beschwichtigen uns selbst, indem wir sagen: »Was hätte ich denn machen sollen? Das hat der doch sicher nicht so gemeint. Und außerdem war es ja gar nicht so schlimm ...« Der Grad der eigenen Verletztheit wird heruntergespielt. Wir machen uns zum Opfer und lassen die jeweiligen Konfliktpartner gewähren – wieder und wieder.

Um Ihnen für die Bewältigung solcher Situationen Hilfestellungen geben zu können, werden wir im ersten Teil unseres Buches zunächst einen systematischen Überblick über unser körpersprachliches »Waffenarsenal« geben. Dabei wird so mancher

Blick, so manches Lächeln, so manche Haltung oder so manche Geste, die Sie bisher vielleicht als harmlos eingestuft haben oder bestenfalls irritierend fanden, vor dem Hintergrund einer Betrachtung unter Macht- und Ohnmachtsaspekten in einem neuen Licht erscheinen.

Im zweiten Teil des Buches werden wir das so gewonnene Wissen auf die Analyse von beruflichen und privaten Alltagssituationen übertragen: Wir betrachten Werbefotos und Schaufensterpuppen unter geschlechtsspezifischen Machtaspekten, durchleuchten die Körpersprache von Komikern, unternehmen einen Gang durch die Fußgängerzone und analysieren die Laufwege von Passanten unter dem Aspekt von Dominanz und Unterwerfung. Wir schauen genauer hin, wie sich Chef und Angestellte ohne Worte mitteilen, wer »das Sagen« hat und wer »hörig« ist. Wir untersuchen die Körpersprache von Machos, die sich im Streit aufpusten, und wir decken auf, welche nonverbalen Signale Opfer aussenden, um sich wegzuducken. Zum Schluß zeigen wir, wie wir andere Menschen dazu bewegen können, uns zu folgen.

Wir haben das Rad der Körpersprache nicht neu erfunden! Einerseits stützen wir unsere Thesen und Aussagen über den Zusammenhang von Körpersprache und Macht auf viele Untersuchungen, die seit Jahrzehnten von Psychologen, Anthropologen oder Sozialwissenschaftlern zu diesem Thema durchgeführt wurden. Andererseits haben wir durch unsere langjährige berufliche Tätigkeit als Schauspieler bzw. als Kunst- und Theaterpädagogin einen systematischen und praktischen Einblick in die nonverbale Kommunikation gewinnen können. Schließlich und vor allem basieren unsere Gedanken und Theorien auf Beobachtungen und Erfahrungen, die wir in unseren Seminaren mit den unterschiedlichsten Teilnehmerinnen und Teilnehmern aus den verschiedensten Berufszweigen sammeln durften. Allen, die uns in Körpersprachen-, Konflikt-, Verkaufs-, Führungs- oder Krea-

Einleitung

tivitäts-Workshops durch kritische Anmerkungen und ihren Mut zu Übungen und Rollenspielen geholfen haben, dieses Buch zu schreiben, möchten wir an dieser Stelle herzlich danken.

Bestimmt haben Sie unser Buch bereits durchgeblättert, um sich einen ersten Eindruck zu verschaffen. Vermutlich sind Sie mit Ihren Blicken auch an den Zeichnungen von Mona Sabine Meis hängen geblieben. Diese »Scribbles« sind – ähnlich wie Schnappschüsse bei der Fotografie – zeichnerische Momentaufnahmen von realen Situationen im Café, in der Bahn, im Kaufhaus, auf dem Amt oder in der Fußgängerzone. Es handelt sich gewissermaßen um Beobachtungsnotizen. In einigen Fällen illustrieren sie den Text, in anderen stehen sie eher in einem losen und assoziativen Zusammenhang zum jeweiligen Inhalt: Manche »Scribbles« regen einfach nur zum Schmunzeln an, einige schaffen eine humorvolle Distanz zur gar nicht so witzigen Realität, und andere laden dazu ein, den Blick für unsere nonverbalen Signale zu schärfen. In jedem Falle aber sollen die Zeichnungen Lust machen, genauer auf die Körpersprache unserer Mitmenschen zu achten.

Denn darum genau geht es: Benutzen Sie unser Buch als kleinen Beitrag zur Bewußtwerdung Ihrer Kommunikation. Erwarten Sie von uns weder Ratschläge noch Rezepte, weder billige Tips noch einfache Tricks aus der Mottenkiste der Körpersprache. Statt dessen versprechen wir Ihnen, daß Sie sich bei der Lektüre des Buches immer wieder wie in einem Spiegel selbst entdecken werden, und Selbsterkenntnis ist bekanntlich der erste Schritt zur Verbesserung unserer kommunikativen Fähigkeiten. Nur wer sich der eigenen wie der fremden Körpersprache bewußt wird, kann Opfer- ebenso wie Tätersituationen vermeiden. In diesem Sinne wünschen wir Ihnen viele erhellende Momente und vor allem: viel Spaß beim Schauen und Lesen.

Systematischer Teil

»Wer ist hier der Boß?«
(Körper-)Sprache und kommunikativer Status

Wir alle kennen Menschen, bei denen wir das Gefühl haben, daß sie uns »von oben herab« behandeln. Wir bezeichnen diese Personen als »hochnäsig«, womit wir zum Ausdruck bringen wollen, daß sie ihre Nase hoch tragen und dadurch auf uns herabschauen. Andere Menschen wiederum empfinden wir als »unterwürfig«, und wir vermissen bei ihnen eine partnerschaftliche Kommunikation. Wenn wir gefragt werden, wie wir uns eine Kommunikation unter Freunden vorstellen, dann antworten wir: »Auf Augenhöhe.«

Diese Beispiele belegen, daß unsere Körpersprache in kommunikativen Situationen nicht nur unsere Emotionen und Gedanken offenbart, also »Spiegel der Seele« ist, sondern immer auch Hierarchiesignale aussendet. Das bedeutet, daß wir jede kommunikative Situation auf mögliche nonverbale Zeichen von Machtbildung hin untersuchen können: Gibt es Dominanzen? Wenn ja, welcher Kommunikationspartner wirkt überlegen, welcher unterlegen? Welche Körpersignale deuten konkret auf Hierarchieunterschiede hin? Wird um diese Hierarchien gekämpft, oder werden sie von beiden Parteien still-

schweigend anerkannt? Möglich ist auch, daß sich zwei Personen wie gleichberechtigte Kommunikationspartner begegnen und behandeln. Welche nonverbalen Signale deuten in diesem Falle auf die Partnerschaftlichkeit hin?

Wir werden in den folgenden Kapiteln einen Begriff verwenden, der bei der Untersuchung des Zusammenhangs zwischen Körpersprache und Hierarchie von zentraler Bedeutung ist: **kommunikativer Status**. Wer nimmt, hierarchisch betrachtet, in einer kommunikativen Situation welchen Status ein?

- Wenn zwei oder mehrere Personen aufgrund ihrer verbalen und nonverbalen Signale in einer kommunikativen Situation gleichberechtigt wirken, dann nehmen sie den gleichen kommunikativen Status ein.
- Ist eine Person dominant, hat sie einen höheren kommunikativen Status als ihr Gesprächspartner, der einen vergleichsweise niedrigen kommunikativen Status einnimmt.

Der **kommunikative Status** ist demnach nicht zu verwechseln mit dem **sozialen Status** einer Person. Dieser orientiert sich in unserer Gesellschaft an Erfolg, Prestige und vor allem Geld. So hat ein Bankdirektor einen im Vergleich zu seinem Chauffeur sehr hohen sozialen Status. Das bedeutet aber nicht, daß er dadurch in jeder Gesprächssituation auch automatisch den höheren kommunikativen Status haben muß.

Zur Erläuterung des Unterschieds zwischen sozialem und kommunikativem Status beobachten wir einmal ein Gespräch, daß ein Chef während einer Mittagspause mit seinem Chauffeur führt:

Chauffeur: »Also, das sage ich Ihnen klar: Der Schumacher mit seinem Ferrari ist über Jahre hinaus unschlagbar.«

Direktor: »Ja, aber – also ich kenn' mich nicht so aus –, aber der Montoya ist doch auch kein schlechter Fahrer, oder? Ich meine, ähm, Chancen hat der doch vielleicht auch.«

Chauffeur: »Quatsch, vielleicht kann der mal ein Rennen gewinnen, aber niemals die Weltmeisterschaft. Dafür ist der BMW einfach zu schlecht.«

Direktor: »Wie meinen Sie das, der BMW sei zu schlecht? Ich finde, das ist doch ein gutes Auto und –«

Chauffeur: »Unsinn. Als Limousine, klar, aber nicht in der Formel 1. Da geht nichts über Ferrari. Die sind das Maß aller Dinge, lassen Sie sich das gesagt sein. Jede Wette!«

Direktor: »Sie müssen es ja wissen, ich meine, ich habe da nicht soviel Ahnung wie Sie. Wenn Sie das sagen –«

Chauffeur: »Da bin ich mir sicher. Und nicht nur ich sage das. Das sagen alle, die etwas von Formel 1 verstehen. Können Sie sich drauf verlassen. Schumi und Ferrari sind und bleiben das Nonplusultra!«

In diesem Pausengespräch hat die Person mit dem niedrigen sozialen Status – der Chauffeur – das Sagen. Er nimmt eindeutig den höheren kommunikativen Status im Vergleich zu seinem Chef ein. Der Chauffeur dominiert die Unterhaltung. Er möchte, so hat es den Anschein, in jedem Falle »recht haben«. Folglich unternimmt er den Versuch, seinem Chef nachzuweisen, daß dieser »falsch liegt«.

Bevor wir den kommunikativen Status der beiden Akteure näher betrachten und unter verbalen wie nonverbalen Aspekten analysieren, möchten wir ein Modell vorstellen: die **Status-Wippe**. Der Regisseur Keith Johnstone hat sie verwendet, um mit ihrer Hilfe seinen Schauspielern nicht nur kommunikative Statusunterschiede anschaulich vor Augen zu führen, sondern auch, um den Grad des Hierarchiegefälles innerhalb einer Theaterszene an der jeweiligen Wipp-Position illustrieren zu können:

Wer ist hier der Boß?

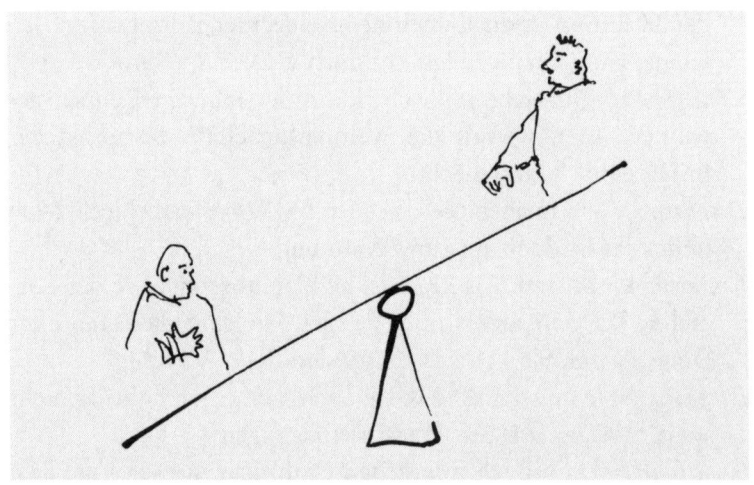

Bei einer partnerschaftlichen Kommunikation ist die Wippe ausbalanciert. Wenn jedoch eine Person in einem Gespräch den höheren kommunikativen Status einnimmt, befindet sie sich in der oberen Wipp-Position, ihr unterlegener Partner dementsprechend in der unteren.

Kommunikativer Hochstatus

In dem Gespräch über die Formel 1 befindet sich der Chauffeur in einem deutlichen kommunikativen Hochstatus, der Chef im Tiefstatus. Die Wippe ist aufgrund des ausgeprägten Statusgefälles extrem geneigt.
Beginnen wir mit der Analyse der verbalen Ebene der Kommunikation:

Selbsterhöhung
Der Chauffeur spricht in deutlichen, markanten Sätzen, die keinen Zweifel an der Richtigkeit seiner Aussagen zulassen: »… das

sage ich Ihnen klar«, »lassen Sie sich das gesagt sein« oder »Können Sie sich drauf verlassen.« Mit diesen Phrasen bringt er seinen Anspruch auf Dominanz in Sachen Formel 1 unmißverständlich zum Ausdruck. Mittels einer geschickten Wortwahl suggeriert er, unumstößliche Wahrheiten statt subjektiver Einschätzungen zu verkünden: »Ich habe auf diesem Gebiet sehr viel Ahnung! Was ich sage, stimmt! Ich verkünde Wahrheiten statt Meinungen!«, so lautet die heimliche Botschaft des Chauffeurs.

Mit anderen Worten: Der Chauffeur hebt den eigenen kommunikativen Status durch verbale Mittel der Selbsterhöhung an – er macht sich größer.

Fremdherabsetzung
Mit Ausdrücken wie »Quatsch« oder »Unsinn« bringt er gleichzeitig zum Ausdruck, daß er die Kompetenz seines Chefs in Fragen der Formel 1 in Zweifel zieht. Die heimliche Botschaft lautet demnach nicht nur: »Ich habe sehr viel Ahnung«, sondern auch: »Sie haben keine Ahnung!« Der Chauffeur betreibt verbale Fremdherabsetzung und macht dadurch seinen Gesprächspartner kleiner; er deckelt seinen Chef.

Folglich können wir zwei verbale Möglichkeiten unterscheiden, die Wipp-Position so zu verändern, daß wir in den höheren kommunikativen Status gelangen: Wir setzen die Kraft bei uns selbst an und machen uns größer, oder wir machen durch Druck die andere Person kleiner. Durch Selbsterhöhung (= Darstellung eigener Überlegenheit) wollen wir unser Gegenüber so beeindrucken, daß dieses uns zustimmt oder gar nach unseren Interessen handelt. Bei Fremdherabsetzung wollen wir den Druck dadurch erhöhen, daß wir die andere Person erniedrigen, einschüchtern und manchmal sogar verletzen. Verlassen wir die Analyse der verbalen Kommunikation, und übertragen wir die Prinzipien der Wippe auf die Ebene der Körpersprache:

Wer ist hier der Boß?

- Der Chauffeur spricht mit lauter Stimme. Er richtet sich während seiner Statements über die Formel 1 auf seinem Stuhl auf und blickt seinem Chef tief in die Augen. Er benutzt eine auf Körperkraft hinweisende Körpersprache, um einerseits seinem Chef nonverbal zu drohen und anderseits symbolisch auf seine innere Stärke zu verweisen.
- Bei den Einwürfen seines Chefs wirft der Chauffeur verächtliche Blicke in dessen Richtung, schüttelt verständnislos den Kopf, verdreht die Augen und wischt mit wegwerfenden Handbewegungen die Argumente seines Vorgesetzten vom Tisch. Er setzt ein höhnisches Lächeln auf und fällt seinem Chef wiederholt ins Wort.

Die Analyse der nonverbalen Hierarchiesignale deckt sich mit den Erkenntnissen, die wir aus der Betrachtung der verbalen Ebene der Kommunikation gewonnen haben: Der Chauffeur bedient sich – vermutlich unbewußt – der Körpersprache der Macht, um seinen Argumenten Nachdruck zu verleihen und seinen Chef einzuschüchtern.

Welche Gründe mögen den Chauffeur dazu veranlaßt haben, in dem Gespräch unbedingt als Sieger vom Platz gehen zu wollen? Wir können nur spekulieren:

- Offensichtlich interessiert sich der Chauffeur brennend für die Formel 1; es scheint sich um sein Spezialgebiet zu handeln (kein Wunder, denn der Motorsport ist eng mit seinem Beruf verbunden). Also ist der kommunikative Hochstatus – und damit die Frage, wer denn nun den richtigen Standpunkt vertritt – bei allen Fragen rund ums Auto für den Chauffeur eine Frage der Ehre.

- Vielleicht verknüpft er einen Teil seines Selbstwertgefühls damit, auf diesem Spezialgebiet anderen Personen – insbesondere seinem Chef – überlegen zu sein. Dann würde sich auch erklären, warum er den Vorgesetzten herabsetzt: Durch dessen Herabwürdigung würde der Chauffeur sich selbst aufgewertet fühlen.
- Möglicherweise leidet der Chauffeur auch unter Minderwertigkeitsgefühlen, die er durch sein kämpferisches Engagement in Sachen Formel 1 zu kompensieren trachtet. Vielleicht sogar ist für den Chauffeur die Herabsetzung seines Chefs eine Art Genugtuung für erlittene Entwertungen, die dieser ihm zugefügt hat.

Das sind jedoch alles nur Spekulationen. Bleiben wir bei den Fakten, und stellen wir fest: Dem Chauffeur scheint es sehr wichtig zu sein, in Fragen der Formel 1 gegenüber seinem Chef das letzte Wort zu haben. Er möchte, daß dieser den eigenen Standpunkt aufgibt und sich statt dessen seiner Meinung anschließt. Er kämpft hartnäckig um seinen kommunikativen Hochstatus.

Kommunikativer Tiefstatus

Wie agiert der Bankdirektor in dem Dialog? Hält er dagegen, oder ordnet er sich unter? Nimmt er den Kampf um die Wortführerschaft auf, oder überläßt er seinem Angestellten kampflos das Feld? Untersuchen wir die verbalen Aussagen des Direktors in dem Pausengespräch:

Selbstherabsetzung
Der Direktor macht sich selbst kleiner, indem er sagt: »Ich meine«, »ich finde«, »oder?« und auch »Ich kenn' mich nicht so

aus.« Statt einen klaren Standpunkt zu vertreten, relativiert der Chef seine Aussagen. Er macht immer wieder die Subjekthaftigkeit seiner Äußerungen deutlich. Er drückt seine Meinungen so vage aus, daß diese von seinem Angestellten nicht als Stellungnahme oder gar Kampfansage mißverstanden werden könnten. Der Chef möchte vermeiden, daß sein Chauffeur durch offenen Widerspruch oder klare Statements zu weiteren Angriffen provoziert werden könnte. Er signalisiert seinem Angestellten die Anerkennung der Hierarchie in Sachen Formel 1: »Ich bin dir auf diesem Fachgebiet unterlegen. Bitte nagel mich nicht auf meiner Meinung fest. Bei dem geringsten Gegenangriff deinerseits werde ich meinen Standpunkt sofort räumen und dir recht geben. Ich fühle mich dir auf diesem Gebiet nicht gewachsen.«
»Ducken zwecks Besänftigung«, so lautet die Devise des Chefs.

Fremderhöhung
Gleichzeitig hebt der Direktor den Status seines Chauffeurs an, indem er sagt: »Sie müssen es ja wissen«, »wenn Sie das sagen« oder »ich habe da nicht soviel Ahnung wie Sie.« Der Chef gibt die Überlegenheit seines Chauffeurs unumwunden zu. Er betreibt Fremderhöhung, indem er den kommunikativen Status des Chauffeurs anhebt. Der Chef macht seinen Chauffeur größer und kommuniziert die heimliche Botschaft: »Du hast das überlegene Wissen und bist auf diesem Gebiet dominant. Ich werde nicht gegen dich kämpfen. Daher brauchst du mich nicht weiter in die Enge zu treiben oder mich gar zu verletzen.«

Demnach können wir auch hier zwei Möglichkeiten unterscheiden, in die tiefere Position zu gelangen: Bei der Selbstherabwürdigung setzen wir den Hebel bei unserem eigenen Status an und machen uns kleiner. Wir ducken uns weg. Die Selbstherabsetzung dient der Beschwichtigung. Zusätzlich kann der Druck auf den Konfliktpartner, sich möglichst wohlwollend und nicht verletzend zu verhalten, durch Fremderhöhung potenziert

Kommunikativer Tiefstatus

werden. Wird der Konfliktpartner auf einen Sockel gehoben und die Hierarchie unmißverständlich anerkannt (»Wenn Sie das sagen ...«), gibt es für diesen keinen weiteren Grund für Angriffe.

Auch auf der Ebene der Körpersprache lassen sich beim Chef Signale der Selbstherabminderung und Fremderhöhung beobachten:

- Der Chef spricht mit relativ leiser und vorsichtiger Stimme. Er zieht den Kopf leicht ein und sitzt mit gebückter Haltung am Tisch. Dem Blick des Chauffeurs weicht er aus.
- Der Chef blickt seinen Angestellten von unten her an und nickt wiederholt zustimmend mit dem Kopf. Er benutzt die Symbolik der bewundernden Körpersprache.

Doch warum überläßt der Chef seinem Chauffeur kampflos das Feld? Weshalb läßt er sich von seinem kleinen Angestellten unterbuttern? Auch hier können wir nur vermuten:

- Vielleicht findet der Chef das Wissen seines Angestellten in Sachen Formel 1 wirklich beeindruckend und gesteht sich dies selbst und ihm neidlos zu.
- Vielleicht weiß der Chef, wie ausfallend der Chauffeur werden kann, wenn man ihn auf seinem ureigensten Territorium – dem Fachgebiet Formel 1 – angreift.
- Es ist auch möglich, daß den Chef dieses Gespräch über im Kreis fahrende Autos langweilt. Eine Wortführerschaft auf diesem Wissensgebiet ist ihm vollkommen unwichtig. Er möchte das Thema möglichst schnell vom Tisch haben, ohne seinem Chauffeur dabei auf den Schlips zu treten.
- Vielleicht handelt der Chef aber auch taktisch: Er macht sich

bewußt kleiner, »stellt sein Licht unter den Scheffel« und hebt den Angestellten auf einen Thron, um diesem das Gefühl von Wertschätzung zu geben. Denn er weiß: Ein zufriedener Angestellter, der Anerkennung und Respekt erfährt, arbeitet besser und zuverlässiger – Lob macht gefügig und abhängig.

Wieder einmal bewegen wir uns mit unseren Spekulationen darüber, welches Interesse der Chef mit seinem kommunikativen Tiefstatus verfolgt, auf dünnem Eis. Beschränken wir uns daher erneut auf die Fakten: Der Chef duckt sich weg und überläßt dem Chauffeur kampflos die Wortführerschaft in Sachen Formel 1.

Damit die Geschichte ein realistisches Ende hat, lassen wir zum Abschluß den kommunikativen Status kippen:

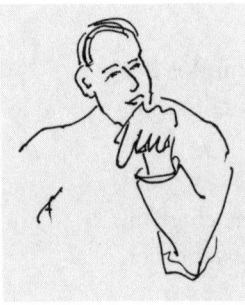

Chef: »So, mein lieber Chauffeur und Formel-1-Experte – die Pause ist zu Ende. Genug über den Rennsport. Bitte seien Sie gleich mit meinem BMW pünktlich um 15 Uhr am Haupteingang. Vollgetankt und gewaschen, versteht sich.«
Chauffeur: »Klar, Chef. 15 Uhr Haupteingang.«

Der Bankdirektor wechselt durch das Erteilen von Anweisungen vom kommunikativen Tief- in den Hochstatus. Dabei richtet er sich auf und spricht mit lauter und klarer Stimme. Der Chauffeur wiederum drückt den eigenen Wechsel vom Hoch- in den Tiefstatus durch die widerspruchsfreie Entgegennahme des Befehls aus. Körpersprachlich wechselt er in eine Art »Hab-acht-Stellung«. Dadurch entspricht der kommunikative Status wieder dem sozialen – der Chef »hat das Sagen«, und der Chauffeur ist »hörig«.

Fassen wir das Modell der Status-Wippe kurz zusammen:

1. Die **Selbsterhöhung** dient der Anhebung des eigenen kommunikativen Status. Deren verbale Mittel können sein: Angeberei, Prahlerei und Selbstdarstellungen, aber auch Imponiergehabe und Drohungen.
2. Die **Fremdherabsetzung** dient der Senkung des fremden kommunikativen Status. Deren verbale Mittel können sein: Mobbing, Beleidigungen, Zynismus oder spöttische Bemerkungen.
3. Die **Selbstherabsetzung** dient der Senkung des eigenen kommunikativen Status. Mögliche Mittel sind: verbale Relativierungen (»eigentlich«, »vielleicht«, »äähh«, »ich meine«) oder leise Stimme.
4. Die **Fremderhöhung** dient der Hebung des fremden kommunikativen Status. Mittel sind: »schleimen«, nach dem Mund reden, »Dackelblick«, zustimmendes Kopfnicken oder auch die stillschweigende Akzeptanz von Invasion.

Wir wollen es hier bei dieser vorläufigen Aufzählung der verbalen und nonverbalen Mittel der Statushebung und Statussenkung bewenden lassen; in den folgenden Abschnitten werden wir die zentralen körpersprachlichen Aspekte unserer Kommunikation detaillierter unter Status-Gesichtspunkten beleuchten: Welche körpersprachlichen Signale kommunizieren Hoch-, welche Tiefstatus? Wie trägt die Körpersprache zur Hierarchiebildung bei? Welche Verletzungen können durch körpersprachliche Äußerungen hervorgerufen werden? Welche Körperstrategien verwenden wir beim Streiten, und wie können sich diese auf den weiteren Konfliktverlauf auswirken?

Natürlich sprengt eine umfassende Darstellung sämtlicher körpersprachlicher Machtsignale den Umfang dieses Buches. Daher beschränken wir uns im folgenden auf die Aspekte der nonverbalen Kommunikation, die in Konflikten von zentraler Bedeutung sind:

- Blickverhalten
- Raumverhalten
- Körpergröße
- Körperspannung
- Undurchschaubarkeit / »Coolness«
- Lächeln

Der systematische Überblick bildet das analytische Rüstzeug für eine differenzierte und ganzheitliche Wahrnehmung nonverbaler Status- und Machtsignale, die in all unseren beruflichen und privaten Konflikten zum Tragen kommen. Eine Übertragung der dadurch gewonnenen Erkenntnisse auf konkrete Alltagssituationen werden wir im zweiten Teil des Buches vornehmen.

»Guck nicht so blöd!«
Blickverhalten, Macht und Konflikt

Nicht umsonst steht das Blickverhalten am Anfang der näheren Betrachtung unseres körpersprachlichen Verhaltens – Augen gelten als »Fenster der Seele«. Jede kleinste Unsicherheit zeigt sich im Blick; jede Zu- oder Abneigung ist an der Bewegung unserer Augen ablesbar; Souveränität und Selbstsicherheit äußern sich stets auch visuell. Und generell gilt: Das Blickverhalten ist von allen Körpersignalen am schwersten zu manipulieren. **Mit unseren Worten können wir lügen – mit unseren Augen nicht.**

So, wie Sie mit den Händen andere Menschen berühren können, vermögen Sie es auch mit Blicken:

- Sie können einen Menschen schlagen – mit Blicken können Sie ihn treffen.
- Sie sind in der Lage, einen Menschen mit einem Faustschlag zu verletzen – oder mit Blicken zu durchbohren.
- Natürlich können Sie einen Menschen mit Ihren Händen auch streicheln – wir alle kennen den liebkosenden und zärtlichen Blick, der Nähe entstehen läßt.
- Sie können durch Handauflegen, aber auch durch einen warmen Blick Trost spenden.
- Es gibt den aufmunternden Blick, der Wertschätzung vermittelt. Ebenso wie ein kleiner Klaps auf die Schultern vermag auch ein Augenzwinkern Vertrautheit und Nähe zu signalisieren.

»Guck nicht so blöd!«

Die Bandbreite der Ausdrucksmöglichkeiten unserer Blicke ist enorm. Auf Distanz können Sie allein mit Ihren Augen ähnliche Dinge kommunizieren wie mit Ihren Händen bei einem direkten Körperkontakt. Sie können visuell verletzen und heilen, entwerten und wertschätzen: **Blicke sind Berührungen auf Distanz.**

Aber Blicke transportieren nicht nur Gefühle, sondern immer auch Statussignale. Um diese Macht- und Ohnmachtsaspekte unseres Blickverhaltens detaillierter herauszuarbeiten, werden wir zunächst unser Blickverhalten in einem ganz normalen Gespräch genauer unter die Lupe nehmen:

> Vereinbaren Sie mit einer Person, sich gegenseitig 60 Sekunden lang direkt, wortlos und ohne Unterbrechung in die Augen zu schauen. Mit einer hohen Wahrscheinlichkeit werden Sie bei sich selbst folgende Reaktionen feststellen können: Ihr Puls wird in die Höhe schnellen. Ihre Atmung wird sich verflachen. Ihr Bauch wird anfangen zu grummeln. Ihr Blick wird unruhig oder möchte gar fliehen. Ihr Wimpernschlag wird sich verlängern.

Längere gegenseitige Blickkontakte erzeugen immer Spannung. Probieren Sie es aus: Setzen Sie sich in einer U-Bahn auf eine Bank, und schauen Sie der Person, die Ihnen gegenüber Platz genommen hat, in die Augen. Solange sie aus dem Fenster schaut, können Sie dieser Person stundenlang in die Augen blicken, ohne daß sich bei Ihnen eine nennenswerte Spannung aufbaut. Sie werfen **verstohlene Blicke,** doch es kommt zu keinem Blickkontakt. Erst in dem Moment, in dem auch Ihr Gegenüber Ihnen in die Augen schaut und Ihre Blicke sich treffen, verändert sich die Situation schlagartig: Die Spannung wird durch den Blickkontakt innerhalb kürzester Zeit so groß, daß einer von beiden nach spätestens ein, zwei Sekunden den Blick abwendet.

Wir können als Regel formulieren: In unserer Kultur sollten wir mit fremden Personen nicht länger als ein bis zwei Sekunden Blickkontakt halten, wollen wir Spannungen vermeiden. Natürlich können Sie diese Regel mißachten. Sollte Ihr Partner mitspielen und seinen Blick ebenfalls nicht abwenden, steigt die Spannung:

1. Das zentrale Flirt-Signal unserer Kultur ist die Verlängerung des Blickkontakts über diese ein, zwei Sekunden hinaus: »Ich habe ein Auge auf dich geworfen.« Wenn die angeschaute Person den **flirtenden Blick** erwidert, wächst mit jeder Sekunde gegenseitigen Blickwechsels die Spannung. Boris Bekker schreibt in seiner Autobiografie über den flirtenden Blick: »Und sie hatte genau diese zwei Sekunden länger geschaut, die dem erfahrenen Jäger sagen: Die will was von dir.«
2. Fühlen wir uns von einer fremden Person belästigt, dann werfen wir ihr einen längeren **bösen Blick** zu, um sie zu distanzieren. Auch hier erzeugen wir bewußt eine Spannung, jedoch mit der Absicht, unser Gegenüber zu verängstigen und in die Schranken zu verweisen. Die Spannung wächst auch hier mit jeder Sekunde gegenseitigen Blickkontakts.

Solange wir uns im öffentlichen Raum in kommunikativen Situationen mit fremden Personen an die stillschweigende Vereinbarung halten, keinen Blickkontakt von über zwei Sekunden zu pflegen, vermeiden wir Spannungen positiver oder negativer Art. Durch die Beachtung der Regel kommunizieren wir uns wechselseitigen Respekt: »An meinem frühzeitigen Blickabwenden erkennen Sie, daß ich Ihnen nicht zu nahe kommen möchte. Bitte handeln Sie ebenso.«

»Guck nicht so blöd!«

Aus diesen Überlegungen folgt: **Die Einhaltung der Regel, den Blickkontakt mit fremden Personen nicht länger als ein bis zwei Sekunden aufrechtzuerhalten, dient der Konfliktbegrenzung.**

Die Auflösung des Blickkontakts nach spätestens zwei Sekunden ermöglicht es, daß sich fremde Personen – trotz teilweise bedrückender räumlicher Enge – immer wieder konfliktfrei begegnen können. Eine besondere Form der Konfliktvermeidung in Situationen extremer Enge (»Pferchung«) erleben wir in Fahrstühlen: Dort müssen wir in Kauf nehmen, daß uns wildfremde Personen so weit »auf die Pelle rücken«, daß sie uns

gar berühren. Um trotz dieser Berührungen eine allzu große Intimität und erhöhte Spannungen zu vermeiden, starren wir gemeinsam auf die Ziffern über der Fahrstuhltür, die das jeweilige Stockwerk anzeigen. Dadurch gehen wir sicher, daß wir uns visuell nicht begegnen und die Nähe als bedrohlich empfinden könnten. Wenn unsere Blicke »Berührungen auf Distanz« sind, dann gewährleistet eine Blickvermeidung emotionalen Abstand – trotz körperlicher Berührungen.

Auf Augenhöhe

Vermutlich haben Sie die folgenden Äußerungen über das visuelle Verhalten mancher Zeitgenossen schon oft gehört oder sogar selbst getan:

- »Der konnte mir nicht in die Augen schauen.« Wir unterstellen dem Gegenüber Unsicherheit.
- »Die hat so teilnahmslos geschaut.« Die Gesprächspartnerin wird als uninteressiert und abwesend wahrgenommen.

- »Der hatte so einen stechenden Blick.« Wir vermuten Aggressivität hinter den Blicken des Gegenübers.
- »Die kann mich nie anschauen, wenn ich mit ihr rede.« Wir schließen von den nervösen und ausweichenden Blicken unserer Kommunikationspartnerin auf generelle, charakterbedingte Unsicherheit.

Es gibt – das belegen die vier Beispiele – Blickmuster, die uns befremdlich erscheinen und die wir daher negativ bewerten. Im Umkehrschluß bedeutet diese Feststellung, daß es visuelle Verhaltensweisen geben muß, die uns vertraut und normal vorkommen, denn wir können Abweichungen nur vor dem Hintergrund von regelkonformen Verhaltensweisen wahrnehmen. Es gibt ein Regelwerk, das unsere Blicke während eines Gesprächs – egal ob mit Freuden, Bekannten, Kollegen oder auch Fremden – wie bei einem Tanz so lenkt und führt, daß eine angenehme Atmosphäre entsteht und wir uns wechselseitigen Respekt vermitteln können. Jede Abweichung von diesem Regelwerk scheint uns zu irritieren und zu Bewertungen zu veranlassen. Doch bevor die Abweichungen näher erläutert werden, möchten wir das subtile Regelwerk genauer vorstellen.

1. Regel: Visuelle Aufmerksamkeit während des Zuhörens

Der erste Teil des idealtypischen Regelwerks bezüglich unseres Blickverhaltens in einem Gespräch bezieht sich auf das Zuhören: **Die jeweils zuhörende Person schaut dem Kommunikationspartner, solange dieser spricht, weitgehend in die Augen.**

Die Beachtung dieser Regel führt dazu, daß die zuhörende Person der sprechenden Person Aufmerksamkeit signalisiert. Der aufmerksame Blick zeigt dem Gegenüber im wahrsten Sinne des Wortes Respekt an: »Respekt« kommt vom lateinischen »re-

»*Guck nicht so blöd!*«

spicere«, was wörtlich übersetzt »zurückschauen« heißt. Respekt muß jedoch nicht zwangsläufig bedeuten, daß eine zuhörende Person mit ihrer visuellen Aufmerksamkeit auch automatisch ihre inhaltliche Übereinstimmung mit den Äußerungen des Gesprächspartners signalisiert.  Sie gibt der sprechenden Person lediglich zu verstehen, daß es ihr wichtig ist, deren Gedanken mitgeteilt zu bekommen. Die heimliche Botschaft der visuellen Aufmerksamkeit während des Zuhörens lautet: »Du bist mir wichtig. Deshalb möchte ich, daß du mir deine Gedanken und Gefühle mitteilst. An meiner visuellen Aufmerksamkeit erkennst du: Ich höre dir zu!«

Visuelle Aufmerksamkeit während des Zuhörens ist ein Zeichen persönlicher Wertschätzung – unabhängig von der inhaltlichen Bewertung des Geäußerten.

2. Regel: Aufmerksamkeit und Abschweifen während des Sprechens

Wenn eine zuhörende Person Regel 1 befolgt, indem sie der sprechenden Person weitgehende visuelle Aufmerksamkeit schenkt, dann kommt es zu einem Blickaustausch, sobald auch die sprechende Person während ihres Redeflusses Augenkontakt sucht: Sprecher und Zuhörer begegnen sich immer wieder mit ihren Blicken. Aus dem letzten Abschnitt wissen wir: Mit jeder Sekunde gegenseitigen Blickkontakts wächst die Spannung – auch zwischen guten Freunden. Daher gibt es zur Vermeidung allzu großer Spannungen eine zweite Regel: **Nach spätestens zwei bis sieben Sekunden gegenseitigen Blickkontakts löst die sprechende Person die entstehende Spannung dadurch auf, daß sie mit ihren Augen abschweift.**

Doch warum ist es die sprechende Person, die mit ihren Blikken ausweicht, und nicht die zuhörende? Zwei Begründungen scheinen plausibel:

- In einem Gespräch benötigt die sprechende Person normalerweise mehr Konzentration als die zuhörende Person, um ihre Gedanken zu sammeln und sie zu formulieren. Eine allzu große Spannung, die durch lange Blickkontakte entstehen würde, wäre dem Konzentrationsvermögen der sprechenden Person abträglich. Folglich wandert sie mit ihren Augen nach etwa zwei bis sieben Sekunden Blickkontakt ab, um die Spannung abzubauen und sich besser auf die Formulierung eigener Gedanken konzentrieren zu können.
- Selbst in einem »unkonzentrierten« Plausch über die alltäglichen Dinge des Lebens folgt die jeweils sprechende Person diesem Regelwerk des Blickabwendens. Dem Zuhörer wird dadurch die Möglichkeit gegeben, den Sprechenden ununterbrochen und weitgehend spannungslos anzuschauen und weitere nonverbale Informationen zu sammeln. Denn Zuhören ist ein ganzheitlicher Prozeß: Neben der Entschlüsselung des Inhalts einer Botschaft hören wir auf Zwischentöne und analysieren die Körpersprache der sprechenden Person. Immer wenn wir einer erzählenden Person in die Augen schauen, nehmen wir unbewußt auch deren Mimik wahr. Durch Blickabwenden überläßt die sprechende Person der zuhörenden den visuellen Raum und sendet die heimliche Botschaft: »Du kannst mich gerne spannungslos beobachten und meine Haltungen, Einstellungen und Emotionen hinter meinen Worten an Hand meiner Mimik überprüfen.«

In der Konsequenz bedeutet das: Eine Person, die sich gerade in der sprechenden Rolle befindet, praktiziert einen ständigen Wechsel zwischen Blickkontakt und -abschweifen: Nach einigen Sekunden der visuellen Abwesenheit kehrt sie zu den Augen der zuhörenden Person zurück, um erneut für zwei bis sieben Sekunden visuellen Kontakt aufzunehmen. Mit ihren Blickkontakten überprüft sie einerseits: »Hörst du mir noch zu? Wie stehst du zu meinen Gedanken? Schenkst du mir soviel Aufmerksamkeit, daß ich noch weiterreden kann?« Zum anderen versucht die sprechende Person, die Eindringlichkeit besonders wichtiger Gedankengänge zu erhöhen: »Das, was ich dir jetzt sage, ist mir besonders wichtig. Das erkennst du an meinem direkten Blick.« Das Aufnehmen des Blickkontakts während des Sprechens kann also sowohl der Aufmerksamkeitskontrolle als auch der Bekräftigung von Gedanken dienen. Gleichzeitig wird durch den Augenkontakt die Verbindlichkeit der Beziehung erhöht, denn, wie gesagt, »Blicke sind Berührungen auf Distanz«. Da nach einigen Sekunden Blickkontakt die Spannung wieder wächst, schweift die sprechende Person erneut mit ihren Augen ab, um sich auf die eigenen Gedanken konzentrieren zu können und der zuhörenden Person den Raum für Beobachtungen zu überlassen. Das bedeutet: **Die sprechende Person schwankt ständig zwischen visueller Kontaktaufnahme und Blickabwenden hin und her.**

Ein Gespräch ist aber im Gegensatz zum Monolog keine Einbahnstraße, sondern ein ständiger Wechsel von Zuhören und Sprechen. Jemand, der für einige Zeit in der zuhörenden Rolle ist, kann sich bereits eine Sekunde später in der sprechenden Rolle befinden. Das bedeutet in bezug auf unser Regelwerk: Solange eine Person in einem Gespräch einem Kommunikationspartner zuhört, gilt für sie Regel 1 – **Wertschätzung durch weitgehende visuelle Aufmerksamkeit.** Wechselt sie in die Rolle der sprechenden Person, tritt Regel 2 in Kraft – **ruhiger und ständiger Wechsel von Augenkontakt und Abschweifen.**

Eine sprechende Person beendet ihren Redebeitrag durch einen abschließenden bekräftigenden Blick in Richtung zuhörende Person. Diese Blickaufnahme fungiert als Signal der Übergabe des »Rederechts« an den Zuhörer.

Visueller Hochstatus

Zusammengefaßt lauten die idealtypischen Regeln für unser visuelles Verhalten in Gesprächen wie folgt:

1. Ist eine Person während eines Gesprächs in der zuhörenden Rolle, so schenkt sie weitgehende visuelle Aufmerksamkeit.
2. Die sprechende Person löst die entstehende Spannung, verursacht durch den gegenseitigen Blickkontakt, nach spätestens sieben Sekunden dadurch auf, daß sie mit ihren Augen abschweift. Anschließend nimmt sie zum Zwecke der Verbindlichkeit, Bekräftigung oder Kontrolle erneut visuellen Kontakt mit der zuhörenden Person auf.
3. Die sprechende Person signalisiert der zuhörenden Person die Bereitschaft zu einem Rollentausch durch einen bekräftigenden oder zur Reaktion auffordernden Blick am Ende ihres Redebeitrags.

Mit der Befolgung dieser Regeln signalisieren sich Freunde oder auch Partner ihren gleichen kommunikativen Status in einem Gespräch. Beide behandeln sich mit wechselseitigem Respekt. Niemand möchte den anderen durchbohren oder übersehen und damit erniedrigen oder herabwürdigen. Und niemand möchte den Kommunikationspartner anhimmeln und verehren. Die Wippe ist ausbalanciert, das Gespräch verläuft partnerschaftlich und auf Augenhöhe.

Wir möchten an dieser Stelle betonen, daß es sich um ein idealtypisches Regelwerk handelt, das in bestimmten Situationen Abweichungen zuläßt, ohne daß die Partnerschaftlichkeit innerhalb der Kommunikation gefährdet ist: Muß sich beispielsweise eine zuhörende Person auf die Gedankengänge des Sprechers besonders konzentrieren, so kann auch sie zur Konzentrationssteigerung während des Zuhörens ihren Blick abwenden, ohne daß ihr dieses Abwenden als Respektlosigkeit ausgelegt wird. Allerdings sollte sie ihre Konzentration durch begleitende verbale oder nonverbale Signale kenntlich machen: zustimmendes Kopfnicken, Zusammenziehen der Augenbrauen, Blicksenken, kommentierende verbale Äußerungen.

Nun, da wir die Norm unseres Blickverhaltens definiert haben, können wir die Abweichungen analysieren und bewerten, die zu Statushebungen oder -senkungen in einer kommunikativen Situation führen können. Wir betrachten in den folgenden Abschnitten die visuellen Signale der Macht und Ohnmacht und fragen nach deren Relevanz für Konflikte.

Visueller Hochstatus

Es gibt in unserer Sprache zahlreiche Formulierungen, die das potentiell verletzende Ausmaß unseres Blickverhaltens verdeutlichen:

- Blicke können »durchdringen«, »durchbohren«, »treffen« und »töten«. Wir werfen oder schleudern »vernichtende Blicke«. Das Vokabular des Kampfes und Krieges verdeutlicht die Absicht des Blickverhaltens: Der Gegner soll durch gezielte visuelle Verletzungen distanziert, erniedrigt, zur Aufgabe gezwungen, besiegt oder gar beseitigt werden.
- Mit einem »taxierenden« Blick reißt der Betrachter die Dominanz an sich und prüft den Wert der betrachteten Person. Durch einen taxierenden Blick wird sie zum Objekt degradiert – und dadurch entwertet und verletzt.
- Blicke können »abschätzig« oder sogar »verächtlich« sein. Wer entsprechend betrachtet wird, fühlt sich herabgesetzt und verletzt.

Visueller Hochstatus

- Auch das Entziehen von Blickkontakt, das bewußte »Übersehen« eines Kommunikationspartners, kann verletzend sein: »Sie sind Luft für mich!« In dem Wort »übersehen« ist der Hochstatus schon festgeschrieben: Die ignorierende Person stellt sich mit ihrem Blickverhalten über den Gesprächspartner.

Der folgende Abschnitt wird all die Muster dominanten Blickverhaltens vorstellen, die angewendet werden, um Machtpositionen entweder zu errichten und zu erkämpfen oder zu festigen.

Drohstarren / bohrende Blicke

Mit der Beachtung der oben beschriebenen Regeln bezüglich des visuellen Verhaltens in Gesprächen signalisieren wir wechselseitigen Respekt und Partnerschaftlichkeit. In Konflikten jedoch, in denen wir **gegen** unsere Gesprächspartner agieren und den nötigen Respekt leider häufig vermissen lassen, tendieren wir zur Mißachtung des Regelwerks. Wir wollen den jeweiligen Kontrahenten nicht respektieren, sondern verletzen und vielleicht sogar besiegen. Für unser Blickverhalten bedeutet das: Statt während des Sprechens den Blickkontakt nach zwei bis sieben Sekunden aufzulösen und mit dem Blick abzuschweifen, schleudern wir unsere stichhaltigen Argumente zusammen mit langen, bohrenden Blicken dem Kontrahenten ins Gesicht. Damit sagen wir nonverbal: »Du bist im Moment nicht mehr mein Partner, sondern mein Gegner.« Statt Partnerschaftlichkeit zu kommunizieren, streben wir Überlegenheit an, statt Wertschätzung zu vermitteln, wollen wir entwerten:

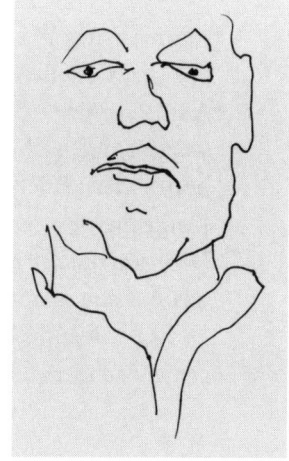

- Durch langanhaltende und drohende Blicke während des Sprechens wollen wir unserem Konfliktgegner die eigene Kraft, Standfestigkeit, Entschlossenheit und unser Durchsetzungsvermögen vor Augen führen. Wir praktizieren **Selbsterhöhung** und kommunizieren die heimliche Botschaft: »An meinem unverwandten Blick erkennst du meine Kraft. Ich halte die Spannung, die durch den Blickkontakt entsteht, mühelos aus. Unterwirf dich möglichst kampflos, indem du deinen Blick senkst und meine Überlegenheit anerkennst. Falls du dich nicht unterwirfst, werde ich meine Kraft gegen dich einsetzen.«
- Zusätzlich sollen die bohrenden Blicke den Konfliktgegner verletzen und schwächen. Bohrende Blicke sind nicht nur Drohgebärden, sondern gleichzeitig auch Mittel der **Fremdherabsetzung** des Konfliktgegners. Ihre Botschaft lautet: »An meinem bohrenden Blick erkennst du, wie mühelos ich dich verletzen kann. Für massive Gegenwehr bist du zu schwach. Mein bohrender Blick steht stellvertretend für mein gesamtes Verletzungspotenzial, das ich gegen dich richten kann!«

Aggressivität in einem konfrontativen Streitgespräch äußert sich auf der visuellen Ebene durch drohende und bohrende Blicke. Aus Partnern werden Gegner. Anthropologen konnten nachweisen, daß sich in allen Kulturen dieser Erde Menschen eines bohrenden Blickverhaltens bedienen, um in Konflikten ihre Kontrahenten zu bedrohen, abzuschrecken und zu bezwingen. Drohstarren ist ein universelles Prinzip aggressiven Verhaltens, das wir sogar mit vielen Tierarten teilen.

Die folgende Übung soll Sie für die mächtige Wirkung unserer bohrenden Blicke sensibilisieren:

Visueller Hochstatus

> Machen Sie mit einem Partner einen kleinen Versuch: Stellen Sie sich in einem Abstand von drei Metern frontal zueinander auf, und halten Sie gegenseitigen Blickkontakt. Verabreden Sie im Vorfeld, daß eine der beiden Personen den Tiefstatus, die andere den Hochstatus einnehmen soll. Dann gehen Sie langsam aufeinander zu und bleiben in ständigem Blickkontakt etwa fünfzig Zentimeter voneinander entfernt stehen. Lassen Sie es knistern: Blicken Sie einander bedrohlich dreißig Sekunden lang in die Augen, bis die Tiefstatus-Person den Blickkontakt auflöst und ihren Blick langsam zu Boden senkt. Sie werden sofort spüren, wie sich die Status-Wippe auf der einen Seite senkt und auf der anderen Seite hebt.
> Nehmen Sie danach einen Rollenwechsel vor.

Blickverhalten und kommunikativer Status sind untrennbar miteinander verbunden. Immer wieder durchleben wir Konfliktsituationen, in denen Stärke, Durchsetzungsvermögen und Überlegenheit an der Länge unserer Blicke bemessen werden. Wer den Blick länger zu halten vermag, gerät in eine dominante Position:

- Ein Lehrer fordert einen Schüler während des Unterrichts nach einem Vorfall auf, den Klassenraum zu verlassen. Dieser weigert sich und schaut dem Lehrer dabei direkt in die Augen. Der Lehrer wiederholt seine Aufforderung und hält dem Blick stand, bis der Schüler den Blick abwendet und den Klassenraum verläßt.
- Ein Angestellter hat einen Termin bei seiner Chefin, um eine Gehaltserhöhung zu erbitten. Diese befragt ihn nach seinen finanziellen Wünschen und schaut ihn direkt an. Der Angestellte nennt seine Vorstellung und erwidert den Blick, um vi-

suell-symbolisch zu bekräftigen, daß er zu seinen finanziellen Vorstellungen steht. Gelingt es ihm, diesen Blick einige Sekunden zu halten, so bekräftigt er dadurch, daß er überzeugt ist, seinen Preis auch wert zu sein.
- Ein Vater untersagt seinem pubertierenden Sohn, auf die Love-Parade zu fahren. Dieser insistiert auf seinem Wunsch, das Mega-Event zu besuchen, und nimmt den Blickkontakt herausfordernd auf. Doch der Vater bleibt bei seinem Nein und hält den Blick länger aufrecht als sein Sohn.
- Zwei Jugendliche haben einen heftigen Streit miteinander. Die beiden Kontrahenten lassen sich nicht aus den Augen. Sie belauern sich gegenseitig. Wer in diesem Konflikt, in dem die Worte fast nebensächlich sind, die visuelle Hoheit erringt – also den Blick länger zu halten vermag –, gilt als der Stärkere.

Mit unseren stichhaltigen Argumenten wollen wir Druck auf den Kontrahenten ausüben – mit dem drohenden und bohrenden Blick diesen Druck potenzieren. Zu diesem Zweck halten wir den Blickkontakt möglichst so lange aufrecht, bis der Kontrahent die symbolische Flucht ergreift, indem er mit seinen

Augen ausweicht. Wer visuell besiegt wird, so die Psycho-Logik, hat auch nicht mehr die Kraft, den Konflikt durchzustehen. Die äußere Haltung, in diesem Falle der unverwandte Blick, symbolisiert die innere starke Haltung; das Blicksenken symbolisiert den gesunkenen Mut, die schwindende Zuversicht und Kraft des Kontrahenten. Wer in einem konfrontativen Konflikt den Blick länger zu halten vermag, gewinnt die visuelle Überlegenheit. **Die visuelle Dominanz kann zur generellen Dominanz in einem konfrontativen Konflikt führen.**

Jeder von uns wird sich an Situationen erinnern können, in

denen ihn die verletzenden Blicke anderer Menschen getroffen haben. Wenn wir ehrlich sind, gehört aggressives Blickverhalten auch zu unserem eigenen Instrumentarium körpersprachlicher Drohgebärden und Verletzungen in Konfliktsituationen. Stellvertretend für die Vielzahl drohender und bohrender Blicke möchten wir Ihnen ein Beispiel schildern, das die meisten von uns in beiden Rollen am eigenen Leib erlebt haben:

Eine Mutter wirft einen scharfen Blick in Richtung ihres Kindes, weil dieses mit dem Essen spielt. Die heimliche Botschaft des stechenden Blicks lautet: »Deine Spielerei mit dem Essen gefällt mir nicht. An meinem drohenden Blick erkennst du nicht nur, daß ich dein Verhalten beobachte und mißbillige, sondern auch, daß ich die Kraft und Entschlossenheit aufbringe, gegen dieses Verhalten vorzugehen, falls du es nicht sofort einstellst. Verhalte dich so, wie ich es von dir möchte, sonst werde ich weitere Maßnahmen ergreifen!«

Die Mutter benutzt den drohenden und bohrenden Blick, um das Kind einschüchtern, damit dieses mit der Spielerei aufhört.

Doch neben der Verängstigung des Kindes erfüllt der drohende Blick noch eine weitere Funktion: Das unliebsame Verhalten des Kindes stellt in den Augen der Mutter die bestehende Hierarchie in Frage – denn schließlich bestimmt sie darüber, was das Kind tun oder auch nicht tun darf. Der drohende Blick dient also auch der Zurückgewinnung der Macht. Die Mutter kämpft um ihre Autorität. Beugt sich das Kind dem mütterlichen Druck, indem es das mißbilligte Verhalten einstellt, ist die Hierarchie erneuert. Der Kampf ist – bis zum nächsten Konflikt – entschieden.

Aggressive Blicke sollen Druck und Angst erzeugen, streben eine Hierarchisierung von Beziehungen an und polarisieren einen Konflikt. Wird das Drohstarren von beiden Konfliktparteien praktiziert, ist die Eskalation vorprogrammiert, denn beide Kontrahenten kämpfen um die Überlegenheit. Die drohenden und bohrenden Blicke fungieren gleichermaßen als Mittel der Selbsterhöhung wie der Fremdherabsetzung. Sie dienen der Errichtung einer Dominanz. **Die visuell drohende Person kämpft um die Überlegenheit und den Sieg in dem Konflikt.**

Visuelle Ignoranz
Die visuelle Ignoranz – das »Übersehen« einer anderen Person – ist ein sehr altes Muster der Bekräftigung und Festigung von Macht, das wir in extremer Ausprägung aus traditionellen Herrscher-Diener-Verhältnissen kennen: Die Mächtigen vergangener Jahrhunderte haben ihren Sklaven, Leibeigenen oder Dienern befohlen, immer in ihrer Nähe zu verweilen. Teilweise schliefen diese sogar in den Schlafzimmern der Herrscher, um selbst nachts stets zu Diensten zu sein. Dabei wurden die Diener, die sich zwangsweise in der Intimsphäre der Herrschenden aufhielten, von ihren Herren vollständig entwertet und nicht mehr als Menschen wahrgenommen. Sie gehörten mit Haut und Haar dem Herrscher, hatten den Status eines Möbelstücks und wurden permanent »übersehen«. Die unterschwellige Botschaft der Herrschenden an die »unsichtbaren« Diener war: »Ihr seid Luft für mich!«

Visuelle Ignoranz als Mittel des Hochstatus wird auch heute noch von Personen eingesetzt, die sich in einer abgesicherten formalen oder auch informellen Machtposition befinden. Mit dem bewußten Übersehen signalisieren sie ihrem jeweiligen Kommunikationspartner, daß sie es nicht nötig haben, ihre überragende Stelle durch Drohstarren zu erkämpfen. Statt dessen führen sie den Untergebenen ihre Macht lediglich vor Augen. Dabei ist es unerheblich, ob die Überlegenheit durch eine formale Hierarchie, also durch ein vorgesetztes Amt, oder durch eine persönliche Autorität abgesichert ist.

Ein Beispiel aus dem beruflichen Alltag:

Visueller Hochstatus

Ein Angestellter wird von seinem Vorgesetzten in dessen Büro zitiert, um Rechenschaft über den Stand des Projektes abzulegen, das ihm zur Bearbeitung übertragen wurde. Während der Angestellte den Stand seiner Arbeit in allen Einzelheiten vorträgt, schenkt ihm der Vorgesetzte kaum visuelle Aufmerksamkeit: Er schaut aus dem Fenster, putzt sich die Brille oder blättert in seinen Akten. Zwischendurch sagt er Sätze wie: »Sehr interessant. Sie haben mein vollstes Vertrauen, Herr Maier.«

Glaubt man dem verbalen Verhalten des Vorgesetzten, dann folgt dieser mit großer Aufmerksamkeit den Ausführungen seines Angestellten. Der Blickkontakt ist jedoch reduziert bzw. fast vollständig abgebrochen. Mit seiner visuellen Ignoranz mißachtet der Vorgesetzte die oben zitierte Regel 1, nach der eine zuhörende Person dem Sprecher weitgehende visuelle Aufmerksamkeit zu schenken hat, um Wertschätzung und Partnerschaftlichkeit zu signalisieren. Dies bedeutet, daß die visuelle Ignoranz seitens des Vorgesetzten dem Angestellten kommunizieren soll: »An meinem Blickverhalten erkennst du: Wir sind nicht Partner, sondern ich bin dein Chef!«

Die visuelle Ignoranz ist ein verletzendes Machtsignal. Sie wird von Personen betrieben, die sich ihrer Überlegenheit absolut sicher sind. Denn nur wer sich seiner Position völlig sicher ist, kann es sich leisten, den potentiellen Gegner komplett zu ignorieren – nur wer gegenüber dem Konfliktpartner gänzlich angstfrei ist, kann die mögliche Gefahrenquelle – den Kontrahenten – außer acht lassen. Die heimliche Botschaft der visuellen Ignoranz lautet daher auch: »Ich fühle mich so sicher und unangreifbar, daß ich dich nicht einmal im Auge behalten muß. Du bist zu klein, um mich angreifen zu können. Ich bin dir haushoch überlegen.« Das bewußte Übersehen des Kommunikationspartners

dient der Kommunizierung von angstfreier Überlegenheit und tatsächlicher Dominanz. **Die überlegene Position wird lediglich mitgeteilt, aber nicht erkämpft.**

Versetzen Sie sich in die Lage des Angestellten: Vermutlich fänden Sie das visuelle Verhalten des Chefs befremdlich und würden verunsichert reagieren. Wahrscheinlich würden Sie sich sogar ärgern, aber Ihren Unmut in sich hineinfressen. Nur die allerwenigsten von uns würden sich trauen, den Chef um visuelle Aufmerksamkeit zu bitten. Und genau mit diesem Herunterschlucken Ihres Unmuts würden Sie – ohne sich dessen bewußt zu sein – Ihrem Chef kommunizieren: »An meinem kommentarlosen und widerstandslosen Erdulden Ihrer herabwürdigenden Machtsignale sehen Sie, daß ich die Hierarchie anerkenne. Sie sind der Boß!«

Versetzen Sie sich zum Vergleich in die folgende Lage: Wie würden Sie sich fühlen, wenn Ihr Partner, während Sie ihm wichtige Dinge mitteilten, aus dem Fenster schaute, Fernsehen guckte oder in der Zeitung blätterte? Sie würden sich verletzt fühlen und angesichts des respektlosen Verhaltens den Partner anraunzen: »Schau mich bitte an, wenn ich mit dir spreche!« Sie leisten Widerstand gegen die Verletzung, die die visuelle Ignoranz Ihres Partners Ihnen zufügt.

Aber visuelle Ignoranz ist nicht weniger verletzend, wenn sie von Vorgesetzten – statt von Partnern – praktiziert wird. Nur die Angst vor Konsequenzen führt dazu, daß wir uns bei Führungspersonen nicht trauen, Wertschätzung und Partnerschaftlichkeit durch visuelle Aufmerksamkeit einzufordern. Doch der Stachel der Verletztheit sitzt tief.

Visueller Tiefstatus

Neben den dominanten gibt es natürlich auch die komplementären Blicke – nämlich diejenigen, die einen kommunikativen Tiefstatus signalisieren. In den folgenden Abschnitten werden wir die vier wichtigsten Blickmuster der visuellen Statussenkung vorstellen: das Blicksenken, den bewundernden Blick, den angstvollen Blick und den flüchtenden Blick.

Der gesenkte Blick

Ein Kind hat etwas ausgefressen und wird von der Mutter zur Rede gestellt. Das Kind sieht seinen Fehler unmittelbar ein. Es nimmt den Blickkontakt zur Mutter kurz auf, senkt danach den Blick, schaut betroffen zu Boden und räumt auch verbal die eigene Schuld ein: »Tut mir leid, Mama, ich tue es auch nie wieder. Bestimmt nicht.«

Das Kind reagiert auf die drohenden Blicke der Mutter mit einem visuellen Signal der Statussenkung – dem demütigen Blick. Mit Hilfe dieses Signals möchte es der Mutter die eigene Unterwerfung kommunizieren und ihr gleichzeitig den Wind für weitere Angriffe aus den Segeln nehmen. Die heimliche Botschaft des gesenkten Blicks lautet: »Mama, du bist der Boß. An meinem gesenkten Blick siehst du: Ich werfe mich visuell-symbolisch zu Boden vor dir. Bitte tu mir nichts!«

Das totale Senken des Blickes stellt das extremste visuelle Signal der Statussenkung dar, über das wir verfügen. Es kommuniziert vollständige Unterlegenheit und Kapitulation in einem Konflikt und dient der Besänftigung des überlegenen Kontrahenten. Da mit gesenktem Blick der überlegene Gegner nicht weiter beobachtet werden kann, bedeutet dieses Signal vollständige Auslieferung – man

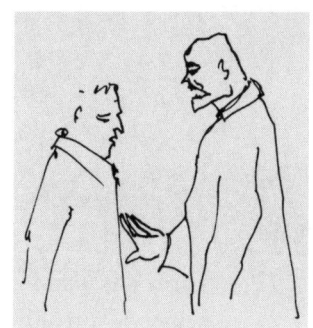

begibt sich restlos in die Hand des Siegers und ist diesem ausgeliefert.

Zwei typische Beispiele für Situationen, in denen wir den Blick senken:

- **Schuldeingeständnis:** Wir fühlen uns in einem Konflikt schuldig und haben ein schlechtes Gewissen. Wir gestehen die Schuld ein. Das Blicksenken ist der visuelle Ausdruck unseres inneren Tiefstatus.
- **Kapitulation:** Wir haben es mit einem übermächtigen Kontrahenten zu tun, von dem wir genau wissen, daß wir ihm in dem Streit nicht gewachsen sind. Wir fühlen uns nicht schuldig, wissen aber, daß wir nur über die Kapitulation eine Chance haben, halbwegs ungeschoren aus dem Konflikt herauszukommen. Um jeden weiteren Angriff abzuwehren, senken wir den Blick und machen uns klein.

Häufig können wir in Konfliktsituationen, in denen sich die unterlegene Partei der siegreichen durch Blicksenken symbolisch unterwirft, anschließende kurze Kontrollblicke beobachten:

Das Kind senkt bei der beginnenden Strafpredigt der Mutter zunächst seinen Blick zu Boden. Doch danach hebt es immer wieder kurz seinen Kopf und schaut für einen Wimpernschlag in die Augen der Mutter. Es will prüfen, ob die Mutter mögliche weitere Angriffe unternimmt, gegen die es sich schützen muß. Die Kontrollblicke zeigen, daß die Selbstauslieferung nicht total ist: Sollte die Mutter beispielsweise zu einer Backpfeife ausholen, kann das Kind reagieren. Zusätzlich kann das Kind mit Hilfe seiner Kontrollblicke überprüfen, ob die Strategie der Besänftigung bereits erfolgreich ist oder ob diese ausgedehnt oder intensiviert werden muß.

> Machen Sie einen kleinen Versuch mit einer anderen Person. Überprüfen Sie die Statuswirkung der folgenden beiden Blickmuster:
>
> - Schauen Sie sich zwanzig Sekunden in die Augen. Daraufhin soll Ihr Gegenüber langsam den Blick zu Boden senken und ihn nicht wieder heben.
> - Im zweiten Durchgang soll Ihr Gegenüber nach ein paar Sekunden Augenkontakt ebenfalls den Blick senken, aber danach immer wieder kurze angstvolle Kontrollblicke aussenden.
>
> Sie werden feststellen, daß die totale Auslieferung, also das Senken des Blicks ohne anschließende Kontrollblicke, weitaus statussenkender ist als der demütige Blick in Kombination mit angstvollen Kontrollblicken.

Der gesenkte Blick, ob mit oder ohne begleitende Kontrollblicke, dient der Besänftigung des Konfliktgegners.
Das Blicksenken ist ein visuelles Muster, das zwar in allen Kulturen vorkommt, aber je nach gesellschaftlichem Kontext andere Bedeutungsschwerpunkte haben kann; so ist es in einigen afrikanischen, asiatischen oder auch arabischen Kulturen weniger ein Ausdruck von Unterwerfung und Unterlegenheit als von Respekt dem jeweiligen Kommunikationspartner gegenüber. Die heimliche Botschaft des zu Boden gesenkten Blicks lautet dann: »Ich respektiere Sie so sehr, daß ich Ihnen noch nicht einmal mit meinen Blicken zu nahe komme. Ich verneige mich symbolisch-visuell vor Ihnen.«
Doch beachten Sie:

- Senken alle am Gespräch beteiligten Personen ihren Blick, so ist die heimliche Botschaft frei von Signalen der Unterwerfung. Die Kommunikation verläuft trotz allseits gesenktem Blick »auf Augenhöhe«. Die Botschaft der gesenkten Blicke lautet: »Mit unseren gesenkten Blicken zollen wir uns wechselseitigen Respekt.«
- Wird Blicksenken in kommunikativen Situationen nur von einer der beteiligten Personen praktiziert, kommt die zusätzliche Botschaft der einseitigen Unterwerfung ins Spiel. So ist es in einigen Kulturen den Frauen verboten, ihren Männer unaufgefordert in die Augen zu schauen. Durch ihre einseitige visuell-symbolische Unterwerfung kommuniziert die Frau ihrem Mann die Anerkennung der Geschlechterhierarchie. Ihre heimliche Botschaft lautet: »An meinem gesenkten Blick erkennst du nicht nur meinen Respekt dir gegenüber, sondern auch, daß ich meine Unterlegenheit anerkenne. Du bist das Familienoberhaupt.«

Allseitiges Blicksenken in einer kommunikativen Situation kann – je nach kulturellem Kontext – Respekt ohne Unterwerfung signalisieren. Einseitiges Blicksenken jedoch kommuniziert Unterlegenheit und die Anerkennung einer bestehenden Hierarchie.

Bewundernde Blicke

Der bewundernde Blick ist Ihnen vielleicht als »Dackelblick« bekannt. Das Hauptmerkmal dieses Blicks ist ein leichtes Nachvorne-Neigen des Kopfes, wodurch dem jeweiligen Kommunikationspartner die Illusion verschafft wird, daß er von unten betrachtet, also »angehimmelt« wird. Verstärkt wird dieser Blick häufig durch das mimische Signal des Hebens der Augenbrauen. Der »Dackelblick« fungiert als einseitige Imagepflege – als nonverbale Schmeichelei der rangniedrigen einer ranghöheren Person gegenüber.

Visueller Tiefstatus

Sie können die Wirkung dieses Blicks ganz einfach ausprobieren:

> Stellen Sie sich vor den Spiegel, und schauen Sie sich selbst in die Augen:
>
> 1. Legen Sie Ihr Kinn auf die Brust, und halten Sie den Blickkontakt zu sich selbst aufrecht. Sie schauen sich jetzt von unten an.
> 2. Bringen Sie Ihren Kopf zurück in die Ausgangsposition. Halten Sie den Kopf ganz gerade, und schauen Sie sich in die Augen.
> 3. Legen Sie Ihren Kopf in den Nacken, und behalten Sie sich dabei im Auge.
>
> Achten Sie bei allen drei Kopfpositionen auf Ihren Status. Wenn Sie sich von unten anschauen, wirken Sie klein und schwach, wenn Sie sich von oben betrachten, also mit dem Kopf im Nacken, wirken Sie »hochnäsig«. Wenn Sie sich mit gerader Kopfstellung anschauen, wirken Sie selbstbewußt. Sie können diese Übung auch mit einer Partnerin oder einem Partner als Paarübung durchführen, um die Wirkung zu steigern.

Der bewundernde Blick arbeitet mit den Signalen der Selbstherabsetzung und Fremderhöhung zugleich. Die heimliche Botschaft des »Dackelblicks« lautet: »An meinem gesenkten Kopf siehst du, daß ich kleiner bin als du. Ich bin dir unterlegen und schaue zu dir auf.« Diese Statusaussagen über die eigene und fremde Größe sind unabhängig von der tatsächlichen Körpergröße der beteiligten Kommunikationspartner: Eine Person von 1,90 Meter kann durch den »Dackelblick« zu einer Person von 1,70 Meter »aufschauen«.

Der bewundernde Blick kommuniziert die Anerkennung der Hierarchie und vermittelt dem Gegenüber das Gefühl, angehimmelt zu werden.

Angstvolle Blicke

In allen menschlichen Kulturen konnten Anthropologen feststellen, daß Gefahrenquellen ständig beobachtet werden. Um im Falle eines Angriffs rechtzeitig reagieren zu können, ist es erforderlich, den Gefahrenherd – sei das nun Mensch oder Tier – nicht aus den Augen zu lassen. Wir fassen den Begriff »Gefahrenherd« sehr weit, wie das folgende Beispiel einer beruflichen Situation zeigt:

Stellen Sie sich eine Teamsitzung vor. Sie können die Dominanz eines Menschen allein daran erkennen, daß dieser von den restlichen Mitgliedern des Teams bevorzugt angeschaut wird. Es kann sogar sein, daß die dominante Person selbst kaum Notiz von den übrigen Kolleginnen und Kollegen nimmt, sondern während der gesamten Sitzung in ihren Notizen blättert und somit visuelle Ignoranz praktiziert. Und doch vergeht kein Redebeitrag, bei dem die jeweils sprechende Person und auch die zuhörenden Kolleginnen und Kollegen des Teams nicht immer wieder zu der dominanten Person hinschauen: **Ranghohe Personen vereinigen die Blicke der rangniedrigeren Personen auf sich.**

Für dieses Phänomen gibt es zwei Erklärungen:

- Die dominanten Personen – seien das nun die jeweiligen Vorgesetzten einer Gruppe oder die informellen Wortführer – haben das Sagen; sie sind **Respektpersonen**. Ihr Wort gilt mehr als das der anderen Personen. Sie haben in einem höheren Maße die Möglichkeit, ihre Interessen durchzusetzen. Von der Meinung der dominanten Personen ist abhängig, welche Chancen auf Umsetzung beispielsweise der Vorschlag eines Mitarbeiters hat, den dieser auf der Teamsitzung einbringt. In der Konsequenz bedeutet dies, daß sich nicht nur der jeweilige Sprecher an der dominanten Person orientiert, sondern natürlich auch die anderen Kolleginnen und Kollegen die Reaktionen des »hohen Tiers« bevorzugt beobachten. Denn schließlich hat dessen Stellungnahme zu einem eingebrachten Vorschlag Einfluß auf den gesamten weiteren Gruppenprozeß und demnach auf jedes einzelne Teammitglied. Sobald also ein rangniedriger Konferenzteilnehmer einen Vorschlag unterbreitet, wandern die Augen aller Teammitglieder zu der einflußreichsten Person, um deren Haltung zu der Eingabe abzuschätzen. An diesem Menschen orientiert sich die gesamte Gruppe. Die Folge dieser geistigen Orientierung einer Gruppe ist: Die dominante Person wird bevorzugt angeschaut, damit die übrigen Teammitglieder permanent an deren Körpersprache oder auch verbalen Äußerungen ablesen können, welche Meinung sie vertritt: »Wie stehst du zu der Idee bzw. dem Vorschlag, der gerade vorgetragen wird?«

- Dominante Personen einer Gruppe sind aber nicht nur Respektpersonen, sondern häufig auch **Angstpersonen**. Wortführer bieten nicht nur Orientierung, sondern haben oft auch die Macht, das Verhalten rangniedriger Personen zu sanktionieren. Von dominanten Personen droht demnach immer auch Gefahr in Form von plötzlichen (verbalen) Angriffen und Übergriffen. Um also rechtzeitig Gegenmaßnahmen ergreifen zu können, darf die Gefahrenquelle nie oder nur kurz aus dem Auge verloren werden: Angstpersonen werden bevorzugt angeschaut.

»*Guck nicht so blöd!*«

Lassen Sie eine Kamera während einer beliebigen Konferenz oder Sitzung mitlaufen, und drehen Sie bei der anschließenden Analyse den Ton ab: Sie können allein an den Wanderungen der Augen feststellen, wer in einer Gruppe oder einem Team »den Ton angibt«. Auf diese Art und Weise können Sie sogar »schweigende Wortführer« einer Gruppe problemlos identifizieren.

Auch ein verhaltensgestörter Schüler kann für den unterrichtenden Lehrer eine Gefahr darstellen, die es ständig aus den Augenwinkeln zu beobachten gilt. Denn sollte der betreffende Schüler wieder einmal im Begriff sein, den Unterricht durch Nebengespräche zu stören, muß der Lehrer unverzüglich mit einem drohenden Blick reagieren. Der auffällige Schüler bekommt demnach vom Lehrer während des Unterrichts mehr Blicke geschenkt als jeder andere seiner Klassenkameraden. Durch seine Verhaltensauffälligkeiten hat es der Schüler entgegen der Intention des Lehrers geschafft, einen »hohen Rang« in der Klasse zu bekleiden. Als Angstperson wird er von seinem Lehrer bevorzugt angeschaut.

Der flüchtende Blick

Wir behaupten von manchen Menschen, daß Sie uns »nicht in die Augen schauen können«. Diese Personen flüchten immer wieder mit ihren Blicken. Sie sind nicht in der Lage, auch nur für zwei oder drei Sekunden Blickkontakt mit uns aufzunehmen:

- Menschen mit flüchtendem Blickverhalten können, wenn sie während eines Gesprächs in der sprechenden Position sind, ihren Worten durch visuelle Signale des Blickhaltens keinen Nachdruck verleihen.
- Wenn sie anderen zuhören, weichen sie sofort mit ihrem Blick aus, sobald die sprechende Person visuellen Kontakt mit ihnen aufnimmt.

- Da diese Menschen immer wieder angstvoll kontrollieren müssen, wie ihr Gegenüber agiert oder reagiert, kehren sie mit ihren Blicken kurze Zeit nach dem Blickabwenden zu den Augen ihres Gesprächspartners zurück. Doch kaum treffen sich die beiden Blicke, flüchten ihre Augen erneut – sie haben einen »Flackerblick«.

Ein flüchtender Blick kann auf zwei Arten bewertet werden:

- Handelt es sich um eine eigentlich selbstsichere Person, ziehen wir aus dem visuellen Fluchtverhalten Rückschlüsse auf ihre **situative** Unsicherheit. Irgend etwas scheint diese Person in der konkreten Situation verunsichert zu haben. Von dem flüchtenden Blickverhalten schließen wir auf ihre **momentane** psychische Verfassung und bewerten die betreffende Person als unsicher oder ängstlich. Häufig unterstellen wir unserem Gegenüber sogar, daß es etwas zu verbergen hat oder lügt, sich deswegen unsicher fühlt und folglich den Blickkontakt nicht aufrechterhalten kann.
- Wenn der »Flackerblick« zum ständigen visuellen Verhalten einer Person gehört, dann führt die Aussage, daß sie dem Gegenüber nicht in die Augen schauen kann, zu einer charakterlichen Zuschreibung: »Die Person ist durch und durch unsicher. Sie kann mir aufgrund ihrer generellen Unsicherheit nie in die Augen schauen.« Wir unterstellen unserem Kommunikationspartner mangelndes Selbstbewußtsein und durchgehende Ängstlichkeit.

Ein solches Blickverhalten ist statussenkend. Es kommuniziert eine momentane oder generelle Unfähigkeit, den Blickkontakt ruhig und intensiv zu gestalten: **Flüchtendes Blickverhalten signalisiert Unsicherheit oder Angst.**

Der »feste Blick«

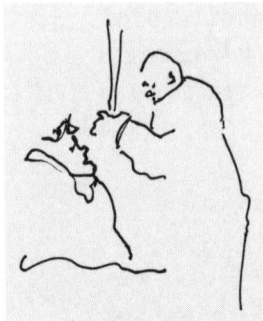

Es gibt Menschen, denen wir bescheinigen, einen »festen Blick« zu haben. Wenn Sie sich einmal fragen, wie Menschen mit einem »festen Blick« auf Sie wirken, werden Sie vermutlich feststellen, daß diese Personen einerseits selbstsicher, durchsetzungsstark und klar wirken und Ihnen andererseits mit ihren aufmerksamen Blicken Respekt und Anerkennung entgegenbringen:

- Den Blick einer zuhörenden Person nehmen wir als fest wahr, wenn sie während des Zuhörens dem Sprecher weitgehende visuelle Aufmerksamkeit schenkt – und damit visuell weder flüchtet noch die sprechende Person ignoriert. Der feste Blick signalisiert Wertschätzung.
- Den Blick einer sprechenden Person nehmen wir als fest wahr, wenn sie unaufgeregt, ruhig und selbstsicher zwischen verbindend-verbindlichem Blickkontakt und Blickabwenden hin und her pendelt. Dabei ruht ihr Blick während der Kontaktaufnahme einige wenige Sekunden länger auf den Augen der zuhörenden Person, als dies bei unsicheren Personen der fall wäre – jedoch ohne bohrend zu wirken. Dadurch verschiebt sich die Relation zwischen abgewendetem Blick und Blickkontakt: Während unsichere Personen ihren Blick beispielsweise für fünf bis sieben Sekunden abwenden und dann für zwei, drei Sekunden Blickkontakt mit der zuhörenden Person aufnehmen, ändert sich dieses Verhältnis bei Personen mit einem festen Blick. Diese schweifen vielleicht zwei, drei Sekunden mit ihren Augen ab, halten danach aber für fünf bis sieben Sekunden den Blickkontakt aufrecht. Eine Person mit »festem Blick« verkürzt demnach die Phase des Blickab-

wendens zugunsten der Phase des Blickkontakts: Sie bleibt länger im Kontakt mit dem jeweiligen Kommunikationspartner.

»Schau mir in die Augen, Kleines!« Mit diesem Satz stellte sich Humphrey Bogart in dem Film *Casablanca* vor Ingrid Bergman und forderte sie auf, Blickkontakt mit ihm aufzunehmen. Doch Bogarts Formulierung war irreführend: Wir können nicht in beide Augen eines Menschen gleichzeitig schauen, der in einem Abstand von einem oder zwei Metern mit uns kommuniziert. Die einfache Erklärung für dieses Phänomen ist: Es ist unmöglich, zwei Punkte parallel zu fixieren – es sei denn, Sie stellen Ihre Augen auf »unscharf«. Wir beschränken uns beim Blickkontakt entweder auf ein Auge unseres Gegenübers, oder wir betrachten seine Augen abwechselnd – springen also zwischen dessen Augen hin und her.

In unseren Seminaren haben wir eine interessante Beobachtung gemacht: Die meisten Menschen verteilen ihre Blicke nicht etwa gleichmäßig auf die beiden Augen ihres jeweiligen Gesprächspartners, sondern kommunizieren weitgehend über eines von dessen Augen. Sie haben ein »bevorzugtes Auge«, das sie bei ihrem Gegenüber betrachten. In dieses Auge geht mit einer hohen Wahrscheinlichkeit der erste Blick bei der Kontaktaufnahme; ebenso kehrt er nach dem Abschweifen dahin zurück, und mit dem »bevorzugten Auge« werden die weitaus längsten Blickkontakte unterhalten.

Subjektiv geben die betreffenden Personen an: »Ich fühle mich einfach am wohlsten und sichersten, wenn ich in das linke (bzw. das rechte Auge) meines Gegenübers schaue.«

Interessanterweise konnten wir feststellen, daß etwa 75 Prozent der Teilnehmerinnen und Teilnehmer intuitiv immer wieder das gleiche Auge suchen, über das sie schwerpunktmäßig ihre Kommunikation gestalten – mit wem auch immer sie kommunizieren. Das bedeutet: Wer mit einem Partner bevorzugt über dessen linkes Auge kommuniziert, sucht mit einer 75prozentigen Wahrscheinlichkeit auch bei jedem weiteren Kommunikationspartner dessen linkes Auge, um darüber Blickkontakte herzustellen. Wem das rechte Auge des Gegenübers vertrauter ist, sucht mit der gleichen hohen Wahrscheinlichkeit bei jeder Person ihr rechtes Auge.

Finden Sie heraus, ob auch Sie zu den 75 Prozent gehören, die ihre Kommunikation immer über das gleiche Auge gestalten, egal mit wem sie kommunizieren: Suchen Sie sich einen Partner, dem sie lange in die Augen schauen können. Vertrauen Sie Ihrem Gefühl, und fragen Sie sich: »Beim Blick in welches von dessen Augen fühle ich mich wohler? Links oder rechts?«

Wenn Sie zu dem Ergebnis kommen, daß es das rechte Auge Ihres Partners ist, dann überprüfen Sie bei der nächstbesten Unterhaltung mit einer anderen Person, ob es sich dort gleich verhält. Sie benötigen mindestens fünf bis sieben Tests mit verschiedenen Personen, um für sich eine Tendenz feststellen zu können.

Im Umkehrschluß lautet unsere Beobachtung aus den Seminaren: Etwa 25 Prozent unserer Teilnehmer kommunizieren nicht über ein »bevorzugtes Auge«. Sie entscheiden sich entweder von Person zu Person neu oder springen mit ihren Blicken gleichmäßig zwischen den Augen ihres jeweiligen Gegenübers hin und her.

Die Geschwindigkeit wiederum, mit der wir vom einen Auge zum anderen springen, hat Auswirkungen auf unseren Status:

Das schnelle und hektische Wechseln zwischen den beiden Augen des Kommunikationspartners kann von diesem als Unruhe, Nervosität oder gar Unsicherheit wahrgenommen werden: als abgeschwächtes flüchtendes Blickverhalten.

Umgekehrt gilt: Personen, denen wir einen »festen Blick« bescheinigen, springen während einer visuellen Kontaktaufnahme – egal ob in der zuhörenden oder der sprechenden Rolle – nicht schnell und hektisch zwischen den beiden Augen des jeweiligen Gesprächspartners hin und her. Ihr Blick ruht längere Zeit auf einem – meist dem »bevorzugten« – Auge des Gegenübers, bevor er zum anderen Auge wechselt oder abgewendet wird.

Fassen wir die drei Komponenten des festen Blicks zusammen:

- Einer Person wird ein »fester Blick« zugeschrieben, wenn sie in einem Gespräch während des Zuhörens dem Sprecher weitgehende visuelle Aufmerksamkeit schenkt. Immer, wenn eine sprechende Person den Blickkontakt aufnimmt, ist die Person mit ihrem »festen Blick« präsent und vermittelt dadurch Wertschätzung.
- Einer Person wird ein »fester Blick« zugeschrieben, wenn sie während des Sprechens ruhig hin- und herpendelt zwischen Blickkontakt einerseits und Abwenden des Blicks andererseits. Ihr Blick ruht für einige Sekunden länger in den Augen des Zuhörers als der einer unsicheren Person. Die Dauer des Blickabwendens ist zugunsten der Phase des Blickkontakts verkürzt.
- Als letztes Kriterium für einen »festen Blick« führen wir an: Er springt nicht unruhig zwischen den Augen des Kommunikationspartners hin und her, sondern ruht weitgehend in einem von dessen Augen, bevor er zum anderen Auge wechselt oder abgewendet wird.

»Guck nicht so blöd!«

Eine Person mit einem »festen Blick« wirkt ruhig, gelassen und selbstsicher. Gleichzeitig vermittelt sie dem Gesprächspartner das Gefühl von Respekt und Wertschätzung.

Zusammenfassung

- Drohende und bohrende Blicke sollen den Kontrahenten einschüchtern, verletzen und bezwingen. Sie dienen der Errichtung einer dominanten Position: ⇒ Selbsterhöhung
- Die visuelle Ignoranz dient nicht dem Erkämpfen einer dominanten Position, sondern der Kommunizierung, Festigung und Bekräftigung der überlegenen Stellung. Jemand, der visuelle Ignoranz praktiziert, führt dem Kontrahenten die bestehende Hierarchie lediglich vor Augen: ⇒ Fremdherabsetzung
- Der demütige, nach unten gerichtete Blick senkt den eigenen kommunikativen Status durch visuell-symbolische Unterwerfung. Mit diesem Blickmuster signalisieren wir unseren Kommunikations- und Konfliktpartnern die Anerkennung der eigenen Unterlegenheit. Ziel dieses visuellen Signals ist es, den Kontrahenten zu besänftigen und von weiteren Ansprüchen oder gar Angriffen abzuhalten: ⇒ Selbstherabsetzung
- Der aufschauende und bewundernde Blick (»Dackelblick«) bewirkt eine Hebung des kommunikativen Status des Kommunikationspartners, wodurch indirekt auch der eigene Status gesenkt und die eigene Unterlegenheit kommuniziert wird: ⇒ Fremderhöhung
- Respektpersonen und angsteinflößende Menschen werden bevorzugt angeschaut.
- Der flüchtende Blick (»Flackerblick«) signalisiert Unsicherheit und Angst. Er senkt den eigenen kommunikativen Status: ⇒ Selbstherabsetzung
- Der »feste Blick« signalisiert Souveränität und Gelassenheit und vermittelt dem Gesprächspartner Wertschätzung und Respekt.

»Bleib mir von der Pelle!«
Raumverhalten, Macht und Konflikt

Schlagen Sie ein beliebiges populärwissenschaftliches Buch über Körpersprache auf, und Sie finden eine Einteilung der räumlichen Kommunikation in Distanzzonen – meist mit Zentimeterangaben:

- Die intime Kommunikation mit sehr vertrauten Menschen findet demnach in der **Intimzone** statt. Diese beträgt in unserer Kultur etwa 0–45 cm. In diesem Bereich besteht die Möglichkeit jederzeitiger Berührung, aber auch jederzeitiger Verletzung. In der Regel gewähren wir daher nur jenen Menschen Einlaß in unsere Intimzone, denen wir trauen, daß sie die Nähe zu uns nicht für einen Angriff mißbrauchen.
- In der **persönliche Zone,** die zirka 45–90 cm beträgt, kommunizieren wir mit uns relativ nahe stehenden Menschen über persönliche Dinge.
- In der **sozialen Zone** (rund 90–180 cm) reden wir über Angelegenheiten, die uns nicht sehr nahe gehen, und mit Menschen, die wir nicht näher kennen.
- In der **öffentlichen Zone** (ab 180 cm) kommunizieren wir mit Personen, zu denen wir großen Abstand wahren wollen oder müssen.

Vielleicht sollten wir uns die jeweiligen territorialen Grenzen wie eine flexible »zweite Haut« vorstellen. Diese »zweite Haut« tragen wir stets mit uns herum, und sie umgibt uns wie eine Art zusätzliche Hülle. Aber im Gegensatz zur realen Haut können wir unsere »zweite Haut« je nach Bedarf ausdehnen oder zusammenziehen:

- Wir weiten unsere »zweite Haut« im Umgang mit einem fremden Menschen so aus, daß sie uns in einem Abstand von mindestens 90 Zentimetern umgibt. Dringt diese fremde Person in unsere persönliche oder gar intime Zone ein, dann ist es so, als berühre oder durchstoße sie unsere »zweite Haut« – wir fühlen uns bedrängt.
- Im Kontakt mit guten Bekannten ziehen wir diese »zweite Haut« bis zu einem Abstand von 45 Zentimetern an uns heran. Erst wenn ein Bekannter in unsere Intimzone eindringt, schrillen unsere Alarmglocken, weil wir eine Grenzverletzung wahrnehmen.

Doch Vorsicht: Wir müssen, was die Einteilung der Territorien anbelangt, einige wichtige Ergänzungen und Einschränkungen vornehmen:

- Die Unterscheidung der Distanzzonen mit Angaben von Zentimetern gilt nur für einen großen Raum, ein freies Feld oder einen leeren Platz. Denn räumliche Enge führt dazu, daß wir unsere »zweite Haut« ganz nahe an unseren Körper heranziehen. In einem Fußballstadion, Fahrstuhl oder Rock-Konzert akzeptieren wir sogar Berührungen durch fremde Personen. In diesen Extremfällen von Pferchung ziehen wir unsere »zweite Haut« bis auf unsere tatsächliche Haut zusammen. Das bedeutet, daß die Aufteilung in die oben beschriebenen Distanzzonen in beengten Verhältnissen weitestgehend außer Kraft gesetzt ist.

- Die Einteilung in Distanzzonen gilt nur für unseren Kulturkreis! Ein räumliches Verhalten, das in unserer Gesellschaft als angemessen und respektvoll gilt, kann beispielsweise in arabischen oder asiatischen Ländern zu erheblichen Irritationen oder gar Verletzungen führen. Die Menschen dort haben andere Empfindungen für Distanzen: Was wir als aufdringlich empfinden, gilt dort als Zeichen von Vertrautheit, und was wir als respektvollen Umgang bezeichnen, kann in anderen Kulturen als Ausdruck großer Distanziertheit empfunden werden. Andere Länder – andere Abstände! Das Empfinden für Distanzzonen ist angelernt. Kulturelle Standards beeinflussen unser Gefühl für Abstände.
- Persönliche Erfahrungen wirken auf unsere Empfindungen für Entfernungen innerhalb der Kommunikation ein. Vereinfacht ausgedrückt: Opfererfahrungen wie massive psychische oder physische Grenzverletzungen (z. B. Prügelstrafe, Mißbrauch) können die Wahrnehmung für Distanzen stark verändern. Die betreffenden Personen rücken ihren Mitmenschen teilweise »sehr dicht auf die Pelle«, oder aber sie halten großen Abstand zu ihnen. Das Gefühl für Distanzzonen ist demnach auch individuell geprägt.
- Die Empfindung für räumliche Nähe oder Distanz ist abhängig von unserer inneren Nähe oder Distanz zu einer Person: Haben wir Streit mit einer uns vertrauten Person, empfinden wir zu ihr eine emotionale Distanz. Wir passen unsere räumliche Distanz der inneren so weit an, daß wir darauf achten, diese Person auf Abstand zu halten: Wir vermeiden während des Streits eine Kommunikation in der persönlichen oder gar intimen Zone. Umgekehrt gilt: Fühlen wir uns von einer fremden Person angezogen (»Attraktion« heißt wörtlich übersetzt »Anziehung«), dann suchen wir vielleicht sogar einen Kontakt zu ihr in der persönlichen oder gar intimen Zone. Die emotionale Distanz zu einem Menschen beeinflußt dem-

nach die räumliche Kommunikation. Können wir uns »gut riechen«, rücken wir näher zusammen; wenn uns jemand »stinkt«, gehen wir auf Distanz.

Ein schematische Einteilung der Distanzzonen stößt also an Grenzen. Wir müssen dem Umstand Rechnung tragen, daß Distanzen und davon abhängige Grenzverletzungen von Kultur zu Kultur, von Person zu Person und von Situation zu Situation sehr unterschiedlich sein können. Bei der Frage von Übergriffen gibt es keine objektiven Standards, sondern subjektive Wahrheiten. Jedes Gefühl des Bedrängtwerdens ist eine subjektive Wahrheit: Die Invasion findet tatsächlich statt – unabhängig davon, ob die invasive Person die Grenzverletzung beabsichtigt oder nicht. Wir alle kennen Menschen, die uns ständig zu nahe treten, ohne uns jedoch verletzen zu wollen. Jene sind keine bösartigen Eroberer, sondern haben ein anderes Empfinden für Distanzzonen – und lösen bei uns dennoch Gefühle der Bedrängnis aus.

Sozialer Status und Raum

Je höher der soziale Status eines Menschen, desto größer sind in der Regel die Räume, über die er verfügt. Denken Sie nur an die riesigen Villen der Reichen, und Sie haben ein plastisches Beispiel vor Augen, daß der Besitz großer Räume auch der Statusdarstellung ihrer Besitzer dient. Die großen Villen und imposanten Hochhäuser zeugen von Macht und Einfluß ihrer Besitzer. Protz bestimmt vielfach die Bauweise großer Gebäude. Doch in der Menschheitsgeschichte hatten große Häuser zunächst eine ganz praktische Funktion: In frühester Zeit wurden Nahrungsmittelüberschüsse einer Siedlung an Orten gelagert, die allen Menschen der jeweiligen Gemeinschaft zugänglich waren. Erst viel später, nämlich zum erstenmal vor 10 000 Jahren, gab es die ersten privaten Einlagerungen von Nahrungsmitteln, wie archäologische Funde im Nahen Osten nachweisen. Ursprünglich waren es nicht mehr als kleine Ecken oder Verstecke innerhalb der Behausungen, in denen privilegierte Menschen einer Gemeinschaft ihre Nahrungsmittelüberschüsse lagerten. Doch mit zunehmender Produktivität auf der Basis von Ackerbau und Viehzucht gab es immer mehr Nahrungsmittel, die auch einzelnen Personen gehörten. Die Folge dieser beiden Entwicklungen: Die private Hortung von Lebensmitteln führte dazu, daß die Häuser der betreffenden Personen nicht nur größer und rechteckig wurden, sondern auch immer mehr in die Höhe wuchsen. Die Bewohner hausten im ersten Stock, und die Vorratskammern wurden im Erdgeschoß untergebracht.

Mit anderen Worten: Da Reichtum in der Menschheitsgeschichte zunächst nicht in der Ansammlung platzsparender Aktien oder Geldnoten, sondern im Horten von raumbeanspruchenden Nahrungsmitteln bestand, bauten sich die Reichen vergangener Jahrtausende große Häuser bzw. ließen diese bauen.

Heute besitzt ein Direktor nicht nur eine große Villa in einer besseren Lage der Stadt, sondern verfügt selbstverständlich über die entsprechenden Angestellten, die seine großen Räume auch pflegen. Natürlich residiert er im größten Büro seiner Firma. Und seine Arbeitszimmer sind nicht nur am komfortabelsten eingerichtet, sondern liegen abgeschieden und sind, da der Weg über ein Vorzimmer mit Sekretärin führt, für andere Personen nur schwer zugänglich. Der Direktor fährt auch den größten und bequemsten Wagen, fliegt Business-Klasse und bucht bei der Bahn stets die 1. Klasse. Die Sportarten, die er betreibt, beanspruchen viel Raum: Golf und Segeln. Auf Reisen wohnt er in Luxus-Suiten. Im Theater oder Kino sitzt er in der Loge. Auf Sitzungen und Konferenzen ist sein Platz stets auf den größten und bequemsten Stühlen. Daher gilt: **Je größer der gesellschaftliche, berufliche oder private Einfluß einer Person, desto größer und luxuriöser eingerichtet sind die Territorien, über die sie verfügt.**

Noch etwas fällt auf, wenn wir den Zusammenhang von Macht und Raum betrachten: Viele Chefs nehmen sich das Recht heraus, in die Büros ihrer Angestellten einzudringen, ohne vorher anzuklopfen. Umgekehrt ist dieses Verhalten undenkbar; jeder Angestellte hat an die Tür zu klopfen und auf das »Herein« zu warten, bevor er das Büro des Chefs betreten darf. Auch kann der Chef bestimmen, wie die Büros der Angestellten eingerichtet werden. Häufig verfügt er sogar, daß allzu private Gegenstände wie Fotos oder Andenken aus den Räumen der Mitarbeiter entfernt werden. Im häuslichen Umfeld definieren die Eltern in der Regel den Grad der Ordnung in den Zimmern ihrer Kinder und veranlassen diese zum Aufräumen. Fazit: **Ranghöhere Personen dringen häufig ungestraft in die Räume rangniedrigerer Personen ein und diktieren deren Gestaltung.**

Körpersprachliche Expansion

Übertragen wir diese Erkenntnisse über den Zusammenhang zwischen sozialem Status und Raum auf die Ebene der Kommunikation. Unsere These lautet: Ein hoher kommunikativer Status veranlaßt Menschen zu raumgreifender Körpersprache; eine solche Körpersprache signalisiert einen hohen kommunikativen Status.

Die Gestik dominanter Personen ist ausschweifend, ihre Ellenbogen bewegen sich in einem relativ großen Abstand vom Körper. Sie besetzen ihre Stühle mit dem

»*Bleib mir von der Pelle!*«

gesamten Gesäß. Ihre Beine sind sowohl im Stehen als auch in Sitzpositionen gespreizt, ihre Schrittlänge ist groß. Ranghohe Personen dürfen ungestraft ihre Füße auf den Schreibtisch legen. Mit ihren lauten Stimmen füllen sie jeden Raum. Selbst die Unterschrift, so haben Untersuchungen ergeben, wächst mit der beruflichen Stellung einer Person innerhalb einer Hierarchie. Verständlich, denn Schrift ist verdinglichte Bewegung.

Wohlgemerkt: Statushohe Personen tendieren dazu, dieses raumgreifende Verhalten zu zeigen – nicht alle dominanten Personen verhalten sich tatsächlich körpersprachlich expansiv.

Da die raumgreifende Körpersprache einen hohen Status signalisiert, ist es naheliegend, daß wir das Prinzip der Expansion auch in Konflikten anwenden, um Dominanzen zu erringen:

- Um dem Kontrahenten mit unserer Kraft und Stärke zu imponieren, blähen wir im Konfliktfall unseren Oberkörper auf und »machen uns breit«. Die heimliche Botschaft lautet: »An meinen breiten Schultern und meinem aufgeblähten Oberkörper erkennst du meine Muskelkraft. Ich bin dir – nicht nur körperlich – überlegen.«
- Um die optische Wirkung der breiten Brust und der dadurch symbolisierten Muskelkraft zu vergrößern, stemmen wir die Hände oder Fäuste in die Hüften und stellen die Ober- und Unterarme weit aus.

- Mit ausladender Gestik unterstützen und bekräftigen wir unsere Argumente, die unseren Kontrahenten »plätten« sollen. Mit der geballten Faust betonen und akzentuieren wir unsere Kraft.
- Wir stellen uns breitbeinig hin, um einen sicheren Stand zu bekommen. Wir wollen unsere **Stellung**nahme möglichst so abgeben, daß der Kontrahent »kein Bein mehr auf den

Körpersprachliche Expansion

Boden bekommt«. Denn schließlich hat der eigene **Standpunkt** »Hand und Fuß«.
- Selbstverständlich besetzen wir auch den Rederaum in dem Konflikt, so daß der Kontrahent nicht zu Wort kommt: »Wir reden ihn an die Wand« und machen ihn »mundtot«.

Körpersprachliche Expansion soll auf die eigene (Muskel-)Kraft und Stärke verweisen und den Kontrahenten im Konfliktfall zur kampflosen Kapitulation bewegen: »Lege dich besser nicht mit mir an, sonst werde ich meine Kraft und Stärke im Kampf gegen dich einsetzen. Kapituliere kampflos und tue das, was ich von dir möchte.« Körpersprachliche Expansion fungiert als Drohgebärde und Mittel der Abschreckung eines Kontrahenten: **Angst vor dem angedrohten Leid soll diesen zur Aufgabe bewegen.**

Wenn von Drohgebärden mittels aufgeblasener Oberkörper und raumgreifender Gestik die Rede ist, haben Sie vermutlich (junge) Männer vor Augen, die mit ihrem Imponiergehabe versuchen, Angst und Schrecken zu verbreiten. Und doch müssen wir feststellen, daß es sich bei der Abschreckung durch Expansion um ein universelles Prinzip handelt, daß nicht nur in allen Kulturen anzutreffen ist, sondern auf das Menschen jeden Alters, aller sozialen Schichten und beiderlei Geschlechts in Konflikten zurückgreifen. Das heißt: Nicht nur Männer, sondern auch Frauen bedrohen ihre weiblichen oder männlichen Kontrahenten mit dem Mittel der körpersprachlichen Expansion. Was machen Mütter, wenn ihre Kleinen etwas ausgefressen haben und sie diese zur Rede stellen? Sie stellen sich breitbeinig vor ihnen auf und stemmen die Hände in die Hüften. Um die abschreckende Wirkung ihrer Strafpredigt zu potenzieren, bedienen sie sich einer ausladenden Gestik und drohen mit dem ausgestreckten Zeigefinger. Die heimliche Botschaft lautet:

»Bleib mir von der Pelle!«

»Mein Kleiner, sieh meine überlegene Kraft. Leg dich bloß nicht mit mir an, sonst werde ich diese Kraft gegen dich einsetzen. Tue besser das, was ich von dir möchte!«

Auf dieses Mittel der körperlichen Drohung greifen selbst Mütter zurück, die ihr Kind niemals schlagen würden. Dennoch drohen sie – in der Regel ohne sich dessen bewußt zu sein – diese körperliche Züchtigung mittels symbolischer Kraftdarstellung an.

Die Wirkung der körpersprachlichen Drohgebärden basiert stets darauf, daß dem Kontrahenten – unbewußt – körperliche Gewalt angedroht wird. Angst vor Verletzungen sollen diesen dazu bewegen, das zu tun, was die stärkere Person von ihm verlangt.

Dieses Mittel der Androhung von körperlicher Gewalt wird – egal ob im Kindergarten, in der Schule, in der Familie oder im Betrieb – überall dort angewendet, wo sich ein Kontrahent seinem jeweiligen Konfliktgegner so weit überlegen fühlt, daß er sicher ist, von diesem nicht verletzt werden zu können. Diese Überlegenheit kann körperlicher oder auch formal-institutioneller Art sein:

- Eine Lehrerin wirft sich vor einem kleinen Schüler der 5. Klasse ins Zeug, um diesen im Konfliktfall körperlich einzuschüchtern. Aber sie vermeidet diese Drohgebärde in einem Streit mit einem großen männlichen Schüler der 10. Klasse, der als cholerisch gilt.
- Ein Chef pustet sich vor seinem Angestellten auf und brüllt ihn an, weil er sich sicher sein kann, daß dieser sich auf Grund seiner niedrigeren Stellung und der dadurch bedingten Abhängigkeit nicht wehren wird. Aber er hütet sich davor, gegenüber seinem Personalchef ausfallendes Konfliktverhalten zu praktizieren.

Ausschlaggebend für die Verwendung von körpersprachlichen Drohgebärden ist demnach nicht die absolute Kraft einer Person, sondern deren relative körperliche oder formale Überlegenheit gegenüber dem Kontrahenten.

Körpersprachliche Invasion

In Konfliktsituationen gibt es neben der körpersprachlichen Expansion noch eine weitere Möglichkeit, einen hohen Status durch Raumverhalten zu signalisieren bzw. zu erkämpfen, nämlich die Invasion:

- Eine invasive Person rückt dem Kontrahenten mit ihrem gesamten Körper räumlich »auf die Pelle«. Sie unterschreitet die Distanzen, die wir oben vorgestellt haben. So ist immer wieder zu beobachten, wie sich zwei männliche Jugendliche in einem Streit Nase an Nase gegenüberstehen und einander anbrüllen. Dieses Eindringen in die intime Zone des Konfliktgegners stellt eine drastische Form invasiven Verhaltens dar, mittels deren der Kontrahent sowohl physisch als auch psychisch destabilisiert werden soll.
- Eine Variante dieser Grenzverletzungen durch Eindringen in die intime Zone eines Kontrahenten stellt die aggressive Gestik dar: Dabei dringt die invasive Person nicht mit ihrem gesamten Körper in das Territorium des Konfliktgegners ein, sondern fuchtelt mit dem ausgestreckten Zeigefinger oder gar der geballten Faust dicht vor dessen Nase herum. Auch durchdringende, bohrende Blicke fungieren als invasive Grenzverletzung.
- Wir sprechen von Rede*raum*. Menschen, die ihren Kommu-

nikationspartnern laufend ins Wort fallen und diese nicht ausreden lassen, betreiben Invasion. Ranghöhere Personen dringen häufiger in den Rederaum rangniedriger Personen ein als umgekehrt. Und Untersuchungen zufolge unterbrechen Männer sprechende Frauen öfters, als umgekehrt Frauen den sprechenden Männern das Wort abschneiden.
- Eine weitere Form invasiven Verhaltens ist der körperliche Übergriff, z. B. in Form eines jovialen Handschlags, des Betatschens, des Grapschens, eines Schubsers, eines Schlages oder einer Ohrfeige.

Invasion ist ein Mittel der Fremdherabsetzung. **Analog zur Strategie der Expansion verfolgt auch die Invasion das Ziel der Verängstigung des Kontrahenten.** Auf der Basis von dessen möglichst kampfloser Kapitulation sollen eigene Interessen durchgesetzt werden. Die heimliche Botschaft invasiver Körperstrategien lautet: »Die Verletzungen, die ich dir durch meine unerschrockenen Invasionen zufügen kann, sind nur die symbolischen Vorboten der Verletzungen, die ich dir zufüge, wenn du nicht das tust, was ich von dir möchte.«

Selbst auf kleinste empfundene Grenzverletzungen reagieren wir körperlich. Je massiver die Invasion ausfällt, desto heftiger fällt auch unsere körperliche Reaktion aus: Die Muskelspannung nimmt zu, der Puls erhöht sich, die Atmung wird flacher (uns »stockt der Atem«), der Verdauungsvorgang wird eingeschränkt, Hormone werden ausgeschüttet usw. Unser Körper bereitet sich auf Angriff oder Flucht vor. Verletzungen durch invasives Verhalten anderer Menschen verursachen bei uns demnach physiologische – und damit auch psychologische – Reaktionen: **Wir werden destabilisiert.** Das invasive Verhalten unseres Kontrahenten kann ihm tatsächlich eine dominante Position in einem Konflikt verschaffen. Das

bedeutet: **Mit invasivem Territorialverhalten läßt sich im Konflikt eine dominante Position erringen.**

Legitimierte Invasionen

Neben dieser aggressiven Form invasiven Verhaltens, die der Errichtung von Dominanzen dient, gibt es in gefestigten Hierarchien territoriale Übertritte, die auf den ersten Blick harmlos und verletzungsfrei erscheinen:

- Der Chef tritt an den Schreibtisch seines Angestellten heran, nimmt das dort aufgestellte Bild in die Hand und sagt: »Hübsche Frau haben Sie.«
- Der Vorgesetzte betritt das Büro seines Mitarbeiters, ohne anzuklopfen.
- Die Lehrerin beugt sich über den Rücken des schreibenden Schülers und liest in dessen Heft.
- Die Mutter schaut ungefragt in den Schulranzen ihres Kindes.

Hinter jeder dieser alltäglichen Handlungen verbergen sich Machtsignale. Deren Verletzungspotential wird erst dadurch deutlich, daß wir sie gedanklich umkehren: Was passiert, wenn nicht der Chef das Bild bei seinem Angestellten vom Schreibtisch nimmt, sondern im Gegenteil dieser im Chefbüro zu einer Schreibtischfotografie greift und die Frau des Chefs bewertend kommentiert? Was geschieht, wenn der Mitarbeiter ohne Termin und Anklopfen in die Räumlichkeiten seines Chefs eindringt? Welche Sanktion ergreift die Lehrerin, wenn ein Schüler von seinem Platz aufsteht und in ihrem Klassenbuch blättert? Wie reagiert die Mutter auf das Kind, das in ihrem Tagebuch stöbert? Jede dieser Verhaltensweisen der Unterlegenen würde sofortige Sanktionen seitens der Vorgesetzten nach sich ziehen, weil Hierarchien in Frage gestellt würden.

Die Tatsache, daß wir uns der verletzenden Ausmaße körpersprachlicher Invasionen nicht bewußt sind, sobald diese von Vorgesetzten verübt werden, sollte nicht darüber hinwegtäuschen, daß es sich stets um Machtsignale und Übergriffe handelt, deren heimliche Botschaft lautet: »An meiner Invasion erkennst du meine Macht: Ich kann jederzeit in dein Territorium eindringen, ohne daß du dich dagegen wehren kannst. Du hast die Übergriffe widerstandsfrei zu erdulden und dadurch die Hierarchie anzuerkennen.«

In etablierten Hierarchien führen scheinbar selbstverständliche invasive Handlungen den untergebenen Personen ihre Ohnmacht vor Augen. Sie dienen der Kommunizierung von Macht.

Körpersprachliche Raumreduktion

Wir haben in dem Abschnitt über den Zusammenhang von sozialem Status und Raum festgestellt: Je höher der soziale Status einer Person, desto größere und komfortablere Räume beansprucht oder besitzt sie. Umgekehrt gilt: Je niedriger der soziale Status einer Person, desto kleiner und spartanischer eingerichtet sind die Räume, die sie benutzt oder besitzt.

Der Chauffeur eines Direktors wohnt in einer kleinen Mietwohnung mitten in der lauten Stadt. Privat fährt er einen Kleinwagen. Seine Sportarten – Kegeln und Fußball – betreibt er in Räumen oder auf Plätzen, die er mit vielen Sportskameraden teilen muß. Auf Reisen wohnt er nicht in einer Suite, sondern in seinem Zelt, einem Wohnwagen oder in einer kleinen Pension mit Dusche auf dem Flur.

Übertragen wir diese Erkenntnis über den Zusammenhang von Raum und Ohnmacht auf den Bereich der Körpersprache, so finden wir folgende Analogie: Je niedriger der kommunikative Status einer Person, desto weniger besetzt sie im Kontakt mit ranghohen oder dominanten Personen mit ihren Bewegungen und Haltungen den Raum um sich. Sie agiert raumreduziert.

- Der Proband in einem Bewerbungsgespräch sitzt lediglich auf dem vorderen Teil seines Stuhls und schaut überwiegend auf den Boden vor seinen Füßen.
- Das ängstliche Mädchen in der vollbesetzten U-Bahn preßt seine Knie zusammen und legt die verkrampften Hände in den Schoß.
- Der Schüler, den die Lehrerin aufgefordert hat, seine Hausaufgaben vor der Klasse vorzustellen, druckst herum, spricht in kurzen und abgehackten Sätzen und mit so leisen Worten, daß seine Stimme den Klassenraum nicht ansatzweise füllt.
- Der neue Mitarbeiter im Team sitzt während der gesamten Konferenz mit angelegten Ober- und Unterarmen auf seinem Stuhl und legt nicht einmal seine Ellenbogen auf den Tisch.
- Die Ehefrau wagt in dem heftigen Streit mit ihrem Mann kaum, tief Luft zu holen und ihren Brust- und Bauchbereich auszudehnen. Sie atmet flach.

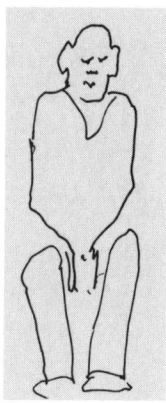

Jede dieser Personen ist verlegen, unsicher oder gar ängstlich und befindet sich daher in einem Zustand des inneren Tiefstatus. Die jeweiligen Kommunikationspartner, seien das nun der Prüfer, Mitfahrer, Lehrer, Mitarbeiter oder der Ehemann, werden von ihnen als dominant und angsteinflößend wahrgenommen. Der innere Tiefstatus der beteiligten Personen – die innere Haltung – zeigt sich in deren äußerer Haltung, nämlich der körpersprachlichen Raumreduktion. Die heimliche Botschaft der Raumreduktion lautet: »Ich kann mich leider nicht – so wie ich es gerne machen würde – in Luft auflösen. Als Ausgleich ziehe ich mich so weit in mich selbst zurück, daß ich keine Bedrohung mehr darstellen kann. Bitte laß mich als Gegenleistung dafür in Ruhe!«

Die Raumreduktion bezweckt, das verdeutlicht die heimliche Botschaft, primär die Besänftigung und Beschwichtigung des jeweiligen Gegenübers.

Aus jeder der beschriebenen Situationen würde die unterlegene Person am liebsten fliehen. Doch da sie sich dem Konflikt nicht durch Flucht entziehen kann oder will, wählt sie intuitiv das Mittel der Raumreduktion, um ihr Ziel zu erreichen: **Der eigene kommunikative Status soll durch Raumreduktion so weit gesenkt werden, daß der Kontrahent von weiteren Belästigungen abläßt.**

Übrigens: Das Wort »Angst« kommt aus dem Lateinischen »angustia« und heißt wörtlich übersetzt »Enge«. Kein Zufall, denn das Gefühl der Angst nehmen wir stets als Zuschnüren der Halspartie, als Druck auf den Oberkörper oder den Bauch wahr. Wir erleben somit Angst ganz hautnah als körperliche Enge – als durch inneren wie äußeren Druck erzwungene Raumreduktion.

Erdulden von Invasion

Wir alle erleben täglich Situationen, in denen andere Menschen uns »auf den Pelz rücken«. Sie treten uns – ob gewollt oder ungewollt, freiwillig oder unfreiwillig – zu nahe: In der Fußgängerzone werden wir von eiligen Passanten gerempelt, in der Konferenz fällt uns ein dominanter und cholerischer Kollege laufend ins Wort, im Stadion tritt uns ein aggressiver Fußballfan auf die Füße, und an der Theke setzt sich ein bulliger Kerl mit seinem Barhocker direkt neben uns. Wir fühlen

uns bedrängt, erdulden jedoch den Übergriff, wenn wir uns der bedrängenden Person ausgeliefert fühlen oder uns nicht trauen, offen gegen die Invasion vorzugehen.

Das widerstands- oder auch kommentarlose Erdulden von Invasion ist ein Signal der Selbstherabsetzung und Fremderhöhung zugleich und kommuniziert die Anerkennung der Hierarchie. Geäußert wird diese Form der Ohnmacht besonders Invasoren gegenüber, die über eine informelle oder auch etablierte Machtposition verfügen. Die Angst vor möglichen weiteren Angriffen seitens der Invasoren löst die Tiefstatus-Reaktion der bedrängten Personen aus: passive Duldung.

- Ein Schüler gesteht seinem Lehrer das Recht zu, ihm das Wort zu verbieten und sich ungefragt über seine Schulter zu beugen: »Der darf das, denn er ist der Boß.«
- Ein Kind leistet keinen Widerstand, wenn es von einem fremden Erwachsenen einen aufmunternden Klaps bekommt: »Der Onkel ist doch lieb.«
- Der Underdog der Gang läßt sich bereitwillig vom Anführer gängeln und zurechtstutzen: »Der ist halt stärker als ich.«
- Ein Kellner akzeptiert, daß ein Gast ihm auf die Schulter tippt, um sich bemerkbar zu machen: »Der Kunde ist König!«

In allen genannten Beispielen erachten die bedrängten Personen die invasiven Handlungen der eindringenden Personen als legitim. Die widerstandlose Duldung oder Akzeptanz territorialer Übergriffe sendet die heimliche Botschaft aus: »An meiner ausbleibenden Reaktion auf deine Invasion erkennst du, daß ich die Hierarchie anerkenne. Unternimm also keine weiteren Schritte gegen mich.«

Die Erduldung von Invasion bezweckt die Besänftigung des Aggressors und die Vermeidung weiterer Übergriffe.

»Kleine Fluchten«

Eine Variation der stillschweigenden Erduldung von Invasionen stellt das Prinzip der »kleinen Fluchten« dar. Versetzen Sie sich in die folgende Lage:

Ein dominanter Gesprächspartner treibt Sie in einem Konflikt in die Enge. Er kommt Ihnen mit seiner aggressiven Gestik und seinem Oberkörper gefährlich nahe. Sie fühlen sich »auf den Schlips« oder auch »auf die Füße« getreten. Ihre Schutzzonen sind verletzt. Zu allem Übel ist Ihr Gegner Ihnen haushoch überlegen – es ist nämlich Ihr Chef, der Sie gerade wegen angeblicher Versäumnisse abmahnt. Da Ihnen seine ungerechten Vorwürfe »unter die Haut« gehen, verspüren Sie Lust, ihm ordentlich die Meinung zu sagen oder einfach zu gehen und die Bürotür laut hinter sich zuzuknallen ...

Doch jetzt macht Ihnen die Vernunft einen Strich durch die Rechnung: Ihr Verstand rät Ihnen die Unterdrückung des Angriffs- oder Fluchtimpulses, denn beide Reaktionen könnten Sie den Job kosten. Also handeln Sie besonnen und entscheiden sich dazu, diese bedrohliche Situation ohne Flucht und Gegenangriff durchzustehen: Sie lassen die Standpauke des Chefs widerstandslos an Ort und Stelle über sich ergehen. Sie dulden die Invasion.

Wie aber reagieren Sie körpersprachlich auf die Invasionen des Chefs? Sie vollziehen »**kleine Fluchten**«: Durch körpersprachliche Reaktionen stellen Sie einen subjektiven Sicherheitsabstand her.

- Sie drücken Ihren Oberkörper nach hinten in Richtung Stuhllehne, um sich möglichst weit aus dem Schußfeld des Chefs zurückzuziehen.
- Sie verschränken die Arme vor dem Körper oder führen eine Hand schützend

zu Ihrer empfindlichsten Stelle – dem Hals. Sie errichten also Körperbarrikaden, um sich dahinter verstecken zu können.
- Sie ziehen Ihre Augenbrauen nach unten und die Schultern nach oben, um Augen und Kopf vor den Attacken des Chefs zu schützen.
- Sie schlagen Ihre Beine übereinander, um den Beckenbereich Ihres Körpers zu schützen.
- Sie drehen Ihren Oberkörper leicht zur Seite, um Ihre frontale Angriffsfläche zu verkleinern.
- Natürlich unterstützen Sie den Schutz Ihres Oberkörpers dadurch, daß Sie Ihre Schultern nach vorne ziehen.

Ihr Körper verhält sich so, als säße Ihnen ein Chef gegenüber, der Sie nicht mit Worten, sondern mit einem Knüppel attackiert. Das heißt, Ihr Körper schützt sich gegen dessen schlagkräftige Argumente, als seien diese handfest und lebensbedrohlich. Ihre Körperreaktionen wirken Wunder: Die verbalen Angriffe des Chefs werden für Sie psychisch dadurch erträglich, daß Sie durch »Barrikadenbau« einen subjektiven Sicherheitsabstand zu Ihrem Chef hergestellt haben. Aus dieser Deckung heraus ist es Ihnen möglich, die verbalen Angriffswellen weitgehend unbeschadet zu überstehen. Sie haben nicht etwa die Flucht ergriffen, sondern lediglich Ihren Körper durch »kleine Fluchten« geschützt und aus der Gefahrenzone gebracht.

Mit Hilfe Ihrer kompensatorischen körpersprachlichen Maßnahmen gelingt Ihnen ein kleiner Spagat:

- Einerseits kommunizieren Sie Ihrem Chef durch die Erduldung der Invasionen die scheinbare Anerkennung der Hierarchie und die scheinbare Übernahme von Schuld.
- Andererseits können Sie dessen Standpauke ohne große Verletzungen durchstehen. Sie haben sich körperlich distanziert

und aus der unmittelbaren Gefahrenzone entfernt. Sie fühlen sich weniger »betroffen«.

Zusätzlich zu diesen körperlichen Distanzierungen und Panzerungen sichern Sie sich auch psychologisch gegen das ausfallende Verhalten des Chefs ab, indem Sie während und nach der Standpauke denken: »Der blöde Chef kann mich mal.« Dadurch installieren Sie eine **innere Wippe** zu Ihrem Vorgesetzten, auf der Sie sich durch dessen Abwertung nach oben katapultieren. Denn wenn Sie Ihren Chef innerlich als »blöd« bezeichnen, dann machen Sie diesen vor Ihrem geistigen Auge klein. Sie können die Verletzungen, die Ihnen von Ihrem Chef zugefügt werden, psychisch kompensieren. Die gedachte und gefühlte Fremdherabsetzung des Chefs dient Ihrer eigenen Aufwertung, dessen Verletzung dient Ihrer Heilung. Bei häufigeren Territorialverletzungen seitens des Chefs reichen Sie die »**innere Kündigung**« ein: Sie distanzieren sich gedanklich und gefühlsmäßig von Ihrem Job und leisten heimlichen Widerstand, indem Sie Dienst nach Vorschrift machen.

Körpersprachliche und psychische Kompensationen stellen also, wie dieses Beispiel zeigt, gute Möglichkeiten dar, mit invasivem Verhalten von Konfliktgegnern umzugehen. Wir wenden diese Mittel immer dann an, wenn wir einerseits nicht vollständig kapitulieren wollen oder können, andererseits aber auch keine Chance für Gegenangriff oder Flucht sehen. Durch »kleine Fluchten« sichern wir nicht nur unser körperliches Territorium (= äußere Distanzierung), sondern gehen zugleich auch geistig auf Distanz zum Aggressor. Durch dessen innere Abwertung (= innere Distanzierung) wird der Schutz unserer Seele potenziert.

Time is money

Raum und Zeit hängen eng zusammen – wir sprechen von Zeiträumen. Ähnlich wie Raum ist auch Zeit in unserer Gesellschaft ungleich verteilt.

Zeit wird bewertet und bemessen. Ranghohe Personen verfügen über »wertvollere« Zeit als rangniedrige Personen. Angenommen, Sie verdienen 100 Euro pro Stunde. Wenn Sie sich die Zeit einer Person kaufen, deren Arbeitsstunde mit 25 Euro bemessen wird, können Sie sich von einer Ihrer Stunden 4 Stunden fremde Arbeitszeit kaufen: Sie können zu erledigende Arbeiten im Beruf oder Haushalt an diese Person delegieren und sparen 3 Stunden Zeit: **Ranghohe Personen gebieten über mehr Zeit als rangniedrige (Prinzip der Expansion).**

Und rangniedrige Personen? Sie sind in vielen Situationen darauf angewiesen, die Dienste – und damit die Zeit – ranghöherer Personen in Anspruch zu nehmen. Dafür müssen sie teuer bezahlen. Sollten Sie beispielsweise noch in der Ausbildung sein, dann wird Ihr Verdienst pro Stunde vermutlich nicht sehr viel höher als 7 Euro sein. Sind Sie für die Erledigung einer Reparatur in Ihrem Haushalt auf einen Handwerksmeister angewiesen, dessen Arbeitsstunde 42 Euro kostet, müssen Sie 6 Stunden Ihrer Zeit aufbringen, um sich eine Stunde von ihm kaufen zu können. Rangniedrige Personen müssen überproportional viel Zeit ausgeben, um die Zeit ranghöherer Personen in Anspruch nehmen zu können.

Ranghohe Personen können in einem höheren Maße über ihre Zeit verfügen als rangniedrige Personen. So kann ein Direktor seine täglichen Termine selbst festsetzen – der Chauffeur bekommt sie gesetzt. Der Direktor kann in einem hohen Maße bestimmen, welche Arbeiten er innerhalb welcher Zeit verrichten möchte – der Chauffeur muß innerhalb seiner Arbeitszeit die Dienste ausführen, die ihm von seinem Chef vorgegeben werden. **Ranghohe Personen kontrollieren die Zeit rangniedriger Personen (Prinzip der Invasion).**

Ranghohe Personen spielen diese Macht oft aus:

- Möchte eine rangniedrige Person einen Termin bei ihrem Chef bekommen, dann legt dieser den Zeitpunkt fest.
- Die rangniedrige Person muß pünktlich erscheinen – der Chef nicht. Eine ranghohe kann eine rangniedrige Person warten lassen – nicht umgekehrt.
- Der Chef bestimmt auch die Form des Termins: Er darf während des Gesprächs telefonieren – die untergebene Person nicht.
- Der Chef bestimmt den Inhalt und die zeitliche Dauer des Termins – er führt das Gespräch und beendet es auch nach seinem Belieben.

Mit jeder dieser Handlungen signalisiert die ranghohe Person der rangniedrigen: »Meine Zeit ist wertvoller als deine. Ich lasse sie mir von dir nicht stehlen. Ich kontrolliere die Zeit, denn Zeit ist Macht.«

Je niedriger der soziale Status einer Person, desto mehr Lebenszeit muß sie mit Warten auf ranghohe Personen verbringen. Beim Warten verwandelt sich Zeit in eine Ressource, über die der gebietet, der auf sich warten läßt. Mit jeder Minute Zeit, die eine ranghohe Person eine rangniedrige Person auf sich warten läßt, wird der Unterschied in der Hierarchie deutlicher.

Die Mächtigen teilen möglichst wenig Zeit mit Machtlosen. Wenn überhaupt, dann opfern sie nur einen Teil ihrer kostbaren Zeit für eine rangniedrige Person – rangniedrige Personen dürfen ranghohen nicht die Zeit stehlen, während das umgekehrt regelmäßig und ausdauernd vorkommt.

Rangniedrige Personen kommunizieren die Anerkennung einer Hierarchie durch ihr geduldiges Warten und dadurch, daß sie stillschweigend hinnehmen, daß ranghohe Personen den Inhalt, die Gestaltung und die Dauer der gemeinsamen Zeit bestimmen.

Unter Freunden gilt die stillschweigende Vereinbarung, daß Zeit gleichmäßig verteilt sein sollte. Jede diesbezügliche Asymmetrie würde als Machtgeste verstanden und zum Widerstand der ohnmächtigen Person führen:

- Kommt ein Partner wiederholt zu einer Verabredung zu spät, fühlt sich die wartende Person herabgesetzt und mißachtet.
- Bestimmt eine Person laufend, wie die gemeinsame Zeit gestaltet wird, ruft das den Mißmut und den Widerstand des Partners hervor.
- Entsteht eine Ungleichheit, weil eine Person viel weniger Zeit in die Beziehung einbringt als der Partner, so führt das bei jenem zu Unmut und dem Gefühl der Mißachtung.

Unter Gleichen gilt: **Jede Zeit-Asymmetrie wird als einseitige Anhäufung von Macht und somit als verletzender Angriff auf die Partnerschaftlichkeit verstanden.**

Zusammenfassung

- **Räumliche Vorteile:** Die Räume der ranghohen Personen sind größer als diejenigen der rangniedrigeren Personen; die Qualität ihrer Räume ist besser und deren Zugang für rangniedrige Personen erschwert.
- **Körpersprachliche Expansion:** Dominante Personen tendieren zur raumgreifenden Körpersprache.
- In Konfliktsituationen wird die körpersprachliche Expansion zur Waffe: Die heimliche Botschaft der auf Expansion ausgerichteten Körpersignale lautet: »An meiner Expansion erkennst du meine Kraft und Stärke; lege dich nicht mit mir an!« ⇒ Expansion zwecks Abschreckung
- Dominante Personen dringen in das Territorium rangniedriger Personen ein. Im Konfliktfall praktizieren sie **Invasion**, um den Kontrahenten zu verletzen und zu destabilisieren. In Situationen eskalierter Konflikte kann es sogar zu territorialen Übergriffen in Form von Schubsern, Remplern oder Schlägen kommen. Die heimliche Botschaft dieser invasiven Akte in Konflikten lautet: »Ich kann dich durch invasionäres Verhalten problemlos verletzen. Erkenne deine Unterlegenheit an und handle gemäß meinen Interessen.« ⇒ Invasion zwecks Verletzung und Destabilisierung.
- Ein niedriger kommunikativer Status wird durch **Raumreduktion** ausgedrückt. Im Konfliktfall wird durch die Körpersignale der Raumreduktion die folgende Botschaft gesendet: »Ich nehme so wenig Raum ein, daß ich dich mit meiner Anwesenheit kaum stören kann. Ich erkennen deine Überlegenheit an. Bitte tu mir nichts.« ⇒ Raumreduktion zwecks Besänftigung.
- Ein niedriger kommunikativer Status wird auch durch das freiwillige Überlassen von Räumen und die damit einhergehende **Duldung von Invasion** ausgedrückt: »An meiner Akzeptanz siehst du, daß ich dir den Raum nicht streitig machen möchte. Ich kapituliere und handle gemäß deinen In-

teressen. Bitte tu mir nichts.« ⇒ Akzeptanz von Invasion zwecks Anerkennung der Hierarchie und Besänftigung des Kontrahenten.
- »**Kleine Fluchten**« und die innere Abwertung des Kontrahenten bieten inneren Schutz und schaffen eine Distanz zum Aggressor – bei scheinbarer Anerkennung der Hierarchie.

»Größe zeigen ...«
Körpergröße, Macht und Konflikt

Überlegene Körpergröße flößt Respekt ein. Wollen Tiere ihre Artgenossen bedrohen und einschüchtern, richten sie sich zu stattlicher Größe auf. Viele Lebewesen haben zusätzlich Haare oder Federn zur Verfügung, um ihren Körper größer erscheinen zu lassen, als er es tatsächlich ist. Imponierende Größe begünstigt die Partnerwahl und schreckt potentielle Rivalen und Feinde ab.

Bei der Verknüpfung von Größe mit Respekt und Überlegenheit handelt es sich um ein universelles Prinzip: Nicht nur im Tierreich, sondern auch in allen menschlichen Kulturen wird Körpergröße mit Dominanz verbunden. Wie inszenieren sich seit Urzeiten Potentaten gleich welcher Couleur, um ihre Überlegenheit zu demonstrieren? Sie machen sich künstlich größer, indem sie sich auf einen Thron setzen, eine hohe Mütze, Krone oder Mitra tragen, von der Kanzel predigen (»abkanzeln«) oder per Lautsprecher von der Decke die Untergebenen instruieren.

Natürlich lassen sich die »hohen Tiere« Häuser bauen, die ihre Größe reflektieren: Hohe Kirchtürme, Paläste, Pyramiden oder verglaste Wolkenkratzer sollen von der Größe ihrer Besitzer zeugen. Aber die hohen Bauten demonstrieren nicht nur Macht und Größe, sondern zusätzlich wird den Untergebenen ihre Unterlegenheit vor Augen geführt und sollen diese eingeschüchtert werden. Wer von uns kommt sich nicht unbedeutend vor, wenn er vor einem Dom steht und emporschaut? Wer von uns fühlt sich nicht klein, wenn er durch das Frankfurter Bankenviertel spaziert und den Blick zum Himmel schweifen läßt, wo die Hochhäuser die Wolken zu kratzen scheinen? Wenn wir vor Statuen oder Bildern stehen, auf denen sich die »Großen der Welt« haben verewigen lassen, dann sind sie in Überlebensgröße abgebildet. Wir müssen den Kopf in den Nacken legen, um ihre Größe ermessen zu können – und schon fühlen wir uns wieder einmal klein und mickrig. Macht und Größe gehen seit Menschengedenken eine innige Verbindung ein.

In einem Versuch wurden Studentinnen und Studenten einer Universität gebeten, die Körpergröße ihrer Professoren einzuschätzen, die sie bisher noch nie aus der Nähe, sondern nur hinter ihrem Vorlesungspult gesehen hatten. Ergebnis: Die Professoren wurden im Durchschnitt um fünf bis zehn Zentimeter größer eingeschätzt, als sie in Wirklichkeit waren. Das heißt, wir tendieren dazu, Menschen auch in bezug auf Größe gemäß ihrem Status einzuschätzen. Ranghohe Menschen nehmen wir körperlich größer wahr, als sie tatsächlich sind. Wir projizieren den sozialen und kommunikativen Status in ihre Körpergröße hinein.

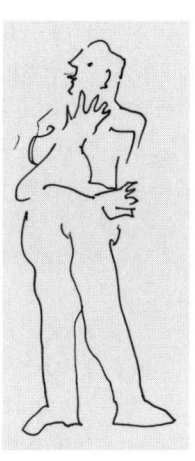

Amerikanische Wissenschaftler haben die Skelette von Machthabern vergangener Epochen der unterschiedlichsten Kulturkreise untersucht und sind zu einem erstaunlichen Ergebnis gekommen: Durchschnittlich waren die Potentaten um einige Zentimeter größer als die »kleinen Leute«, die sie beherrschten. Und auch heute noch ist die Körpergröße ein wichtiger Faktor für beruflichen Erfolg: Eine Untersuchung aus dem Jahre 1980 weist nach, daß der durchschnittliche Amerikaner damals 1,75 Meter groß war, jedoch mehr als die Hälfte der Top-Manager auf der Fortune-500-Liste seinerzeit mindestens 182 Zentimeter maß. Noch immer gilt: **Große Menschen haben bei gleicher Qualifikation nach wie vor größere Chancen als kleine Menschen, einen Job zu bekommen und auf der Karriereleiter aufzusteigen.**

Die Erklärung für dieses Phänomen ist: Ein großer Mensch wirkt stärker als ein kleiner Mensch mit ähnlicher Statur. Die Körpergröße verweist also auf die Körperkraft einer Person: groß = stark. Körperkraft wiederum war in der Evolution des Menschen stets von Vorteil im Kampf um das tägliche Brot und gegen menschliche oder tierische Feinde. Große und starke Menschen hatten über Millionen von Jahren hinweg größere Überlebenschancen und Vorteile bei der Partnerwahl.

Erst mit der Industrialisierung wurde die Tatsache, daß große und kräftige Menschen reale Vorteile im Beruf haben, sukzessive außer Kraft gesetzt. Immer mehr menschliche Tätigkeiten, die bis dato mit Muskelkraft verrichtet werden mußten, konnten auf Maschinen übertragen werden. Der Mensch bedient sich fremder Energien (z. B. Wasser, Kohle, Atom, Öl, Gas, Wind, Sonne), um eigene Kräfte zu sparen. Die Folge dieser technologischen Entwicklung: Heute gibt es in unserer Gesellschaft nur noch wenige Berufe, in denen größere Muskelkraft einen direkten und unmittelbaren Vorteil bei der Verrichtung der Tätigkeiten mit sich bringt. Daß große Menschen durch ihre körperliche Stärke direkte berufliche Vorteile haben, ist zumindest in den Industriegesellschaften kaum mehr der Fall.

Auch benötigen wir keine Körperkraft und Stärke mehr, um uns oder die Unsrigen gegen Feinde zu verteidigen: Die gefährlichen Tiere sind ausgerottet oder in den Zoo verbannt. In den eskalierten Konflikten mit Nachbarn, Kollegen oder Fremden schalten wir zur Not die Polizei, den Betriebsrat oder die Justiz ein. Für die Bedienung moderner Waffensysteme ist keine physische Stärke erforderlich – äußere »Feinde« können per Knopfdruck zu Hundertausenden vernichtet werden.

Es gibt mit anderen Worten keine objektiven Gründe mehr, warum Größe Dominanz und damit Erfolg begünstigen sollte. Dennoch lassen sich Millionen Jahre von Erfahrung nicht in einem Jahrhundert einfach abschütteln. Wir nehmen Projektionen vor. In große Menschen werden die jahrtausendealten Erfahrungen von Überlegenheit durch Körpergröße hineingedacht. So, wie wir bedeutende Menschen – wie z. B. Professoren oder auch Schauspieler auf der Bühne – größer wahrnehmen, als sie wirklich sind, so projizieren wir in große Menschen unbewußt Dominanz und Stärke hinein, ohne daß sie diese Eigenschaften tatsächlich aufweisen müssen. Dominanz steht noch immer für beruflichen Erfolg. Wer einen höheren Posten bekommen will oder innerhalb einer Hierarchie aufsteigen möchte, der muß seine Dominanz unter Beweis stellen. Eine Führungsperson hat – so das berufliche Anforderungsprofil – durchsetzungsfähig, belastbar, mutig und risikobereit zu sein. Auch sollte sie in der Lage sein, unliebsame Entscheidungen zu treffen und diese im Zweifelsfall gegen die Interessen der Mitarbeiter durchzuboxen. Diese Eigenschaften und Fähigkeiten schreiben wir intuitiv noch immer eher großen als kleinen Menschen zu, obwohl es keinerlei Beweise dafür gibt, daß große Menschen tatsächlich durchsetzungsfähiger oder risikobereiter sind als kleine. Noch immer gilt in unseren Köpfen die folgende Gleichung: Größe = Stärke = Durchsetzungsvermögen = Erfolg. Oder vereinfacht: Größe = Erfolg!

Die Schlußfolgerung aus all diesen Untersuchungen über den Zusammenhang zwischen Körpergröße, Dominanz und Erfolg ist jedoch nicht die, daß kleine Menschen tatsächlich schlechtere berufliche Aussichten haben. Es folgt lediglich, daß sie vermehrte Anstrengungen unternehmen müssen, um den Nachteil mangelnder Körpergröße zu kompensieren. Kleine Menschen wissen intuitiv und aus langjähriger Erfahrung, daß sie sich vermehrt ins Zeug legen müssen, um »groß rauszukommen«. Das führt dazu, daß sie häufig mehr Ehrgeiz entwickeln, um die körperlichen Vorteile der Großen wettzumachen. Schon im Kindergarten spüren kleinere Jungen und Mädchen: »Willst du dich gegen die großen und kräftigeren Spielkameraden durchsetzen, mußt du mehr Biß zeigen.« Kleine Menschen tendieren dazu, eine ehrgeizige Grundhaltung zu entwickeln. Vor diesem Hintergrund ist es verständlich, daß es stets auch besonders kleine Menschen gab, wie Cäsar oder Napoleon, die zu den »Großen« der Welt gezählt werden. Bei kleingewachsenen Menschen fällt auf: Der Zwang zum Durchbeißen ist nicht nur eine innere Haltung des Ehrgeizes, sondern äußert sich auch in deren Körperhaltung: **Kleine Menschen halten sich aufrecht, um größer zu wirken.**

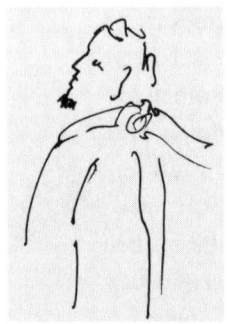

Körpergröße als Drohgebärde

Körperliche Größe kann bedrohlich wirken. Im Militär wurden und werden Kopfbedeckungen benutzt, um die Soldaten größer und damit angsteinflößender wirken zu lassen. Wer sich auch nur einmal in einer eskalierten Konfliktsituation mit einem deutlich größeren und stärkeren Gegner gestritten hat, der weiß, daß allein dessen Größe ein mulmiges Gefühl erzeugen kann. Selbst wenn wir genau wissen, daß uns der große Kontrahent nicht körperlich angreifen wird, flößt uns dessen imposante Erscheinung Angst ein. Daher ist es nicht verwunderlich, daß sich kleine Menschen mit größeren Kontrahenten lieber im Sitzen als im Stehen streiten, denn sitzend schlägt der Größenunterschied nicht so extrem zu Buche. Und Pädagogen wissen, daß große Lehrer es oft leichter haben, in Konfliktsituationen mit Schülerinnen und Schülern ihre Interessen durchzusetzen, als kleine Lehrerinnen: Ein Machtwort wirkt bedrohlicher, wenn es von großen männlichen Personen geäußert wird.

Körpergröße als Drohgebärde

Die Körpergröße stellt also einen wichtigen Faktor dar, der über den Verlauf und Ausgang eines Konflikts mitentscheiden kann. Denn körperliche Größe erhöht die einschüchternde und verletzende Wirkung von Drohgebärden und Machtworten und kann zu Vorteilen im Konflikt führen.

Menschen – ob groß oder klein, männlich oder weiblich, Afrikaner oder Europäer – machen sich groß, wenn sie in konfrontativen Situationen die Kontrahenten einschüchtern wollen. Diesen soll über die zur Schau gestellte Größe die eigene Kraft und Kampfbereitschaft signalisiert werden. Die Aufrichtung dient der Abschreckung des Gegners und der Vermeidung von Kampf auf der Basis von dessen frühzeitiger Kapitulation.

Beobachten Sie einmal in einem Kindergarten, wie Erzieherinnen mit ihrer Körpergröße agieren, wenn sie ein Kind, das etwas ausgefressen hat, zur Rede stellen: Sie treten sehr dicht an das Kind heran (= territoriale Invasion) und behandeln es von oben herab. Dadurch verändern sie automatisch dessen Blickwinkel: Je näher das Kind herangewinkt wird, desto steiler muß es nach oben schauen und desto angsteinflößender wirkt die körperliche Größe der Erzieherin. Gleichzeitig führt ihre Größe dem Kind dessen eigene Unterlegenheit vor Augen.

Je größer wir uns im Konfliktfall machen, so die körperliche Logik, desto bedrohlicher wirken wir auf unseren Kontrahenten und desto aussichtsloser soll diesem ein Kampf erscheinen. Betrachten wir die körperliche Aufrichtung nach dem Modell der Wippe, so fungiert sie als Mittel der Selbsterhöhung. Die in Worte übersetzte Aussage ist: »Sieh nur, wie groß und stark ich bin. Wage es nicht, mich anzugreifen, denn ich werde diese Körpergröße auch im Kampf zum Einsatz bringen und dich verletzen. Gib klein bei und handle gemäß meinen Interessen!«

»*Größe zeigen ...*«

In all unseren Konflikten, in denen es darum geht, die andere Person zu **über**zeugen, zu **über**reden, zu **über**trumpfen, zu **über**ragen oder zu **über**fahren, kämpfen wir intuitiv auch mit unserer Körpergröße. Wenn zwei aufgeblasene Kampfhähne in einem Streit aufeinandertreffen, findet förmlich ein Wettstreit darum statt, wer den anderen an Größe überragt.

Dieses Phänomen des Wettrüstens mittels Körpergröße in einem Konflikt hat Charles Chaplin in seinem Film *Der große Diktator* wunderbar karikiert: Hitler und Stalin sitzen nebeneinander beim Friseur, und keiner von beiden kann es ertragen, kleiner zu sein als der Kontrahent. Folglich schrauben beide ihren Stuhl in schwindelerregende Höhe, nur um den Gegner zu überragen ...

Die Filmszene entlarvt auf humorvolle Art und Weise, was sich in Wahrheit hinter dem Aufpumpen und Drohen verbirgt: Angst. Deutlicher als Chaplin kann man nicht zeigen, daß die Basis des Aufpumpens Komplexe sind. Und kennen wir diesen Zusammenhang zwischen Aufblasen und Komplexen bzw. Ängsten nicht auch aus unseren eigenen Konflikten? Wann machen wir uns größer? Wann erheben wir unsere Stimme und fangen an zu brüllen? Wenn uns die Argumente ausgehen.

Mit anderen Worten: Immer wenn uns die Gewißheit fehlt, in einem Konflikt bestehen zu können, mobilisieren wir körperliche Kräfte und stellen sie drohend zur Schau. Der Volksmund bringt es auf eine einfache Formel: »Wer angibt, hat es nötig.« Übertriebene Selbsterhöhung enthüllt Komplexe. Die imponierende Selbstaufrichtung und Zur-Schau-Stellung körperlicher Überlegenheit offenbart – wenn wir hinter die aufgeblasene Fassade schauen – Angst statt Selbstsicherheit, Schwäche statt Stärke und »Kleinheit« statt Größe. **Es sind Unsicherheit und Angst, die uns dazu verleiten, das Drohpotential zu erhöhen.**

Deckeln und unterdrücken

So, wie wir Größe mit Macht, Kraft und Erhabenheit assoziieren, verbinden wir Kleinheit mit Ohnmacht, Schwäche oder gar Niedertracht: Niedergeschlagene Menschen senken ihren Kopf und lassen ihre Schultern hängen. Fühlen wir unsere Unterlegenheit, geben wir »kleinlaut« bei und sind »kleinmütig«. Wir sprechen von »niedrigen Instinkten«, von Personen, die »am Boden zerstört« sind, von »Kleingeist«. Zwielichtige Personen arbeiten im »Untergrund«. So, wie wir vor dem Erhabenen Hochachtung empfinden, haben wir vor dem »Niederträchtigen« eine tiefe Abscheu. Das Große und Erhabene werten wir auf, das Kleine und Niedere erfährt eine Abwertung.

Was aber macht eine statushohe Person, wenn sie herunterkommt von ihrem Thron oder ihrem Podest, sich in einen direkten Kontakt mit den »kleinen Leuten« begibt und diese wegen mangelnder Körpergröße nicht überragt? Wie kann ein »hohes Tier« seine Überlegenheit gegenüber den niedrigeren Rängen trotz körperlicher Kleinwüchsigkeit oder zumindest gleicher Körpergröße dokumentieren?

Für dieses Problem gibt es seit Jahrtausenden eine ganz praktische Lösung: Die »kleinen Leute« haben sich bei Kontakten mit den »Großen der Welt« zu erniedrigen. Die niederen Ränge mußten sich früher auf den Boden werfen, den Saum des Königsmantels küssen, einen Diener oder einen Knicks machen, ihren Hut ziehen oder in kommunikativen Situationen mit den Vorgesetzten eine gebückte Haltung einnehmen, indem sie ihren Kopf leicht beugten und den Rücken krümmten. Noch heute wird die Hierarchie durch ähnliche Manipulationen der Körpergröße der Untergebenen unabhängig von der tatsächlichen Körpergröße wechselseitig kommuniziert: Die Machthaber wirken groß und überlegen, die Untergebenen dagegen klein und unterlegen.

Das Deckeln ist ein Mittel der Fremdherabsetzung – der Status der **Unter**gebenen wird gesenkt. Die **Unter**werfung von ehemals Gleichen führt zur Etablierung einer Hierarchie: zur Schaffung von **Unter**tanen. Deren anschließende **Unter**drückung festigt und bekräftigt die Hierarchie. Denn **Dominanz und Macht äußern sich darin, andere Menschen kleiner machen zu können, um Größenunterschiede herstellen oder festigen zu können.**

Was geschieht, wenn die Untergebenen nach einer langen Phase der Anerkennung ihrer Unterlegenheit die Machtverhältnisse verändern und die Unterwerfung beenden wollen? Dann erhöhen die Potentaten auf der einen Seite den Grad der Unterdrückung, um dadurch eine erneute Unterwerfung der Aufständischen zu erreichen. Auf der anderen Seite leisten die Revolutionäre Widerstand gegen die Unterdrückung, indem sie einen Aufstand praktizieren, um den Mächtigen »die Stirn bieten« zu können. Die Revolution bezweckt die Umkehrung der Machtverhältnisse – »revolvere« heißt »umdrehen«.

Buckeln

Heinrich Heine schrieb über seinen Mäzen, den Pariser Finanzmagnaten Baron James de Rothschild: »Ich besuche ihn am liebsten in den Büreaus seines Comptoirs, wo ich als Philosoph beobachten kann, wie sich das Volk und nicht bloß das Volk Gottes, sondern auch alle anderen Völker vor ihm beugen und buckeln. Das ist ein Krümmen und Winden des Rückgrats, wie es selbst den besten Akrobaten schwer fiele.«

Offenkundig mußte Baron Rothschild die von Heine beschriebenen Untertanen nicht einmal unterdrücken, sondern diese buckelten bei Eintritt in sein Büro im vorauseilenden Gehorsam. Durch ihr »Krümmen und Winden des Rückgrats« signalisierten und kommunizierten die »kleinen Leute« die Anerkennung der Hierarchie – mit ihrem Buckeln huldigten sie der Größe des Barons.

Jedes Buckeln seitens der Untergebenen festigt eine Hierarchie. Je gefestigter eine Hierarchie, desto weniger Unterdrückung der »kleinen Leute« durch die jeweiligen Machthaber ist notwendig. Wer sich unterworfen hat, muß nicht mehr unterdrückt werden. Mit feinen Signalen der Unterwürfigkeit kommunizieren die Untertanen gegenüber dominanten Personen die Akzeptanz ihrer Unterlegenheit. **An die Stelle des aktiven Deckelns seitens der Machthaber tritt in einer gefestigten und von beiden Seiten akzeptierten Hierarchie das Buckeln der Untergebenen.**

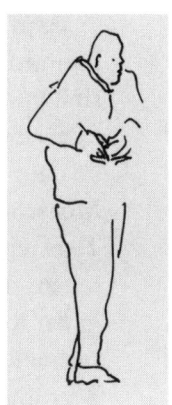

Die körpersprachliche Verkleinerung von rangniedrigen angesichts dominanter Personen ist ein universelles Prinzip der Selbstherabsetzung und der indirekten Fremderhöhung. Anthropologen konnten dieses Signal in allen Kulturen und Gesellschaften nachweisen: Um zu signalisieren, daß eine Rivalität oder gar ein Kampf gegen dominante Personen in jedem Falle vermieden werden soll, wenden Menschen weltweit den »Bückling« an, um die heimliche Botschaft zu senden: »An meinem Buckeln erkennst du, daß ich deine überlegene Größe und damit die Hierarchie anerkenne. Du mußt deine Dominanz nicht erkämpfen, also greif mich bitte nicht an.« **Das Wegducken dient der Vermeidung oder Begrenzung von Konflikten durch Besänftigung.**

Auch bei den Schimpansen im Arnheimer Zoo beobachtete der Primatenforscher Frans de Waal, daß ein untergeordneter Affe angesichts eines ranghohen Tieres eine leicht gebückte Körperhaltung einnimmt, so daß er zum überlegenen Primaten aufschaut. Im Verlaufe des weiteren Kontakts führt der unterlegene Primat in rascher Abfolge eine große Anzahl tiefer Verbeugungen durch. Der dominante Schimpanse reagiert auf diese Ehrerbietung und Schmeichelei, indem er sich noch höher aufreckt und sein Fell sträubt.

Aber, so mögen Sie einwenden, wir leben nicht mehr auf den Bäumen, und die Verhältnisse, wie sie Heine beschrieben hat, sind von der Geschichte längst überholt – wir haben eine egalitäre Gesellschaft etabliert, in der wir Bürgerinnen und Bürger uns auf Augenhöhe begegnen. Weit gefehlt! Beobachten Sie die Menschen in hierarchischen Institutionen: Begrüßt ein »hohes Tier« einen »kleinen Fisch« per Handschlag, dann können Sie sehen, daß die rangniedrigere Person den Kopf beim »Diener« in der Regel um einige wenige Zentimeter tiefer senkt als die statushohe den ihren. Wenn sich diese beiden Personen nach der Begrüßung unterhalten, schlägt sich mit einer hohen Wahrscheinlichkeit die Hierarchie auch in der Haltung – und damit der Körpergröße – der Kommunikationsteilnehmer nieder: Die statushohe Person steht aufrecht und senkt ihren Kopf nicht; die statustiefere Person steht ein wenig gebückter und senkt den Kopf leicht nach vorne, um ihre Körpergröße zumindest symbolisch zu reduzieren. Sie schaut die ranghohe Person leicht von unten an. Die Reduktion von Körpergröße ist – ungeachtet der tatsächlichen Körpergröße eines Menschen – ein Signal des Tiefstatus. **Sie dient der Darstellung von Unterlegenheit.**

Die folgenden Beispiele zeigen jedoch, daß die Selbstherabsetzung nicht nur der Anerkennung einer Hierarchie, sondern noch einem weiteren Zweck dienen kann: der Herstellung partnerschaftlicher Verhältnisse.

- Ist ein Kind am Boden zerstört, bücken wir Erwachsenen uns ganz tief zu ihm hinunter, um es zu trösten. Wir machen uns

Buckeln

klein und senden die heimliche Botschaft: »Ich bin dir ganz nah. Mir kannst du dich anvertrauen. Ich tue bestimmt nichts, was dir zusätzlich schaden könnte. Ich bin bei dir, und nicht über dir!«
- Der Chef besucht seinen Hausmeister und fragt ihn nach dessen Befinden. Er sendet die Botschaft: »Ich bekleide zwar ein höheres Amt als du, komme aber immer wieder von meinem hohen Roß herunter. Von mir geht keine Gefahr aus. Trotz Hierarchieunterschied möchte ich dich als Partner behandeln. Du bist mir wichtig.«
- Viele große Menschen tendieren dazu, permanent eine leicht gebückte Haltung einzunehmen. Der Grund einer solchen Haltung ist keineswegs, daß große Menschen mangels Muskelkraft oder Körperspannung ihre vielen Zentimeter nicht aufrichten könnten. Vielmehr reduzieren sie ihre Körpergröße, um einen Teil ihres latenten Drohpotentials aus der Kommunikation mit kleineren Menschen herauszunehmen: »Auch wenn ich größer bin als du, brauchst du dich dadurch nicht bedroht zu fühlen. Ich möchte eine partnerschaftliche Beziehung mit dir unterhalten und keine Angst verbreiten. Von mir werden keine Angriffe gegen dich ausgehen.« 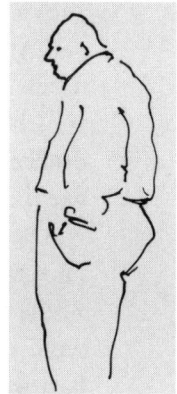 Gebückte große Menschen sind wandelnde Besänftiger – sie wissen um ihr Drohpotential, das allein von ihrer Größe ausgeht, und reduzieren ihre potentiell bedrohlich wirkende Größe.
- Wenn sich zwei Männer partnerschaftlich begegnen, kommunizieren sie ihre Friedfertigkeit und ihren wechselseitigen Respekt durch symmetrische Signale der Verkleinerung: Beide nehmen ihren Hut zur Begrüßung ab und drücken mit dieser Geste aus: »Ich mache mich kleiner, indem ich meinen Hut vor dir ziehe.« Gleichzeitig machen sie einen Diener. Wenn diese beiden Männer auch noch Japaner sind, dann

bleiben sie während der gesamten Kommunikation bei ihrer gebückteren Haltung, um sich die wechselseitige Wertschätzung durchgehend zu signalisieren. Die beidseitige und symmetrische Selbstherabsetzung zeigt Partnerschaftlichkeit an.

Das »Buckeln« von großen Menschen im Kontakt mit »kleinen Leuten« signalisiert nicht Unterlegenheit, sondern kommuniziert ihren Wunsch nach einer Kommunikation »auf Augenhöhe«.

Vom »röhrenden Hirsch« zur »Harley Davidson«

Wenn wir uns in einem Konflikt dem Kontrahenten nicht gewachsen fühlen, pusten wir uns auf, um größer und imposanter zu wirken. Wir werden laut, wenn uns der Kontrahent mit seinen Argumenten in die Ecke treibt und uns die passenden Widerworte fehlen. Folgerichtig sprechen wir davon, die Stimme zu erheben, um den Konfliktpartner mit Lautstärke zu beeindrucken. Eine laute Stimme erfüllt damit die gleiche Funktion wie die Selbstaufrichtung: Drohen.

Die Stimme als Drohgebärde einzusetzen ist ein uraltes und universelles Muster der Konfliktbewältigung. Die Schreie der Brüllaffen dienen ebenso wie das Quaken der Ochsenfrösche sowohl der Abschreckung von Gegnern als auch als Mittel der Partnerwerbung. Rotwild röhrt um die Wette. Sieger eines Rangordnungskampfes zwischen röhrenden Hirschen ist nicht etwa der Kontrahent, der seinen Rivalen auf die Hörner nimmt, sondern das Männchen, das am lautesten und längsten röhren kann. Das lauteste Tier stellt symbolisch unter Beweis, daß es den Rivalen auf die Hörner nehmen könnte. Viele der Rangordnungskämpfe im Tierreich werden nicht mit Muskeln, Hörnern, Krallen oder Zähnen ausgetragen, sondern mit Stimmen. Dadurch wird das Verletzungsrisiko der beteiligten Tiere minimiert: **Die laute Stimme (»Stimm-Gewalt«) symbolisiert Körperkraft und dient der Abschreckung des Kontrahenten.**

Die Maulwurfgrillen haben dieses System der stimmlich-symbolischen Konfliktbewältigung verfeinert: Sie potenzieren ihre Lautstärke, indem sie Löcher in Form eines Megaphons ins Erdreich graben und die dadurch entstehenden Hohlräume als Resonanzkörper für ihre Laute verwenden. Die Primatenforscherin Jane Goodall beschreibt, daß Mike, ein ehemals schwacher und rangniedriger Schimpanse, sich zwei Kanister aus einem Zelt schnappte und die bedeutend stärkeren Rivalen durch laute Schreie und das Aufeinanderschlagen jener Kanister wiederholt in die Flucht schlagen konnte. Nachdem Mike diese Strategie über vier Monate immer wieder angewendet hatte, erlangte er schließlich die Alpha-Position in seiner Gruppe, ohne daß er auch nur ein einziges Mal gegen seine stärkeren Rivalen hätte kämpfen müssen. Die durch die Kanister vergrößerte Lautstärke war derart beeindruckend und furchterregend, daß seine Kontrahenten es nicht wagten, sich auf einen Rangordnungskampf mit Mike einzulassen. Sie überließen ihm kampflos das Feld.

An diesem Beispiel wird noch einmal deutlich: Das Ziel der Abschreckung ist nicht der Kampf, sondern die Verbreitung von Furcht und Schrecken. Denn ängstliche Gegner – so die Hoffnung – unterwerfen sich kampflos.

Eine tiefe und laute Stimme fungiert in einem Konflikt als Hinweis auf die Größe und Breite der Person, die sie benutzt: Je größer der Resonanzraum eines Körpers, desto tiefere und auch lautere Töne vermag dieser zu erzeugen. Ein Baby kann zwar laut schreien, aber an der Höhe der Schreie ist erkennbar, daß die Töne aus einem kleinen Körper stammen. Umgekehrt verweist ein lauter und tiefer Schrei auf einen großen Resonanzkörper. Eine tief und laut brüllende Person ist mit einer großen Wahrscheinlichkeit nicht nur männlich, groß und breitschultrig, sondern darüber hinaus auch noch stark. Die heimliche Botschaft an den jeweiligen Konfliktpartner lautet: »An meiner lauten Stimme erkennst du meine Körpergröße, Kraft und Energie, die meine Kampfbereitschaft verdeutlichen. Diese Kräfte und Energien werde ich, wenn du dich nicht unterwirfst, gegen dich richten und dich damit verletzen. Hör daher auf deine Angst und unterwirf dich kampflos!«

Jetzt erklärt sich die Vorliebe vieler Jungen und Männer aller Altersgruppen für leistungsstarke Autos und Motorräder: Je tiefer und lauter deren Motoren »röhren«, desto größer der Hubraum und damit die Kraft der Maschinen. Die Motoren erfüllen somit die gleiche Funktion wie die Hohlkörper im Erdreich für die Maulwurfgrillen oder die Kanister für den Schimpansen Mike: Deren Dröhnen soll die Kraft ihrer Fahrer symbolisieren und zugleich potenzieren – männliche Allmachtsphantasien von »kleinen Jungs«, die einem fossilen Leitbild von aufgeblasener Männlichkeit nachhängen ...

Kehren wir zurück zur Funktion einer Stimme im Konflikt, und fragen wir uns erneut: Wann werden wir laut? Wenn uns die Argumente ausgehen! Das reflexhafte Anheben der Stimme ist ein Zeichen dafür, daß wir in einem Konflikt Angst haben, in eine unterlegene Position zu geraten – mit jedem Phon an Lautstärke sinkt strenggenommen der eigene Status: »Wer schreit hat unrecht!« **Wir werden laut, wenn wir innerlich kleinlaut werden und uns somit im inneren Tiefstatus befinden.**

Von dem reflexhaften Anheben der Stimme als Zeichen von Schwäche sollten wir das bewußte Einsetzen von verbaler Lautstärke unterscheiden: Ein Lehrer, der zu Beginn einer Unterrichtsstunde seine laute Stimme verwendet, um angesichts lärmender Kinder auf sich aufmerksam zu machen, setzt die Lautstärke nicht als Drohgebärde, sondern als Signal ein: »Hier bin ich, und ich möchte den Unterricht beginnen.« Folglich symbolisiert seine Stimme nicht Angst, sondern Kraft.

Zusammenfassung

- Wir assoziieren Körpergröße mit Kraft, Stärke und Dominanz. Dominanz bildet die notwendige Voraussetzung für Erfolg. Körpergröße begünstigt Erfolg.
- Im Konfliktfall richten wir uns auf und machen uns größer, um unser Drohpotential zu erhöhen und den Kontrahenten zur möglichst kampflosen Kapitulation zu bewegen: Das »**Aufblasen**« dient der Selbsterhöhung.
- Menschen in etablierten Machtpositionen können Einfluß nehmen auf die Körpergröße ihrer Untergebenen, indem sie darüber verfügen, daß diese sich in kommunikativen Situationen zu verkleinern haben. Das »**Deckeln**« und die Unterdrückung untergebener Personen als Mittel der Fremdherabsetzung ist ein universelles Prinzip der Etablierung von Macht und Herrschaft.
- Das »**Buckeln**« der kleinen Leute angesichts »hoher Tiere« – also die körpersprachliche Selbstherabsetzung – dient der Kommunizierung der Anerkennung der eigenen Unterlegenheit. Das »Buckeln« festigt eine bereits etablierte Hierarchie: ⇒ Selbstherabsetzung.
- In Konfliktsituationen ist das »**Wegducken**« ein Element der Opferstrategie, mittels deren der Kontrahent besänftigt und von weiteren Angriffen abgehalten werden soll. Es dient der Kommunizierung der eigenen Kapitulation: ⇒ Selbstherabsetzung und Fremderhöhung.

»Immer locker bleiben!«
Körperspannung, Macht und Konflikt

Ein Angestellter wird von seiner Chefin zwecks Abmahnung in ihr Büro bestellt. Zum verabredeten Termin steht er vor ihrer Tür. Er klopft an, wird hereingebeten und betritt ihr Dienstzimmer. Die Chefin fordert den Angestellten auf, näher zu treten. Mit ein paar Schritten geht er zum Schreibtisch der Vorgesetzten und bleibt hinter dem dort aufgestellten Stuhl stehen. Die Chefin, die sich bisher nicht von ihrem Sessel erhoben hat, beginnt nun mit ihrer verbalen Abmahnung. Während der gesamten Strafpredigt bleibt sie sitzen, während ihr Angestellter die **Stand**pauke hinter dem Stuhl stehend über sich ergehen lassen muß.

Dieses Szenario scheint alle Regeln über Status und Größe aus dem vorigen Kapitel auf den Kopf zu stellen: Die Chefin ist sitzend kleiner als ihr stehender Angestellter. Dabei müßte sie doch eigentlich ihre Überlegenheit dadurch kommunizieren, daß sie ihren Angestellten aus einer überragenden Position heraus »abkanzelt«.

Um diesen scheinbaren Widerspruch zu erklären, müssen wir die Funktion eines Throns in die Betrachtung von Größe und Status einbeziehen: Weltliche wie kirchliche Potentaten haben sich seiner bedient, um dem Untergebenen ihre Macht zu dokumentieren. Erinnern Sie sich an die Feststellung, die wir im Zusammenhang mit Status und Raum getroffen haben: Je höher der Status einer Person, desto komfortabler sind deren Räume eingerichtet. Ein Thron trägt dieser Gleichung von hohem Status und Komfort dadurch Rechnung, daß er nicht nur erhöht ist, sondern dem betreffenden Potentaten zugleich eine komfortable und entspannte Sitzposition ermöglicht.

Je bequemer eine Haltung, desto höher der Status der Person. Die gepolsterten Sitze in den Logen der Theater und den Abteilen erster Klasse der Bahn erinnern an die Throne der Potentaten – sie bieten höchsten Komfort und ermöglichen den Sitzenden eine entspannte Haltung. 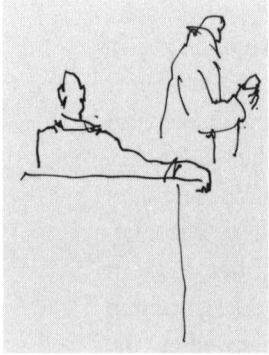 Werfen wir einen Blick in die Büros der Mächtigen: Die »hohen Tiere« sitzen auf bequemen und großen Sesseln. Ihr Kaffee wird gekocht, das Mittagessen wird gebracht und ihre Tassen und ihr Geschirr werden von Angestellten gespült. Sie haben ihre Handys weitestgehend ausgeschaltet und lassen sich statt dessen die wirklich wichtigen Dinge von ihrem Chefsekretär berichten. Verträge werden von ihnen nicht mehr entworfen, sondern lediglich unterzeichnet. Je höher der Status einer Person in einer Hierarchie, desto weniger muß sie sich mit »niederen Tätigkeiten« beschäftigen; sie hat den Kopf frei für »höhere Dinge«. **Bequemlichkeit, Luxus und die dadurch bedingte Entspannung sind seit Jahrtausenden Ausdruck eines hohen sozialen Status.**

Auch in traditionell geführten Ehen und Partnerschaften finden wir eine Arbeitsauftelung, die hierarchischen Gesichtspunkten folgt: Der Mann widmet sich der »hohen« Aufgabe des Broterwerbs, während ihm seine Frau aufopferungsvoll durch die Übernahme der »niederen Tätigkeiten« wie Hausarbeit und Kindererziehung den Rücken freihält. Daß die Berufsarbeit höher bewertet wird als Hausarbeit und Kindererziehung, kann man nicht zuletzt daran erkennen, daß erstere bezahlt wird, die letzteren nicht.

Körperspannung und Status

Eine entspannte und bequeme Körperhaltung setzt das Gesetz Größe = Macht außer Kraft. Die Chefin aus unserem Beispiel muß nicht aufstehen, um ihren kommunikativen Status gegenüber dem Angestellten zu erhöhen. Im Gegenteil: Gerade dadurch, daß sie in der bequemen Sitzhaltung bleibt und den Angestellten in der unbequemen Stehposition verharren läßt, dokumentiert sie ihren überlegenen Status. Die Botschaft dieser körpersprachlichen Zeichen lautet: »An meiner lockeren Haltung erkennen Sie meinen überlegenen Status. Ich bleibe in der entspannten Position, während ich Sie dazu veranlasse, stramm zu stehen.« **Ein hoher kommunikativer Status äußert sich durch entspannte Haltungen und Bewegungen.**

Umgekehrt gilt: Jede Form von Unsicherheit und Angst führt zur Aktivierung des Körpers und damit zur Anspannung der Muskeln. Der Körper bereitet sich angesichts der drohenden Gefahr auf Angriff oder Flucht vor. Wir kennen den Ausdruck »starr vor Angst«: Die Anspannung kann in extremen Angstsituationen so groß sein, daß sie zur Muskelstarre und damit zur Unbeweglichkeit führt.

Wer sich locker und entspannt gibt, wirkt angstfrei und somit souverän. Lockere Entspanntheit signalisiert Gelassenheit und Überlegenheit. Zu ähnlichen Ergebnissen gelangen Biologen, die das soziale Verhalten von Primaten untersucht haben. Auch dort signalisieren die ranghöchsten Tiere ihre dominante Position mit entspannten Bewegungen und Haltungen. Die rangniedrigsten Tiere der Gruppe dagegen weisen die höchste Körperspannung auf – sie befinden sich in ständiger »Hab-acht-

»Immer locker bleiben!«

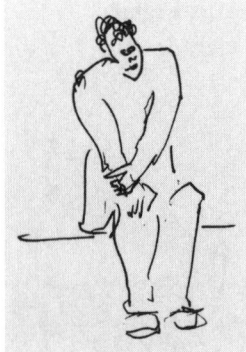

Stellung«. In diesem Ausdruck ist das Wort »Achtung« enthalten – also die Wachsamkeit gegenüber einer Gefahrenquelle.

Untersuchungen in Hierarchien bei Menschen haben ergeben, daß in kommunikativen Situationen die statushöheren Personen entspannter sind als die rangniedrigeren. Die Begründung: Ranghöhere fühlen sich im Umgang mit rangniedrigeren Menschen sicherer, als sich diese im Kontakt mit ihren Vorgesetzten fühlen. Auch in Gruppen formal gleichgestellter Personen konnte nachgewiesen werden, daß die jeweiligen Wortführer sich lockerer (= angstfreier) geben als diejenigen Gruppenmitglieder, die sich an ihnen orientieren. Wer das Sagen hat, weist einen höheren Grad körpersprachlicher Entspanntheit auf als diejenigen, die »hörig« sind. Egal ob in einer informellen oder formalen Hierarchie: **Dominante Personen sind körperlich entspannter als die sich unterlegen fühlenden Kommunikationspartner.**

Besonders augenfällig wird der Zusammenhang zwischen kommunikativem Status und körperlicher Spannung bei der hierarchisch durchstrukturierten Armee: Während die Rekruten mit einer extrem angespannten Exerzierhaltung teilweise über lange Zeiträume »strammstehen« müssen, können die Offiziere die Abnahme einer Parade mit einer relativ entspannten Körperhaltung vornehmen. Im Militär gilt die Regel: Je höher der Dienstgrad eines Soldaten, desto kürzer ist die Zeit, die dieser in einer unbequemen und angespannten Haltung verbringen muß. Umgekehrt hat ein rangniedriger Soldat einem ranghöheren Soldaten gegenüber eine relativ angespannte Haltung einzunehmen. Am Grad der Körperspannung läßt sich der jeweilige Dienstgrad eines Soldaten erkennen. Ein General muß bestenfalls zu einem kurzen Gruß eine Andeutung von strammer Haltung annehmen.

Auch in anderen Hierarchien lassen sich diese Prinzipien der körperlichen Spannung und Entspannung in Abhängigkeit vom sozialen bzw. kommunikativen Status beobachten:

- In einer Dienstbesprechung darf sich zuerst der Vorgesetzte den obersten Knopf öffnen, die Krawatte lockern oder das Jackett ausziehen, um es sich bequem zu machen.
- Ein hochrangiger Chef hat in seinem Büro zwei Sitzgruppen: seinen Schreibtisch mit zwei Stühlen und eine bequeme Sitzgruppe um einen Tisch. Hochrangige Gäste werden als Zeichen der Anerkennung ihres Hochstatus in die komfortableren Sessel gebeten.
- Männermode ermöglicht ihren Trägern in der Regel ein sicheres und bequemeres Auftreten als Damenmode den Frauen. Korsetts, Röcke oder auch Stöckelschuhe schränken die Bewegungsfreiheit ein und erzwingen unbequeme und damit angespannte Haltungen und Bewegungen.
- Weibliche Posen, die als graziös oder anmutig gelten und somit zur Attraktivität beitragen sollen, sind oft unbequem. Körperhaltungen, die als »männlich« gelten, zeichnen sich dagegen durch eine relative Entspanntheit aus.

Betreten wir ein beliebiges Klassenzimmer in einer weiterführenden Schule: Dort können wir beobachten, wie lässig und entspannt sich die männlichen Jugendlichen geben. Je lockerer und entspannter die Körpersprache, desto höher der kommunikative Status, der mit der »Coolness« dokumentiert werden soll. In der Jugendsprache kursiert ein neuer Ausdruck, der die alten Sprüche »Bleib cool, Alter« oder »Bleib locker« ablöst: »Bleib geschmeidig!« Geschmeidige Bewegungen setzen einen ent-

spannten Körper voraus. Ein solcher Körper wiederum ist Ausdruck einer angstfreien und souveränen inneren Haltung. Die zur Schau gestellte Lockerheit soll männlichen Hochstatus und maskuline Überlegenheit symbolisieren.

Von der körperlichen Entspanntheit, die Angstfreiheit und Souveränität signalisiert, ist die Spannungslosigkeit deutlich zu unterscheiden: Wir sprechen von schlaffen (= spannungslosen) Menschen und assoziieren dabei sofort negative Dinge wie Antriebsschwäche, Willensschwäche, mangelndes Durchsetzungsvermögen und fehlende Kraft und Stärke. Das heißt: Körpersprachliche Spannungslosigkeit wird als kommunikativer Tiefstatus wahrgenommen.

Ebenso kennen wir den Ausdruck, daß jemand sehr verbissen (= angespannt) sei. Auch diesen Körperzustand belegen wir mit negativen Assoziationen und Tiefstatus. Aus Angst vor Mißerfolg und Scheitern mobilisieren verbissene Menschen ihre gesamte Willenskraft und Energie, um Dinge zu erledigen, die souveränen Menschen »locker von der Hand gehen«. Selbstzweifel führen zur Anspannung, deshalb werden **Verbissenheit und Angespanntheit als Ausdruck von Angst und Selbstzweifeln (= innerer Tiefstatus)** wahrgenommen.

Spannung und Entspannung im Konflikt

Ein Schüler – nennen wir ihn Sascha – flezt sich im Unterricht auf seinen Stuhl und legt seine Beine auf den leeren Platz eines Mitschülers. Er dokumentiert mit dieser Lockerheit seinen hohen kommunikativen Status und sendet dem Lehrer und seinen Mitschülern die heimliche Botschaft: »An meiner Entspannung kann man sehen, daß ich den Unterricht nicht spannend finde.« Oder: »An meiner Entspannung ist ablesbar, daß ich das hier locker nehme.« Kein Wunder, daß sich der Lehrer durch die

Flezhaltung von Sascha provoziert fühlt, denn schließlich benötigt er selbst eine relative Angespanntheit, um den Unterricht durchzuführen. Sascha sitzt sozusagen entspannt auf einem Thron, während der Lehrer sich stehend abmüht, einen spannenden Unterricht zu bieten. Die Provokation besteht also für den Lehrer im Grunde darin, daß sich der Schüler mit seiner Lockerheit statusmäßig über ihn – den eigentlichen Chef – erhebt. Die Hierarchie ist körpersprachlich auf den Kopf gestellt. Der Schüler präsentiert sich gegenüber dem Lehrer in einer dominanteren Körpersprache.

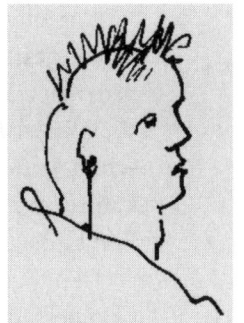

Folgerichtig fordert der Lehrer seinen Schüler auf, sich ordentlich hinzusetzen. Dieser erwidert: »Was wollen Sie denn? Ich kann mich hinsetzen, wie ich will. Hauptsache, ich passe auf. Der Rest sollte Ihnen doch wohl egal sein!« Und da er mit dieser Erwiderung zunächst das Oberwasser in dem Konflikt behält, bleiben seine Füße auf dem Stuhl liegen. Die absehbare Reaktion des Lehrers läßt nicht lange auf sich warten: Er fährt aus der Haut und brüllt seinen Schüler an, doch endlich »seine dreckigen Quanten vom Stuhl zu nehmen«.

Sascha reagiert: Mit einem müden Lächeln stellt er die Füße auf den Boden. Und doch kann er seine scheinbare Niederlage als Sieg verbuchen. Vor seinen Mitschülern wird er in der anschließenden Pause prahlen: »Habt ihr gesehen, wie ich den Pauker auf 180 gebracht habe? Der ist hochgegangen wie eine Rakete. Der hatte richtig Schiß vor mir!« Die Explosion des Lehrers wird von allen Beteiligten zu Recht als Ausdruck von Hilflosigkeit und Angst wahrgenommen. Auch der Lehrer wird im Lehrerzimmer sagen: »Sascha hat mich mal wieder zur Weißglut gebracht.« Damit gibt er indirekt zu verstehen, daß sein Schüler die Führung in dem Konflikt inne hatte und es geschafft hat, ihn mit seiner Wut vor den Klassenkameraden vorzuführen.

»Immer locker bleiben!«

Dieses schulische Beispiel verdeutlicht: Eine verbissen kämpfende Person, die sich aufpumpt, benutzt zwar Signale des Hochstatus, befindet sich jedoch im inneren Tiefstatus. Angst vor der drohenden Niederlage führt zur Anspannung des Körpers und zur Inszenierung von scheinbarer Stärke. Eine aus der Haut fahrende Person wirkt angespannt und hilflos. Sie kommuniziert ihrem Kontrahenten Angst statt Selbstgewißheit – Schwäche statt Stärke.

Vor diesem Hintergrund wird klar, warum eine betont zur Schau gestellte Lockerheit in einem Konflikt provozierend auf den Kontrahenten wirken kann: Die inszenierte Entspanntheit signalisiert Hochstatus und Überheblichkeit. Die heimliche Botschaft lautet: »Ich bin locker und stehe über den Dingen. Du kannst mir nichts. An meiner Entspanntheit erkennst du meine Furchtlosigkeit.«

Dennoch sollten wir eine demonstrative Lockerheit und Coolness deutlich unterscheiden vom Zustand wirklicher Gelassenheit und Entspanntheit in einem Konflikt. Echte Entspanntheit ist keine Waffe, die den Kontrahenten verletzen und schwächen soll, sondern vielmehr authentischer Ausdruck einer inneren Haltung von Angstlosigkeit und Souveränität, bei gleichzeitiger Achtung dem Konfliktpartner gegenüber. Eine authentische Entspanntheit im Konflikt ist im Gegensatz zur inszenierten Lockerheit für den Konfliktpartner weder herabsetzend noch verletzend.

Zusammenfassung

- Je höher der soziale Status einer Person, desto höher der Grad ihres Komforts. Luxus symbolisiert einen hohen sozialen Status.
- Ranghohe bzw. dominante Personen äußern ihre Angstlosigkeit und Überlegenheit im Kontakt mit rangniedrigen bzw. unsicheren Personen durch körpersprachliche Entspanntheit.
- Im Konflikt fungiert eine **zur Schau gestellte Lockerheit** als Mittel der Selbsterhöhung (= Überheblichkeit): »An meiner Entspanntheit erkennst du, daß ich keinerlei Angst vor dir habe«, so lautet die heimliche Botschaft. Überheblichkeit soll den Kontrahenten verletzen.
- Körperliche **Anspannung** und Verbissenheit werden mit Angst assoziiert und kommunizieren Tiefstatus.
- Rangniedrige bzw. unsichere Personen äußern ihre unterlegene Position im Kontakt mit ranghohen bzw. dominanten Personen durch körpersprachliche Anspannung.
- **Verbissenheit im Konflikt** führt zur Anspannung des Körpers und damit zur Statussenkung. Eine verbissene Person verrät über die körperliche Anspannung ihre Angst vor dem Kontrahenten und offenbart ihr potentielle Unterlegenheit.
- Körperliche **Spannungslosigkeit** wird assoziiert mit Antriebsschwäche, Willensschwäche und mangelndem Durchsetzungsvermögen. Auch Spannungslosigkeit signalisiert kommunikativen Tiefstatus.
- Körperliche Entspanntheit und **Gelassenheit** werden mit Angstfreiheit und Souveränität verbunden.

»Gefühle machen angreifbar!«
Undurchschaubarkeit, Macht und Konflikt

Im Kapitel »Bleib mir von der Pelle!« haben wir festgestellt, daß die Räume von ranghohen Personen für rangniedrige Personen schwer zugänglich sind. Mächtige Menschen gewähren ihren Untergebenen geringen oder gar keinen Einblick in ihre beruflichen und privaten Sphären, denn Wissen ist Macht. Wer Wissen anhäuft und vor anderen zu verbergen weiß, baut die eigene Machtposition auf Kosten Unwissender aus.

Bei den Profiwettkämpfen im Poker tragen die Spieler Sonnenbrillen. Sie wissen um den verräterischen Pupilleneffekt, der dem Gegner einen indirekten Einblick in die Qualität ihres Blattes erlaubt: Bei einem angenehmen Reiz weiten sich die Pupillen reflexhaft, bei einem unangenehmen Reiz ziehen sie sich zusammen. Dieser Effekt ist vom Spieler nicht zu beeinflussen. Der Pokerspieler, der sein Blatt betrachtet, muß versuchen, seine Emotionen der Freude oder der Enttäuschung angesichts seiner Karten für sich zu behalten. Er ist bestrebt, sich nicht über den verräterischen Pupilleneffekt »in die Karten schauen zu lassen« – eine Sonnenbrille sichert sein Wissen nach außen ab. Gleichzeitig versucht jeder Spieler, durch Beobachtung seiner Mitspieler einen indirekten Einblick in deren Blatt zu bekommen. Auch hier gilt: Wissen ist Macht. Je mehr ein Spieler ahnen kann, welches Blatt der Gegner auf der Hand hat, desto »bessere Karten hat er«.

Neben dem Pupilleneffekt können auch andere körpersprachliche Signale den Gegnern ungewollt wichtiges Wissen über das eigene Blatt an die Hand geben. Deshalb setzen die Spieler nicht nur eine Sonnenbrille, sondern auch noch ihr sogenanntes »Pokerface« auf. Sie versuchen ihre gesamte Mimik dahingehend zu kontrollieren, daß diese nahezu unbewegt ist und dem Gegenüber kein indirektes Wissen über die inneren Bewegungen verrät.

Undurchschaubarkeit und Coolness sind körpersprachliche Verhaltensweisen, die einer einseitigen Wissensanhäufung dienen. Wer seine Emotionen zu verbergen weiß, der gewährt seinem jeweiligen Kommunikationspartner keinerlei Einblick in die eigene Gefühlswelt.

Undurchschaubarkeit und Macht

Kein Wunder, daß die Coolness bei männlichen Jugendlichen derart hoch im Kurs steht: Sie bedeutet Kühlheit im Sinne von Emotionslosigkeit. Wer cool ist, hält seine Empfindungen zurück. Gefühle gelten unter Männern als »Weiberkram«. Die Offenbarung von Emotionen bedeutet Macht- und Kontrollverlust, die Zurückhaltung signalisiert dagegen Überlegenheit. Unsere Schulen und Jugendhäuser sind überschwemmt von Heerscharen von coolen Jungs, die sich emotional zugeknöpft geben. Ihre potentiell verräterische Mimik verbergen sie hinter Sonnenbrillen oder unter den Schirmen tief heruntergezogener Kappen. **Körpersprachliche Undurchschaubarkeit soll Angstfreiheit und Überlegenheit kommunizieren.**

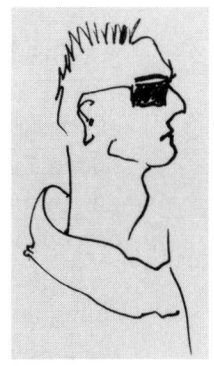

Wissenschaftler haben Tests durchgeführt, um den Einfluß von Transparenz und Verschlossenheit auf kommunikative Situationen zu erforschen: Probanden wurden gebeten, sich paarweise miteinander zu unterhalten, wobei sie durch eine einseitig verspiegelte Glasscheibe voneinander getrennt waren. Während also die eine Person ihren Gesprächspartner während der Unterhaltung genau beobachten konnte, schaute die andere Testperson in einen Spiegel und sah nur sich selbst.

Das Ergebnis: Durchgehend äußerten die letztgenannten Personen, sie hätten sich in dem Gespräch unsicher und klein gefühlt. Die »sehenden« Personen gaben dagegen an, keine Probleme mit ihren Gesprächspartnern gehabt zu haben – sie fühlten sich sicher und dominant. Tatsächlich deckten sich die Gefühle mit der Analyse ihrer verbalen und nonverbalen Botschaften: Die sich sicher fühlenden Personen sprachen in klareren Sätzen und wiesen körpersprachlich einen höheren Status auf. Sie führten in der Regel das Gespräch, während der Redefluß der unsicheren Personen stockte und sie nonverbale Anzeichen von Tiefstatus zeigten.

Wir alle kennen aus unserem Alltag Entsprechungen zu diesen Tests: Es ist den meisten von uns unmöglich, mit einem Freund über bewegende Dinge zu sprechen, wenn dieser eine Sonnenbrille trägt und wir seine Augen nicht sehen können. Der fehlende Einblick verunsichert. Eine Selbstoffenbarung fällt angesichts der Undurchschaubarkeit schwer.

Wer seine Emotionen vor anderen zu verbergen weiß und gleichzeitig über die Körpersprache des Gegenübers einen indirekten Einblick in dessen Gefühlswelt erhält, signalisiert nicht nur Dominanz und erhöht den eigenen Status, sondern verunsichert den Kontrahenten und senkt dessen Status.

Es gibt eine weitere interessante wissenschaftliche Untersuchung über den Zusammenhang von Transparenz und Sympathie: Menschen mit einer ausgeprägten, unmißverständlichen und offenen Körpersprache werden von ihren Mitmenschen als sympathischer eingestuft als Personen mit reduzierter und verschlossener Körpersprache. Wer die eigenen Emotionen – seien das nun Wut, Trauer, Angst, Freude oder Ekel – kommuniziert, der kommt in der Regel bei seinen Mitmenschen gut an. Offene Menschen melden über ihre Körpersprache dem Gesprächspartner ehrlich zurück, was sie von dessen Gedanken und Gefühlen halten und wie sie zu seinen Bedürfnissen und Wünschen stehen. Sie geben ihm durch ihr nonverbales Verhalten Sicherheit – sie geben Wissen von sich preis. Transparenz kommuniziert die Bereitschaft zur Partnerschaftlichkeit. Der Kommunikationspartner gibt die erfahrene Sicherheit und Partnerschaftlichkeit in Form  von Sympathie-Zuschreibung an die offene Person zurück: Sie wird als sympathisch eingestuft.

Menschen mit einer undurchschaubaren und verschlossenen Körpersprache verweigern ihren Gesprächspartnern den Einblick in die eigenen Gedanken und Gefühle. Körpersprachlicher Minimalismus signalisiert Überlegenheit. Verschlossene Menschen flößen oft Angst und Respekt ein und verunsichern ihre Kommunikationspartner. Wer undurchschaubar ist, wirkt vielleicht dominant – wird von seinen Mitmenschen aber nicht unbedingt als sympathisch eingestuft.

Daher gilt: Offenheit ist Sympathie-weckend, Verschlossenheit dagegen wirkt verunsichernd und trägt zur Distanzierung und Hierarchisierung einer Beziehung bei: **Undurchschaubarkeit ist ein Machtsignal.**

Versteinerung im Konflikt

Ein Paar streitet sich über die Haare im Bad. Ein Wort gibt das andere, und der Streit eskaliert. Die Frau besteht auf einer gerechten Arbeitsteilung der »niederen« Hausarbeiten und beharrt auf einer partnerschaftlichen Beziehung; der Mann soll gefälligst seinen Beitrag dazu leisten. Die Frau hat die besseren Argumente parat, denn der Mann hat zu Beginn der Partnerschaft immer wieder seinen Willen betont, sich die lästigen Hausarbeiten mit seiner Frau zu teilen. Da Anspruch und Wirklichkeit aktuell weit auseinanderklaffen, gerät der Mann in dem Streit in die Defensive. Mit zunehmendem Konfliktverlauf wird der Mann immer kälter. Er zieht sich in sein Schneckenhaus zurück, das Gesicht versteinert, und hüllt sich fortan in vornehmes Schweigen. Das einzige, was er zu seiner Frau noch sagt, ist: »Ich will das jetzt nicht besprechen« und »Ach, mach doch, was du willst!« Die Frau brüllt ihn an: »Was soll das denn heißen?! Ist das alles, was du dazu zu sagen hast?« Der Mann bleibt verschlossen und kontert: »Ja, ich will jetzt nicht!« Alle weiteren Worte der Frau läßt er eiskalt an seiner Mauer der Versteinerung abprallen. Je versteinerter er sich gibt, desto wütender wird seine Frau. In diesem Streit wird er nun immer dominanter, während seine Frau sich ihm zunehmend ausgeliefert fühlt. Aus langjähriger Erfahrung mit dem Konfliktverhalten ihres Mannes weiß sie, daß dessen Rückzug in die Versteinerung dazu dient, heikle Themen auszusitzen.

Die drohende Niederlage des Mannes angesichts der treffsicheren Argumente seiner Frau ist ein typischer Ausgangspunkt für die Strategie der Undurchschaubarkeit – er schützt sich hinter den Mauern der Versteinerung. Die eigenen Gedanken und Gefühle werden weder verbal noch nonverbal kommuniziert. Der Mann zieht sich in seine Festung zurück, die Brücken werden hochgezogen. Wie verzweifelt beginnt die Frau, gegen diese Bastion anzurennen: »Nun sag doch mal was! Du sitzt da und schweigst dich einfach aus. Was denkst du? Was ist los mit dir?«

Die Versteinerung im Konflikt ist ein Bollwerk, an dem alle verzweifelten Versuche von Kommunikation, Kontakt und Auseinandersetzung abprallen. All die argumentativen Waffen der Frau zerschellen an den Mauern und werden stumpf. Je deutlicher sie ihre Ohnmacht angesichts der Versteinerung spürt, desto emotionaler und hilfloser reagiert sie. Ihr Status sinkt, während der männliche mit jeder Sekunde Versteinerung wächst.

Wir sollten zwei Spielarten dieser Strategie der Versteinerung unterscheiden:

- Der Mann handelt sehr bewußt. Er weiß um das Verletzungspotential seiner Waffe und setzt sie kalkuliert ein, um angesichts einer drohenden Niederlage in einem Konflikt nicht ins Hintertreffen zu geraten. Die heimliche Botschaft seiner Strategie der Versteinerung lautet: »Ich bin so stark, daß ich meine Emotionen unter Kontrolle habe und nichts nach außen dringen lasse. Während ich in dir lesen kann wie in einem offenen Buch, gewähre ich dir keinerlei Einblick, wodurch ich nicht mehr berechenbar für dich bin. An meinen harten Mauern wirst du zerschellen.« Diese Art der Versteinerung ist ein Mittel der Selbsterhöhung und Fremdherabsetzung zugleich.
- Der Rückzug des Mannes in sein Schneckenhaus geschieht unbewußt und aus schierer Hilflosigkeit. Mit seiner Versteinerung will er seine Frau nicht verletzen, sondern sie dient ausschließlich seinem Selbstschutz. Vielleicht ist ihm das verletzende Ausmaß seines Verhaltens nicht einmal deutlich. Und dennoch: Auch diese Art von Rückzug ist letztlich eine Hochstatus-Waffe, die dazu führt, daß sich die Frau ohnmächtig und klein fühlt und die Wippe sich neigt:
⇒ Fremdherabsetzung.

Ob bewußt eingesetzte Strategie zwecks Destabilisierung des Kontrahenten oder reiner Selbstschutz – hinter der Fassade der Versteinerung verbirgt sich die Angst vor der drohenden Niederlage. Ein chinesisches Sprichwort sagt: »Wenn der Wind des Wandels weht, baut der eine Mauern und der andere Windmühlen.« Der Rückgriff auf ein Machtmittel offenbart nicht etwa die Stärke, sondern vielmehr die Schwäche desjenigen, der darauf zurückgreift.

Dennoch: Mittels der Versteinerung gelingt es dem Mann – ob beabsichtigt oder nicht –, in eine dominante Position zu gelangen. Eigene Ängste werden auf die Konfliktpartnerin übertragen. Er fühlt sich zunehmend sicher hinter seinen Festungsmauern, sie sich dagegen auf »freiem Feld« immer hilfloser. Der Mann schafft es, seinen eigenen inneren Tiefstatus an die Frau weiterzugeben: **Die Versteinerung ist eine sehr wirksame und verletzende Waffe im Konflikt – der Kontrahent wird verunsichert.**

Zusammenfassung

- **Wissen ist Macht.** Wer sein Wissen auf Kosten anderer vermehrt, häuft Macht an.
- Wer mittels körpersprachlicher **Undurchschaubarkeit** und **Coolness** seine Emotionen vor anderen verbirgt und gleichzeitig über die Körpersprache des Gegenübers einen indirekten Einblick in dessen Gefühlswelt erhält, signalisiert nicht nur Dominanz und erhöht den eigenen Status, sondern häuft einseitig Wissen an: Undurchschaubarkeit ist ein Machtprinzip.
- **Versteinerung** im Konflikt ist eine Waffe, mit deren Hilfe – bewußt oder unbewußt – nicht nur eigene Überlegenheit kommuniziert, sondern der Kontrahent verletzt, geschwächt und destabilisiert werden soll: ⇒ Fremdherabsetzung.
- Hinter der Fassade der **Undurchschaubarkeit** verbirgt sich häufig Angst. Denn der Rückgriff auf ein Machtmittel offenbart in einem Konflikt nicht etwa die Stärke, sondern vielmehr die Schwäche desjenigen, der sich des Machtmittels bedient, um seine Position zu festigen. Der eigene innere Tiefstatus soll auf den Kontrahenten projiziert werden.

»Gute Miene zum bösen Spiel«
Vom »echten« und vom »falschen« Lächeln

In allen Kulturen der Welt beginnen Kinder kurz nach der Geburt zu lächeln, selbst wenn sie blind sind. Das bedeutet: Lächeln wird nicht durch Imitation gelernt, sondern ist uns als zentraler mimischer Ausdruck von Freude in die Wiege gelegt. Das Lächeln des Kleinkindes erfüllt eine ganz wichtige Funktion: Mit dem Schreien locken Babys ihre Bezugspersonen an, mit dem Lächeln werden diese gebunden.

Spontan assoziieren wir Lächeln mit Freude. Daraus folgt: Ein Lächeln, bei dem wir den Verdacht hegen, daß es nicht Ausdruck von Freude ist, empfinden wir als aufgesetzt und bezeichnen es als »falsch«. Es gibt wohl kein körpersprachliches Signal, bei dem wir derart skeptisch sind, ob es ehrlich gemeint ist, wie das menschliche Lächeln. Zu häufig wurden wir mit einem »falschen Lächeln« konfrontiert, als daß wir einer Bewegung der Mundwinkel unserer Kommunikationspartner unkritisch trauen könnten. Und wie oft schon haben wir selbst eine »gute Miene zum bösen Spiel« gemacht und ein Begrüßungs- oder Höflichkeitslächeln aufgesetzt, obwohl wir uns nicht über die Begegnung mit der angelächelten Person gefreut haben. Die Folge: Wir unterscheiden zwischen »echtem« und »falschem« Lächeln.

Da uns hier im Zusammenhang mit dem Lächeln jedoch die Statusaspekte interessieren, wollen wir in diesem Kapitel einen Ansatz vorstellen, der nicht auf der geläufigen Unterteilung in »echtes« und »falsches« Lächeln basiert. Wir lassen die Wertung außen vor und behaupten statt dessen: Es gibt kein falsches Lächeln! Es gibt zwar sehr unterschiedliche Arten zu lächeln, aber jedes Lächeln ist echt.

Das partnerschaftliche Lächeln

Sobald wir Freude empfinden, stellt sich in unserem Gesicht spontan und unwillkürlich ein Lächeln ein: Wir lächeln, wenn wir uns freuen, einen Freund zu treffen, wir lächeln über dessen gelungenen Witz, und wir lächeln freudig, wenn er uns von seinem erfolgreichen Rendezvous erzählt. Wir lächeln, wenn wir eine Passage in einem Buch amüsant finden, wenn wir an den bevorstehenden Urlaub denken oder wenn wir die herrliche Aussicht während eines Spaziergangs genießen. Manchmal nennen wir dieses Lächeln auch herzlich, warm, offen, glücklich oder verzückt. Doch welche Bezeichnung wir auch immer wählen – jede dieser Arten zu lächeln ist letztlich Ausdruck der Emotion Freude. Daher werden wir diese Lächler in diesem Kapitel unter dem Oberbegriff des **freudigen Lächelns** zusammenfassen.

Das Lächeln als spontaner mimischer Ausdruck der Emotion Freude ist nicht an gesellschaftliche Situationen gebunden: Wir lächeln auch absichtslos freudig, wenn wir alleine sind. In kommunikativen Situationen kann das primär absichtslose Lächeln aber durchaus eine Funktion erfüllen: Über die Mitteilung eigener Freude soll die Beziehung zum jeweiligen Gesprächspartner intensiviert werden.

Ein Beispiel:

Nach langer Zeit der Trennung treffen wir eine gute alte Freundin zufällig auf der Straße, und wir lächeln uns bei der spontanen Begrüßung gegenseitig an:

»Gute Miene zum bösen Spiel«

- Die Botschaft des Lächelns kommt bei beiden Personen von Herzen und lautet: »Schön, daß ich dich nach so langer Zeit wiedersehe. Dein plötzliches Erscheinen löst Glücksgefühle in mir aus.« ⇛ Selbstoffenbarung.
- Das freudige Lächeln erfüllt neben der spontanen Selbstoffenbarung eine kommunikative Funktion: »Dein Erscheinen löst nicht nur freudige Emotionen in mir aus, sondern ich möchte für die Dauer der Begegnung eine freundliche und freundschaftliche Verbindung mit dir unterhalten. Bitte gehe auf mein Angebot ein und erwidere die Verbindlichkeit.«

Wenn beide Seiten lächeln, so ist die Freude über das Wiedersehen wechselseitig kommuniziert worden und die Verbindung wurde intensiviert.

Das herzliche, freudige, glückliche, sanfte, zärtliche, verbindliche oder warme Lächeln fungiert als freudige Selbstoffenbarung und dient in kommunikativen Situationen auch der Intensivierung einer Beziehung.

Jedes einseitige freudige Lächeln würde Distanz schaffen und eine Beziehung hierarchisieren. Denn was passiert, wenn wir eine gute Bekannte bei einem Wiedersehen anlächeln, diese aber nicht zurücklächelt, sondern durch ihr ernstes Gesicht zum Ausdruck bringt, daß ihr das Wiedersehen nicht die gleiche Freude bereitet wie uns? Vermutlich wird unser Lächeln auf den Lippen erfrieren! Wir spüren, daß diese Begegnung nicht partnerschaftlich verläuft – das Angebot der Verbindlichkeit und Freundlichkeit, das wir der Bekannten mit unserem Lächeln unterbreitet haben, wird von dieser nicht angenommen. Schlagartig spüren wir, wie unser innerer Status sinkt, weil wir uns durch die fehlende Freude und Freundlichkeit unserer Kollegin verunsichert fühlen. Die eigene Freude über das Wiedersehen ist durch deren distanzierte Haltung getrübt: »Was ist los? Wie stehst du zu mir? Habe ich irgend etwas getan, das deine Freude getrübt haben könnte?« würden wir uns leise fragen. Wenn wir den Mut aufbringen, werden wir unsere inneren Fragen auch verbalisieren und sie der Bekannten direkt stellen.

Das freudige Lächeln ist, unter Status-Gesichtspunkten betrachtet, ein Angebot, die Kommunikation mit dem Gegenüber auf Augenhöhe zu gestalten. Doch woran können wir sehen, daß uns unser Gesprächspartner mit seinem freudigen Lächeln nicht täuscht? Können wir ein authentisches Lächeln als Ausdruck der Freude unterscheiden von einem aufgesetzten Lächeln? Analysieren wir unser Muskelspiel:

1. Wir können zunächst feststellen, daß bei dem freudigen Lächeln der große Jochbeinmuskel in Aktion tritt, der durch seine Bewegung die Mundwinkel nach oben zieht. Diese Muskelbewegung ist, so werden wir zeigen, allen Arten des Lächelns gemein.

2. Das, was das freudige Lächeln von den anderen Lächlern unterscheidet, ist die Aktivierung eines anderen Muskels: Zusätzlich zum großen Jochbeinmuskel ziehen sich beim freudigen Lächeln auch die beiden Augenringmuskeln zusammen, so daß sich um die Augen herum die berühmten Lachfalten zeigen. Diese fungieren als untrüglicher Beweis für »echte« Gefühle der Freude. Der Volksmund bringt diese Muskelbewegung auf die einfache Formel: »Beim freudigen Lächeln lachen die Augen mit!«

Wissenschaftler wie Paul Ekman, die sich über Jahrzehnte mit der menschlichen Mimik beschäftigt haben, konnten nachweisen, daß alle Menschen spontan fähig sind, den großen Jochbeinmuskel zu bewegen und dadurch die Mundwinkel nach oben zu ziehen. Aber nur etwa zehn Prozent der Menschen beherrschen ihre Augenringmuskeln so, daß sie diese gezielt und bewußt bewegen können. Der Grund: Die Augenringmuskeln  sind, das haben Hirnforscher entdeckt, im Gegensatz zum großen Jochbeinmuskel mit dem unwillkürlichen Nervensystem gekoppelt und deshalb willentlich nur schwer zu bewegen. Das Ergebnis sehen wir auf manchen Aufnahmen von uns: Unser bestelltes Lächeln wirkt gestelzt. Jede Aufforderung seitens des Fotografen, freundlich in die Kamera zu schauen und »Cheese« zu sagen, führt lediglich zur Bewegung des großen Jochbeinmuskels, nicht jedoch zur Kontraktion der Augenringmuskeln.

Auch wenn nur etwa zehn Prozent der Menschen ihre Augenringmuskeln spontan und willentlich bewegen können, so heißt das nicht, daß diese Bewegung nicht trainierbar wäre: Stellen Sie sich vor einen Spiegel und kontrollieren Sie sich selbst; mit etwas Übung wird es den meisten von Ihnen gelingen, die Augenringmuskeln so zu bewegen, daß die berühmten »Lachfalten« sichtbar werden. Wenn Sie die Anspannung dieser Muskeln für etwa ein bis zwei Minuten halten können, wird sich in Ihrem Körper etwas ganz Erstaunliches abspielen: Glückshormone werden ausgeschüttet! Selbst wenn Sie sich in einer miesen Laune befinden, wird es Ihnen gelingen, sich durch die Kontraktion der Augenringmuskeln in eine bessere Stimmung zu versetzen. Die Bewegung des großen Jochbeinmuskels ohne Kontraktion der Augenringmuskeln erzeugt dagegen keine Glückshormone. Erst wenn sich ein Lächeln über das gesamte Gesicht entfaltet, entstehen Glücksgefühle.

Fassen wir die wesentlichen Punkte des freudigen Lächelns zusammen:

- Das freudige Lächeln offenbart spontan und absichtslos die Emotion Freude.
- In kommunikativen Situationen erfüllt das freudige Lächeln die Funktion der Intensivierung einer Beziehung.
- Das freudige Lächeln signalisiert den Wunsch, ein Gespräch auf Augenhöhe zu führen.
- Das freudige Lächeln basiert auf der Bewegung des großen Jochbeinmuskels in Kombination mit der Kontraktion der Augenringmuskeln: »Die Augen lachen mit!«
- Die Kontraktion der Augenringmuskeln beim freudigen Lächeln bewirkt einen Ausstoß von Glückshormonen und verstärkt das eigene Glücksgefühl.

Das Tiefstatus-Lächeln

Ein Angestellter arbeitet in einer Behörde und hat seit einiger Zeit Ärger mit seinem Chef. Er fühlt sich diesem derart ausgeliefert, daß er mittlerweile den Betriebsrat eingeschaltet hat. Seit der Konflikt eskaliert ist, hat der Angestellte massive Angst vor seinem Vorgesetzten, denn dieser betreibt inzwischen sogar seine Entlassung. Während der Mittagspause passiert das Unerwartete: Der Angestellte begegnet seinem Vorgesetzten zufällig auf dem Flur. Mit einem Lächeln auf den Lippen begrüßt er den Chef flüchtig und huscht rasch an ihm vorbei.

Das Lächeln des Angestellten kann unmöglich authentischer Ausdruck von Freude gewesen sein, im Gegenteil: Er hat es sehr bedauert, dem verhaßten und mächtigen Vorgesetzten auf dem Flur zu begegnen. Warum aber lächelt er, wo er doch seinem Chef keineswegs freundlich, geschweige denn freundschaftlich gesinnt ist? Der Angestellte hat – so werden Sie sagen – mimisch gelogen: Er hat ein »falsches« Lächeln aufgesetzt und »gute Miene zum bösen Spiel« gemacht.

Wenn Sie sich in die Lage des Angestellten hineinversetzen, dann werden Sie spüren, daß dieser bei der unerwarteten Begegnung mit dem Vorgesetzten Unsicherheit, Verlegenheit oder gar Angst empfindet. Der Angestellte weiß nicht, wie er sich angesichts des plötzlichen Zusammentreffens mit seinem überlegenen »Feind« verhalten soll. Die Begegnung mit dem Chef macht ihm angst. Das Lächeln, das er zeigt, ist kein freudiges, sondern ein unsicheres oder gar angstvolles Lächeln.

Wie aber kommt es, daß sich in manchen Situationen Angst dadurch äußert, daß wir die Mundwinkel zurückziehen und scheinbar lächeln? Um diese Frage zu beantworten, unternehmen wir einen Ausflug ins Tierreich und betrachten einen Kampf zwischen zwei Primaten. Alles dreht sich um die entscheidende Frage: Wer ist der Boß? Nehmen wir an, daß gegen Ende des Kampfes der schwächere der beiden Kontrahenten in eine bedrohliche Lage gerät, weil ihn der stärkere Primat bei fortgesetzten Angriffen ernsthaft verletzen oder gar töten könnte. In diesem Fall sendet der unterlegene Primat Signale der Unterwerfung aus, um den siegreichen Primaten zu besänftigen und diesen von weiteren Kampfeshandlungen und Verletzungen abzuhalten. Die mimische Umsetzung der Demut und Beschwichtigung des unterlegenen Primaten ist das Zurückziehen der Mundwinkel und das Freilegen der Zähne!

Nicht zu verwechseln ist dieses Signal der Besänftigung mit dem Zähnefletschen des Primaten. Bei dem aggressiven Zähnefletschen werden zwar auch die Zähne gezeigt, aber der Unterkiefer wird nach vorne geschoben. Das Wort Aggression kommt aus dem Lateinischen »aggredior« und heißt wörtlich übersetzt »herantreten«. Sämtliche körpersprachlichen Äußerungen der Aggression bei Primaten und auch bei Menschen gehen – wie der Unterkiefer beim Zähnefletschen – nach vorne. Im Gegensatz dazu werden beim besänftigenden »Lächeln« des Primaten Mundwinkel und Unterkiefer so nach hinten gezogen, daß der

Mund sich öffnet und die Zähne freigelegt werden. Auch wir Menschen äußern in Situationen extremer Bedrohung und Angst mimische Signale der Flucht. Sie kennen sicher Fotos von Menschen in panischer Angst – wir können kaum unterscheiden, ob diese Menschen lachen oder Angst haben: Bei panischer Angst ziehen wir Menschen, ähnlich wie die Primaten, unsere Mundwinkel weit nach hinten zurück, legen die Zähne frei und zeigen unser Angstgesicht.

Wenn wir Menschen uns unsicher fühlen oder verlegen sind, kann es sein, daß wir mimische Andeutungen dieses Angstgesichtes zeigen, indem wir die Mundwinkel ein wenig nach hinten ziehen und den Mund leicht öffnen: Wir lächeln unsicher.

- Ein unsicheres oder ängstliches Lächeln sendet die heimliche Botschaft aus: »Ich habe Angst vor dir und fühle mich unsicher und dir unterlegen.« ⇒ Selbstoffenbarung
- Das unsichere Lächeln sendet zusätzlich die Botschaft an den Kommunikationspartner: »Ich bin dir nicht feindlich, sondern freundlich gesinnt und fühle mich dir unterlegen. Ich tue nichts, was dir schaden könnte. Bitte verschone mich daher von weiteren Angriffen. Behandle mich nicht feindlich, sondern freundlich.« Das unsichere Lächeln dient der Besänftigung des Kontrahenten.

Analog zum letzten Abschnitt über das freudige Lächeln möchten wir auch hier unter dem Oberbegriff des **ängstlichen Lächelns** mehrere mimische Äußerungen zusammenfassen, die – unter Statusaspekten betrachtet – wesentliche Gemeinsamkeiten aufweisen: das verlegene, unsichere oder auch schüchterne Lächeln. Sie alle offenbaren einen inneren Tiefstatus der lächelnden Person und dienen der Besänftigung des jeweiligen Gegenübers. Letztlich sind Schüchternheit, Verlegenheit und Unsicherheit nur abgeschwächte Formen der Emotion Angst.

Kehren wir zurück auf den Flur des Dienstgebäudes. Jetzt ist nachvollziehbar, warum der Angestellte auf dem Flur ängstlich gelächelt hat, als er dem »feindlichen«, angsteinflößenden und mächtigen Vorgesetzten unvermutet begegnete. Die heimliche Botschaft des Lächelns an den Chef lautete: »Dieses Zusammentreffen verunsichert mich. Ich werde nichts unternehmen, was Ihnen schaden könnte. Da Sie mein Feind sind, habe ich natürlich Angst, daß Sie diese Begegnung zu einem Angriff gegen mich ausnutzen könnten. Bitte greifen Sie mich nicht an. Lassen sie uns diese kurze Zusammenkunft nicht feindlich, sondern halbwegs freundlich gestalten.« Das ängstliche Lächeln des Angestellten könnte man also verstehen als präventive Besänftigung angesichts eines befürchteten Angriffs seitens des Vorgesetzten. Es ist – analog zum freudigen Lächeln – mehr als nur die Selbstoffenbarung eigener Emotionen: Es hat Aufforderungscharakter und appelliert an die Friedfertigkeit des Gegenübers. Ziel des ängstlichen Lächelns ist es, den Chef von Handlungen abzuhalten, die gegen den Angestellten gerichtet sein könnten. In diesem Sinne stellt das ängstliche Lächeln ein Angebot dar, die unerwartete Begegnung auf dem Flur trotz potentieller Konflikthaftigkeit friedlich und freundlich zu gestalten.

Was also soll an diesem Lächeln »falsch« sein? Das ängstliche Lächeln hat zwar einen völlig anderen Hintergrund als das freudige Lächeln, ist jedoch echter Ausdruck von Angst. Wenn wir uns von der Bewertung »echt« und »falsch« im Zusammenhang mit Lächeln verabschieden und statt dessen anerkennen, daß ein Lächeln sowohl Ausdruck von Freude als auch von Angst und Unterlegenheit sein kann, dann können wir viele Situationen anders beurteilen:

Das Tiefstatus-Lächeln

- Pädagogen berichten immer wieder, daß sie sich provoziert fühlen von Schülerinnen und Schülern, die lächeln, sobald sie aufgefordert werden, ihre Hausaufgaben vorzutragen oder an die Tafel zu kommen: »Die grinsen mich dann blöd an.« Die betreffenden Lehrer mißdeuten das ängstliche Lächeln als aggressives lächeln. Die heimliche Botschaft dieses Lächelns der Schülerinnen und Schüler lautet jedoch: »Bitte tun Sie mir nichts. Ich empfinde die an mich gestellte Aufgabe als Angriff von Ihnen. Bitte verschonen Sie mich, indem Sie die feindliche Handlung einstellen und einen anderen Schüler statt meiner aufrufen.« Die lächelnden Schüler wählen die Strategie der Besänftigung zwecks Abwehr von Gefahren; provokative Absichten liegen ihnen fern.
- Wir haben häufig Erzieher, Lehrer oder Sozialpädagogen beobachtet, die in zugespitzten Konfliktsituationen zwar klare Forderungen an ihre Kontrahenten – nämlich Kinder oder Jugendliche – gestellt haben, ihre verbale Klarheit aber mit Anzeichen des unsicheren oder ängstlichen Lächelns konterkariert haben. Die Kinderkommentare über dieses mimische Verhalten in Konflikten lauten beispielsweise: »Sie gucken immer so lieb, wenn Sie böse sind!« oder auch: »Sie meinen das ja gar nicht so!«
- Es gibt unsichere Menschen, denen eine Art Verlegenheitslächeln zur zweiten Haut geworden ist. Möglichen Anforderungen, Belastungen oder gar feindlichen Handlungen ihrer Mitmenschen begegnen diese »Dauer-Lächler« mit einer präventiven Besänftigung und Unterwerfung, deren heimliche Botschaft lautet: »Ich ahne schon, daß ihr mir etwas antun könntet. Aber ihr seht doch, daß ich euch nicht gewachsen bin und nichts gegen euch tun werde. Ich bin euch freundlich gesinnt. Bitte behandelt mich ebenso freundlich und verschont mich.«

»Gute Miene zum bösen Spiel«

Das ängstliche Lächeln wirkt deshalb so besänftigend, weil es Hierarchiesignale aussendet. Der eigene Status wird gesenkt – das ängstliche Lächeln fungiert als Selbstherabsetzung und Fremderhöhung zugleich. Sie werden feststellen, daß Sie Menschen, die ängstlich lächeln, als schwächer und kleiner wahrnehmen. Warum sollten Sie jemanden angreifen, der sich Ihnen unterwirft? Der Kampf ist doch längst entschieden: Sie sind der Boß und können gönnerhaft den Gegner verschonen.

Häufig setzen wir ein ängstliches Lächeln auch präventiv ein, um aus potentiell konflikthaften Begegnungen mit anderen Menschen den Zündstoff herauszunehmen:

- Sie gehen über den Bürgersteig und stoßen versehentlich mit einem anderen Passanten leicht zusammen. Ihre Entschuldigung unterstützen Sie mit einem Lächeln, dessen Botschaft lautet: »Ich habe das nicht absichtlich getan. Bitte verstehen Sie meinen Rempler nicht als Angriff. Ich bin Ihnen keineswegs feindlich gesinnt.«
- Sie sitzen in der U-Bahn und berühren mit Ihrem Fuß versehentlich den Fahrgast, der Ihnen gegenübersitzt. Auch hier entschuldigen Sie sich mit einem Lächeln auf den Lippen.
- Während der Unterhaltung mit einer Freundin klingelt Ihr Handy, und Sie nehmen den Anruf an. Das Telefongespräch dauert länger, und Ihre Freundin sitzt wartend neben Ihnen. Mit einem entschuldigenden Blick und einem Lächeln schauen Sie während des Telefongesprächs Ihre wartende Freundin mehrmals an: »An meinem Lächeln erkennst du, daß ich dich nicht absichtlich warten lasse. Bitte werte die Verfügung

Das Tiefstatus-Lächeln

über deine Zeit nicht als Angriff von mir. Ich wollte dich weder vernachlässigen noch abwerten.«
- Sie stehen an der Kasse eines Supermarkts und wollen bezahlen, doch Sie finden Ihre Scheck-Karte nicht. Während Sie in Ihren diversen Taschen suchen, lächeln Sie die Kassiererin entschuldigend an.

Allen beschriebenen Situationen gemeinsam ist die Funktion des ängstlichen oder verlegenen Lächelns als Mittel der Deeskalation: »Sie könnten meine Handlung als gegen Sie gerichtet mißverstehen und mir somit einen Angriff unterstellen. Doch an meinem Lächeln erkennen Sie, daß ich keine Konfrontation herbeiführen möchte. Bitte zeigen Sie mir durch die Erwiderung des Lächelns, daß Sie meine Botschaft der Besänftigung empfangen haben und mich nicht angreifen werden.« Bei diesem Verlegenheitslächeln steht die Funktion der Besänftigung des jeweiligen Gegenübers im Vordergrund, nicht die Selbstoffenbarung »Ich habe Angst vor Ihnen«.

Ziehen wir abschließend die Untersuchungen Ekmans über die menschliche Mimik hinzu, und betrachten wir die muskulären Bewegungen des ängstlichen Lächelns: Der große Jochbeinmuskel bewirkt das Zurückziehen der Mundwinkel. Doch im Gegensatz zum freudigen Lächeln sind die Augenringmuskeln bei dieser mimischen Äußerung nicht beteiligt. Das ängstliche Lächeln spielt sich unterhalb der Augen ab. Glückshormone, die an die Aktivierung der Augenringmuskulatur gekoppelt sind, werden folglich nicht ausgeschüttet.

Halten wir zusammenfassend fest:

- Das ängstliche Lächeln ist ebenso wie das unsichere oder auch verlegene Lächeln Ausdruck der Emotion Angst. Es ist ein statussenkendes Signal, daß die eigene Unsicherheit und Unterlegenheit kommuniziert.

- Neben der Selbstoffenbarung hat das ängstliche Lächeln auch eine kommunikative Funktion: Es dient der Entschärfung von als konflikthaft empfundenen Situationen bei gleichzeitiger Besänftigung des Kontrahenten.
- Das ängstliche Lächeln wird erzeugt durch die Bewegung des großen Jochbeinmuskels, jedoch ohne daß die Augenringmuskulatur beteiligt ist.

Das Hochstatus-Lächeln

Neben dem freudigen und dem unsicheren Lächeln gibt es eine dritte Art des Lächelns: das aggressive Lächeln, auch Grinsen genannt. Unter diesen beiden Begriffen fassen wir das hämische, das herablassende, das arrogante, das verächtliche, das süffisante, das gemeine, das gehässige oder auch das schiefe Lächeln zusammen. Deren Gemeinsamkeit besteht darin, daß einem Kommunikationspartner die Botschaft vermittelt werden soll: »Du bist lächerlich; ich nehme dich nicht ernst! Ich fühle mich dir überlegen.« Ein aggressives Lächeln ist ebenso wie der verächtliche Blick oder die wegwerfende Handbewegung ein Körpersignal, mit dem der Gesprächspartner verletzt und dessen Status herabgesetzt werden soll. Die kommunikative Funktion des Grinsens besteht also darin, den Kontrahenten mit einem verletzenden Körpersignal zu entwerten und einen Konflikt zu gewinnen – das aggressive Lächeln wird als Waffe benutzt. Der funktionale Aspekt steht bei dieser Art des Lächelns deutlich im Vordergrund. Erst in zweiter Hinsicht und eher unbeabsichtigt ist das Grinsen eine Wut-Äußerung. Im Gegenteil soll die eigene emotionale Betroffenheit hinter einer Fassade von Coolness (= kaltes Lächeln) versteckt werden. **Das aggressive Lächeln dient primär der Verletzung des Kommunikationspartners.**

Im Konfliktfall kann das Grinsen natürlich zum Gegenteil

dessen führen, was eigentlich bezweckt werden soll. Statt den Gegner durch den gezielten Angriff zu entwaffnen, wird dieser durch die offen zur Schau gestellte Aggressivität und das hohe Verletzungspotential zu Gegenangriffen geradezu provoziert: »Sag mal, was grinst du so blöd? Dir wird dein dämliches Grinsen gleich vergehen!« Denn generell gilt: Je höher das Verletzungspotential eines körpersprachlichen Signals, desto größer die Wahrscheinlichkeit, daß sich der Kontrahent durch einen Gegenangriff zu rehabilitieren trachtet. Eine Verletzung provoziert Vergeltung.

Auch das aggressive Lächeln entsteht durch eine Aktivierung des großen Jochbeinmuskels, ohne daß die Augenringmuskulatur an der mimischen Äußerung beteiligt wird. Am leichtesten ist der Unterschied zu den beiden anderen Ausdrucksformen des Lächelns daran zu erkennen, daß das arrogante Lächeln in der Regel nicht symmetrisch ist: Rechter und linker Jochbeinmuskel werden nicht gleichmäßig betätigt. Dadurch wird einer der beiden Mundwinkel stärker nach oben gezogen als der andere – das Grinsen ist schief. Begleitet wird das aggressive Lächeln meist von weiteren Signalen der Selbsterhöhung und Fremdherabsetzung: Versteinerung, verächtlichem Blick oder wegwerfender Handbewegung.

Zusammenfassung:

- Das aggressive Lächeln – auch Grinsen genannt – ist ein versteckter Ausdruck von Wut.
- Die primäre Funktion des aggressiven Lächelns ist die Verletzung des Kontrahenten zwecks Durchsetzung eigener Interessen.

- Das aggressive Lächeln ist ein Signal, mit dem eigener Hochstatus kommuniziert und der Status des Kontrahenten herabgestuft werden soll.
- Die Mimik des aggressiven Lächelns basiert in der Regel auf einer einseitigen Bewegung des großen Jochbeinmuskels: »schiefes Lächeln«.

Das Signal-Lächeln

Jede der drei oben beschriebenen Arten des Lächelns basiert auf Emotionen – Freude, Angst oder Wut –, und jede dieser drei Arten hat noch weitere Funktionen:

- Die freudig lächelnde Person möchte die Beziehung zum jeweiligen Kommunikationspartner intensivieren.
- Die ängstlich lächelnde Person bezweckt die Besänftigung eines als bedrohlich empfundenen Kontrahenten.
- Die aggressiv lächelnde Person verfolgt das Ziel, den Konfliktgegner einzuschüchtern und zu verletzen, um eigene Interessen durchzusetzen.

Die vierte Art des Lächelns, das Signal-Lächeln, entbehrt im Gegensatz zu den drei oben beschriebenen Lächlern jeder Emotionsäußerung: Scheinbar gefühllos können wir es gezielt und absichtsvoll einsetzen, um unsere Ziele zu verfolgen. Betrachten Sie einmal die Mimik einer Verkäuferin in einem Geschäft: Kaum erblickt sie einen Kunden, setzt sie ein Lächeln auf und geht auf ihn zu. Auch während der gesamten Beratung huscht immer wieder ein Lächeln über ihr Gesicht. Selbst den überhöhten Preis präsentiert sie lächelnd. Unterstellen wir unserer Verkäuferin, daß sie sich nicht darüber freut, einen neuen Kunden begrüßen zu dürfen, denn schließlich ist gleich Ladenschluß. Ihr Lächeln ist folglich nicht Ausdruck ihrer Emotion Freude. Auch hat sie genügend Berufserfahrung gesammelt, um sich nicht vor einem Kunden zu fürchten. Das Lächeln als Ausdruck ihrer Unsicherheit oder Angst können wir demnach ebenfalls ausschließen. Bliebe nur noch die Wut. Doch auch diese Emotion klammern wir aus, immerhin bringt der Kunde das Geld, von dem nicht zuletzt ihr Lohn bezahlt wird. Warum also lächelt sie?

Die Antwort ist einfach: Die Verkäuferin befolgt den Ratschlag ihres Verkaufstrainers, der das chinesische Sprichwort bemüht hat: »Du brauchst dein Geschäft gar nicht zu öffnen, wenn du kein Lächeln auf den Lippen hast.« Tatsächlich hatte ihr Trainer nicht unrecht, wenn er das Signal-Lächeln empfohlen hat. Wir alle wissen um die starke Wirkung, die ein freudiges Lächeln auf unsere Mitmenschen haben kann; es drückt eben nicht nur Freude aus, sondern vermittelt Freundlichkeit und kann eine Beziehung intensivieren. Einem freudig lächelnden Menschen können wir uns kaum entziehen – sein Lächeln ist ansteckend, manchmal sogar entwaffnend. Mit einem Signal-Lächeln wiederum versuchen wir, genau dieses freudige Lächeln nachzuahmen: **Das Signal-Lächeln simuliert Freude!**

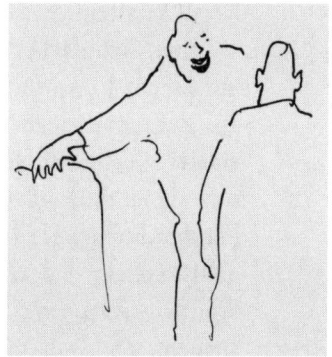

Auch das Signal-Lächeln belegen wir mit den unterschiedlichsten Begriffen: Höflichkeitslächeln, unverbindliches Lächeln, Begrüßungslächeln, flüchtiges Lächeln, freundliches Lächeln oder auch Verkäufer-Lächeln. Ihnen allen ist gemeinsam, daß Freude lediglich simuliert wird. Was machen wir, wenn wir einem flüchtigen Bekannten auf der Straße begegnen? Wir lächeln freundlich und tun so, als würden wir uns freuen. Der Kassiererin im Supermarkt schenken wir ein flüchtiges Lächeln, nachdem sie uns ein schönes Wochenende gewünscht hat. Bei keiner dieser Situationen bildet tatsächliche Freude die Grundlage unseres Lächelns, sondern wir benutzen ein Signal-Lächeln, um weitergehende Ziele zu verfolgen:

- Eine lächelnde Verkäuferin möchte das Vertrauen der Kunden gewinnen, um leichter ihre Produkte zu verkaufen.
- Ein lächelnder Arzt möchte eine angenehme Atmosphäre verbreiten und seinen Patienten dadurch die Angst ein wenig nehmen.
- Ein lächelnder Mitarbeiter im Büro möchte ein entspanntes Verhältnis zu seinem Kollegen erreichen.

Das Lächeln als Ausdruck von Freundlichkeit kennen wir auch aus Konflikten. Es gibt Menschen, die in der Lage sind, einen Konflikt allein durch ein Lächeln zu entschärfen:

Eine Sozialarbeiterin in einem Jugendhaus hat einen Streit mit einem Jugendlichen, der seine abgebrannte Zigarettenkippe auf dem Boden ausgedrückt hat. Lächelnd fordert ihn die Sozialarbeiterin auf, den Zigarettenstummel aufzuheben. Wörtlich sagt sie zu ihm: »Sven, heb bitte deine Kippe auf. Du kennst die Hausordnung. Da hinten ist der Aschenbecher.« Mit ihrem Signal-Lächeln jedoch vermittelt sie die viel komplexere Botschaft: »Sven, wir haben zwar einen kleinen Interessenwiderspruch, aber ich möchte daraus keinen konfrontativen Streit machen. Ich bin gewillt, diesen Konflikt beizulegen, ohne daß daraus eine Gegnerschaft entsteht. Ich bin dir prinzipiell wohl gesinnt. Also möchte ich unser Problem freundschaftlich regeln und keine feindseligen Schritte gegen dich unternehmen. Dafür ist der Anlaß zu nichtig. Bitte handle du ebenso und heb die Zigarette widerspruchslos auf.« Das deeskalierende Signal-Lächeln der Sozialarbeiterin bezeichnen wir auch als entwaffnend. Es soll den Konfliktpartner dazu bewegen, den Streit friedlich und respektvoll zu bewältigen.

Das Signal-Lächeln

Was ist nun ein »falsches« Lächeln? Wenn überhaupt, dann mag es das Signal-Lächeln sein, denn es ist tatsächlich »aufgesetzt« in dem Sinne, daß es nicht Ausdruck einer Emotion ist, sondern relativ nüchtern, gezielt und bewußt eingesetzt werden kann, um eigene Interessen zu verfolgen.

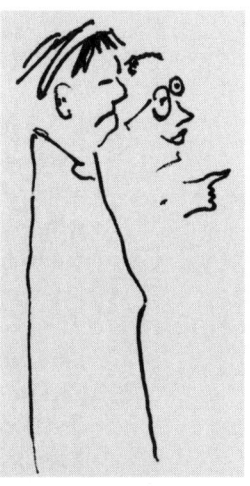

Bei der Bezeichnung »falsch« im Zusammenhang mit Lächeln schwingt jedoch häufig eine zu starke Abwertung mit, die zum voreiligen Schluß führt: »Man darf nicht falsch lächeln!« Dabei sind wir froh darüber, daß es dieses Signal-Lächeln gibt. Es erleichtert unser Zusammenleben und gestaltet das Miteinander freundlicher. Stellen wir uns doch eine Gesellschaft vor, in der die Menschen nur dann lächeln, wenn sie sich von ganzem Herzen freuen – diese Gesellschaft wäre zu kalt. Auch das Signal-Lächeln ist ein »richtiges« Lächeln, drückt es doch den Wunsch und Willen der lächelnden Person aus, eine Begegnung freundlich und friedfertig zu gestalten.

Außerdem sind wir intuitiv durchaus in der Lage, ein freudiges Lächeln von einem Signal-Lächeln zu unterscheiden. Die Angst vor tiefgehender Täuschung und Manipulation ist unbegründet, denn das Signal-Lächeln ist frei von Bewegungen der Augenringmuskulatur.

Zusammenfassung

- Das **freudige Lächeln** ist Ausdruck der Emotion Freude. Alle Formen des freudigen Lächelns werden mit partnerschaftlicher Absicht gesendet. Das freudige Lächeln ist weder selbst- noch fremdherabsetzend. Sein Ziel ist es, die Verbindlichkeit der Beziehung zu erhöhen.
- Das **ängstliche Lächeln** ist Ausdruck der Emotion Angst. Alle Formen des ängstlichen Lächelns senken den eigenen kommunikativen Status und heben den des Gegenübers. Das Ziel ist die Besänftigung des beängstigenden Gegenübers auf der Basis der Kommunizierung eigener momentaner Unterlegenheit.
- Das **aggressive Lächeln** ist (indirekter und unbeabsichtigter) Ausdruck der Emotion Wut. Alle Formen des aggressiven Lächelns werden mit der Absicht gesendet, den Status des Kommunikationspartners *Das Signal-Lächeln*abzusenken. Das verächtliche Lächeln soll diesen verletzen und entwerten.
- Das **Signal-Lächeln** ist von den Emotionen Freude, Angst oder Wut weitgehend abgekoppelt. Es simuliert Freundlichkeit oder Freude und hat die Absicht, die Verbindlichkeit einer Beziehung zu erhöhen und darüber weitergehende Ziele zu verfolgen.
- Mit Hilfe eines **Signal-Lächelns** läßt sich ein Konflikt präventiv oder aktuell deeskalieren.
- Das **Signal-Lächeln** macht unsere Welt freundlicher.

Machiavelli läßt grüßen

Vom Machtsignal zur Strategie

Wir haben in den letzten sechs Kapiteln dieses systematischen Teils verschiedene nonverbale Einzelsignale vorgestellt, die unter körpersprachlichen Aspekten strukturiert und unter Machtaspekten analysiert wurden. So haben wir visuelle von territorialen Signalen unterschieden, Veränderungen der Körpergröße abgesetzt gegen mimische Ausdrücke und Körperspannungen getrennt von Versteinerungen. Unsere zentrale Fragestellung lautete stets: Welche heimlichen Macht- und Ohnmachtssignale verbergen sich hinter den unterschiedlichen Signalen der nonverbalen Kommunikation, und welchen Einfluß haben diese auf unsere Konflikte?

Wir möchten zum Schluß dieses ersten Teils die bereits analysierten körpersprachlichen Einzelsignale unter übergeordneten Gesichtspunkten zusammenfassen. Denn die Körpersignale der Macht und Ohnmacht sind Waffen innerhalb von Strategien, die wir im Konfliktfall ergreifen, um unsere Interessen zu verfolgen. Kaum jemand, der sich aufpumpt, einen verächtlichen Blick wirft oder ein arrogantes Grinsen aufsetzt, vollzieht diese körperlichen Veränderungen bewußt. Auch handeln wir weitgehend intuitiv, wenn wir aus einem heftigen Streit »die Luft rausnehmen«, indem wir laut hörbar ausatmen, den Blick senken oder in unserem Stuhl zusammensinken. Und doch gehorchen unsere körpersprachlichen Statusveränderungen Gesetzmäßigkeiten. Denn in Konflikten verhalten wir uns sehr strukturiert, auch wenn wir uns dieser Strukturen in der Regel nicht bewußt sind. Unsere Macht- und Ohnmachtssignale werden zu Waffen, die wiederum in Strategien eingebettet sind. Daher werden wir in den nächsten Abschnitten die beiden zentralen Konfliktstrategien vorstellen, in denen die körpersprachlichen Waffen gebündelt zur Anwendung kommen, nämlich die Angriffs- bzw. die Opferstrategie.

Die Angriffsstrategie

Erinnern Sie sich an die Wippe? Wir haben gezeigt, daß wir zur Hebung unseres eigenen kommunikativen Status zwei Möglichkeiten besitzen: Selbsterhöhung und Fremdherabsetzung. Im Falle eines konfrontativen Konflikts verdichten sich diese beiden Möglichkeiten der Statusveränderung zur Angriffsstrategie:

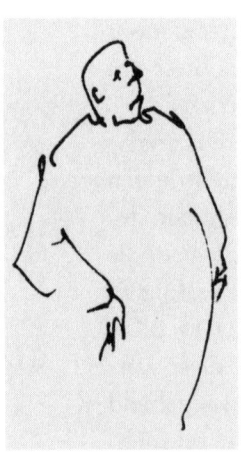

1. Mit den Mitteln der **Selbsterhöhung** heben wir den eigenen kommunikativen Status an. Wir machen uns größer, um den Kontrahenten zu beeindrucken, einzuschüchtern und zur kampflosen Kapitulation zu bewegen.
2. Mit den Mitteln der **Fremdherabsetzung** senken wir den kommunikativen Status des Kontrahenten, um ihn durch die Verletzungen kleiner zu machen und von der eigenen Kampfunfähigkeit zu überzeugen. Auch das Ziel der Fremdherabsetzungen ist die kampflose Kapitulation des Gegners – also der kampflose Sieg.

Selbsterhöhung und Fremdherabsetzung werden in einem konfrontativen Konflikt parallel eingesetzt, um über den Weg des Angriffs den Kontrahenten möglichst kampflos zu unterwerfen und eigene Ziele durchzusetzen.

Wählen wir zur Verdeutlichung einen beispielhaften Streit

um ein alltägliches Thema: den Abwaschberg, der sich in der Küche in lichte Höhen türmt. Wir alle wissen um die Wirksamkeit von stichhaltigen Argumenten, die wir in diesem Konflikt dem Partner an den Kopf werfen können:

- »Ich habe die letzten Male abgewaschen!« (Selbsterhöhung)
- »Ich mache im Haushalt viel mehr als du!« (Selbsterhöhung)
- »Ich bringe schließlich das Geld nach Hause!« (Selbsterhöhung)
- »Du legst dich auf die faule Haut!« (Fremdherabsetzung)
- »Du machst viel weniger als ich!« (Fremdherabsetzung)
- »Dir ist es egal, ob die Küche verdreckt!« (Fremdherabsetzung)

Doch so ganz scheinen wir von der Durchschlagskraft und Stichhaltigkeit unserer Argumente nicht überzeugt zu sein, sonst würden wir sie nicht mit körpersprachlichen Waffen der Macht flankieren:

- Wir heben die Stimme, blähen die Brust auf, machen uns größer, spannen die Muskulatur an, ballen die Faust und werfen drohende Blicke in Richtung des Kontrahenten. Diese Körperwaffen der Selbsterhöhung fungieren als Drohgebärden.
- Das zynische Lächeln, die wegwerfende Handbewegung, die Versteinerung, der vernichtende Blick, das Ins-Wort-Fallen und der drohende Zeigefinger, der dicht vor der Nase des Kontrahenten fuchtelt – sie alle dienen der Fremdherabsetzung und sollen das Gegenüber verletzen und einschüchtern.

Der Anspruch von uns Erwachsenen, im Konfliktfall auf die Kraft der Worte und Argumente statt auf die des Körpers zu setzen, ist ein Selbstbetrug: Ob wir unsere Kinder zur Rechenschaft

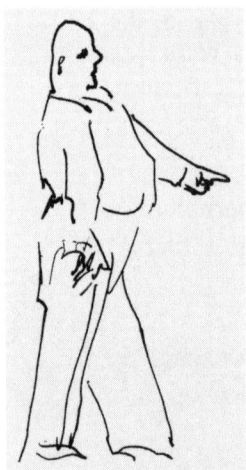

ziehen oder während einer Konferenz energisch den eigenen Standpunkt vertreten und diesen gegen den des Konkurrenten durchboxen, ob wir mit unserem Partner eine Auseinandersetzung über den Putzplan führen oder uns gegen die Anwürfe unseres Chefs zur Wehr setzen – stets agieren wir in diesen Konflikten auch körperlich. Denn wer körpersprachlich aggressiver auftritt, behält oft das letzte Wort.

Das alles klingt sehr martialisch. Doch wenn wir ehrlich sind, dann greifen wir täglich auf einzelne verbale und nonverbale Elemente der Angriffsstrategie zurück. Häufig wird die jeweilige Handlung des Gegenübers als Angriff wahrgenommen, gegen den es sich angreifend zu verteidigen gilt: Angriff ist die beste Verteidigung.

Selbstverständlich nimmt auch unser Konfliktpartner für sich in Anspruch, seinerseits Opfer unserer ungerechtfertigten Angriffe zu sein, und macht uns zum Täter. Folgerichtig reagiert der Kontrahent, wie es auch für ihn opportun erscheint: mit einer angreifenden Verteidigung.

So wie der Flügelschlag eines Schmetterlings einen Wirbelsturm entfachen kann, so kann ein einziges kleines verletzendes Körpersignal reichen, einen emotionalen Sturm der Entrüstung bei einem Konfliktpartner zu entfachen. Ob zynischer Unterton, bohrender Blick, wegwerfende Handbewegung, drohender Zeigefinger, verächtliches Lächeln, Versteinerung oder visuelle Ignoranz – jedes Körpersignal der Macht kann in einem Konflikt vom Gegenüber als Angriff wahrgenommen werden und diesen zu Gegenangriffen veranlassen.

Die Opferstrategie

Das Modell der Wippe zeigt: Es gibt zwei Möglichkeiten, den eigenen kommunikativen Status zu senken: mittels Selbstherabsetzung und Fremderhöhung. Im Falle eines konfrontativen Konflikts verdichten sich diese beiden Möglichkeiten der Statusveränderung zur Opferstrategie:

1. Mit den Mitteln der **Selbstherabsetzung** senken wir unseren eigenen kommunikativen Status. Wir machen uns kleiner, um dem Kontrahenten die eigene Kapitulation zu signalisieren.
2. Mit den Mitteln der **Fremderhöhung** heben wir den kommunikativen Status des Kontrahenten. Wir machen jenen größer, um ihn zu beschwichtigen und zu besänftigen.

Selbstherabsetzung und Fremderhöhung werden in einem konfrontativen Konflikt alternativ oder parallel eingesetzt, um über den Weg der Opferstrategie einen Streit möglichst unbeschadet zu überstehen.

Auch bei der Tiefstatus-Strategie scheinen wir zu ahnen, daß wir dem Kontrahenten unser Leid und die Anerkennung seiner Überlegenheit glaubhafter vermitteln können, wenn wir die Selbstherabsetzung und Fremderhöhung nicht nur verbalisieren, sondern auch verkörpern. Wir setzen die körpersprachlichen Waffen des Tiefstatus ein, um die Wirkung unserer Worte zu potenzieren:

- Wir tragen den Satz: »Ich kriege das nicht hin, ich bin schon fast verzweifelt« in einem leidenden Tonfall vor. Wir atmen hörbar aus. Unsere Haltung ist gebückt, und der Blick geht bei diesen Worten zu Boden. Unsere Bewegungen sind raumreduziert und der Körper fast spannungslos.
- Die Besänftigung eines ärgerlichen Kontrahenten verläuft rei-

bungsloser, wenn wir diesen mit einem »Dackelblick« anschauen, all seine Äußerungen mit zustimmendem Kopfnicken kommentieren und ihm den (Rede-)Raum weitgehend überlassen.
- Ein Schuldeingeständnis wirkt um so entwaffnender, je stärker wir mit dem Körper signalisieren, daß wir unter der Last unserer Schuld schwer zu tragen haben. Das äußerste körpersprachliche Mittel der Selbstherabsetzung sind Tränen.

Je glaubhafter die Opferstrategie verkörpert wird, desto größer ist die Wahrscheinlichkeit, daß der jeweilige Kontrahent Mitleid empfindet und von Versuchen Abstand nimmt, durch weitere Verletzungen unser Leid noch zu vergrößern.

Stellen Sie sich zum Kontrast den Fall vor, daß Sie sich in einem Konflikt zwar verbal klein machen und sich entschuldigen, aber dieses Schuldeingeständnis im körpersprachlichen Hochstatus vorbringen. Ihre Körpersignale lassen jedes Anzeichen von Leid vermissen. Da Sie Ihr Leid nicht verkörpern, können Sie Ihren Kontrahenten nicht zum Mitleid und demnach auch nicht zur Besänftigung bewegen. Im Gegenteil: Sie stacheln ihn mit Ihrer Körpersprache zu weiteren Angriffen an: »Das sagst du nur so, das glaube ich dir nicht! Du willst mich um den Finger wickeln.«

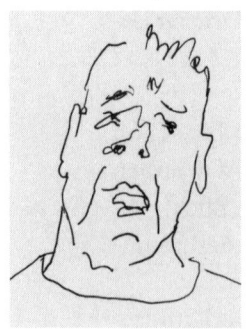
Der Körper lügt nicht! Ihr körpersprachlicher Hochstatus hat Ihre innere Haltung verraten. In Wirklichkeit tut Ihnen keine Ihrer Handlungen leid, sondern Sie entschuldigen sich lediglich, um Ihrem Kontrahenten den Wind aus den Segeln zu nehmen. Sie ergreifen die Opferstrategie aus taktischen Gründen. Ihre Gedanken und Gefühle eigener Überlegenheit setzen sich um in Körpersignale des Hochstatus, und diese entlarven Ihre verbale

Opferstrategie als aufgesetzt. Die Opferstrategie muß verkörpert werden.

Zwei Seiten einer Medaille

Ein Kind im zarten Alter von vier Jahren geht mit seiner Mutter einkaufen. Im Regal des Supermarkts entdeckt es Schokolade, die dort selbstverständlich auf Augenhöhe des Kindes plaziert wurde. Schon nimmt das Drama seinen Lauf:
»Maaammaaa, darf ich Schokolade? Och biiitteee, jaaa?« Die Mutter kontert die Bitte des Kindes mit einem kategorischen: »Nein, heute nicht.« Folgerichtig intensiviert das Kind seine Bemühungen und bringt zunehmend den Körper als Druckmittel ins Spiel: Der Ton wird jammernder, die Haltung gebückter, der Kopf wird seitlich geneigt, die großen Kulleraugen werden auf »Dackelblick-Position« gebracht und eine Leidensmiene aufgesetzt: Das Kind greift auf das gesamte Arsenal der körpersprachlichen Tiefstatus-Waffen zurück, um der Mutter ein schlechtes Gewissen zu bereiten und sie so zum Schokoladenkauf zu erweichen.

Fazit: Das Kind entwickelt eine Opferhaltung (»Mama, du bist schuld!«) und übt über die Tiefstatus-Strategie Druck auf die Mutter aus. Der Zweck des Drucks besteht darin, die Mutter dazu zu bringen, ihre eigenen Interessen aufzugeben und den Wunsch des Kindes zu erfüllen. Sollte die Strategie aufgehen, hat sich das Kind aus der Opferrolle befreit, indem es die Mutter zum Opfer des eigenen Drucks gemacht hat. Doch der Erfolg der Opferstrategie hängt von der Bereitschaft der Mutter ab, sich beeindrucken zu lassen.

Was aber geschieht, wenn die Mutter hart bleibt? Mit ihrer strikten Weigerung, sich zum Opfer des Kindes machen zu lassen, ist die Opferstrategie gescheitert. Also wechselt das vierjährige Kind im Supermarkt blitzschnell die Strategie und geht zum Angriff über: »Nie krieg' ich Schokolade. Du bist so gemein! Ich will aber Schokolade!« Diese Worte werden nicht mehr jämmerlich gehaucht, sondern laut und raumfüllend in den Laden geschrieen. Die Körperhaltung des Kindes ist kerzengerade. Herausfordernd schaut es die Mutter mit stechendem Blick an. Die Fäuste werden zum Zeichen der Kampfbereitschaft geballt, und mit den stampfenden Füßen wird der Boden des Supermarkts bearbeitet. Das Gesicht des Kindes ist wutverzerrt. Zu guter Letzt wirft es sich auf den Boden und trommelt mit den Fäusten.

Das Kind sieht sich als Opfer (»Du bist schuld!«) und übt über die Angriffsstrategie massiven Druck auf die Mutter aus.

Diese soll dahin gepreßt werden, daß sie eigene Interessen aufgibt und den Wunsch des Kindes nach Schokolade erfüllt. Die Mutter soll zum Opfer des kindlichen Angriffs gemacht werden. Selbstverständlich wird diese Wut-Attacke als angreifende Verteidigung legitimiert: »Wenn du so gemein bist und mir keine Schokolade kaufst, dann ...«

Der Erfolg der Angriffsstrategie hängt davon ab, ob sich der jeweilige Kontrahent von dem druckvollen Auftreten verängstigen läßt oder nicht.

Das Beispiel aus dem Supermarkt verdeutlicht: Bei der Opfer- wie der Angriffsstrategie handelt es sich um zwei Seiten einer Medaille. Beide Strategien bezwecken, durch Druck den Konfliktpartner zur Übernahme eigener Interessen zu bringen. Gefüllt werden die beiden Strategien nicht nur mit Worten, sondern immer auch mit körpersprachlichen Waffen des Hoch- und Tiefstatus. Die eigene Kraft, mit welcher der Kontrahent verletzt, verängstigt und zur frühzeitigen Kapitulation bewegt werden soll, muß glaubhaft verkörpert werden. Auch das eigene Leid, mit dessen Hilfe ein schlechtes Gewissen beim Konfliktpartner erzeugt werden soll, will nicht nur verbalisiert, sondern möglichst authentisch dargestellt werden. Die Waffen des Körpers sind in derartigen Konflikten durchschlagkräftiger als so manches treffliche Argument.

Und doch wollen wir zum Abschluß dieses ersten Teils deutlich machen: Beide Strategien samt aller körpersprachlichen Waffen verunmöglichen einen konstruktiven Umgang mit Konflikten. Eine Konfliktbewältigung auf der Basis von Druck kann nicht kooperativ sein, da der jeweilige Kontrahent gewaltsam zur Kapitulation gepreßt wird. Läßt sich die Mutter also vom Druck des Kindes erweichen oder erpressen, indem sie die Schokolade kauft, handelt sie letztlich gegen ihre eigenen Interessen. Sie kooperiert nicht aus Einsicht, sondern sie wurde von dem Kind erpreßt. Entsprechend unzufrieden wird sie mit dem Verlauf und dem Ausgang des Konflikts sein.

Kooperation im Konflikt dagegen würde bedeuten, daß beide Konfliktparteien nach einvernehmlichen Lösungen suchen, denen sie freiwillig zustimmen können – und nicht, daß eine Partei zur Übernahme der Interessen der anderen Partei gedrückt wird.

In der Konsequenz heißt das:

- Die bohrenden Blicke, die bohrenden Zeigefinger oder das verächtliche Lächeln, der »Dackelblick«, die Leidensmiene, die Versteinerung oder eine zur Schau gestellte Lockerheit – all diese Signale der Macht und Ohnmacht üben Druck aus und erschweren eine kooperative Konfliktbewältigung. Wollen wir Konflikte verantwortlich und konstruktiv lösen, müssen wir auf den Einsatz von körpersprachlichen Signalen des Hoch- oder Tiefstatus verzichten.

- Sind wir im Konfliktfall mit diesen Waffen der Macht oder Ohnmacht konfrontiert, weil unser Gegenüber sie benutzt, kann schon das Durchschauen ihrer Wirkungen und ihrer Funktionen diese Waffen stumpf werden lassen. Bewußtheit ist der erste Schritt zur Veränderung.

Die Körpersignale der Macht und Ohnmacht erzeugen Druck. **Druck erzeugt Gegendruck und führt zur Konfrontation – nicht zur Kooperation!**

Zusammenfassung

- Die **Angriffsstrategie** bezweckt die Durchsetzung eigener Interessen gegen diejenigen des Kontrahenten. Durch **Druck** soll der Konfliktgegner derart verängstigt werden, daß er kampflos kapituliert.
- Die **körpersprachlichen Waffen**, mit denen die Angriffsstrategie durchgeführt wird, sind: bohrende Blicke, visuelle Ignoranz, das Wort abschneiden, aggressive Gestik, aufgerichtete Haltung, Versteinerung, territoriale Übergriffe (»auf den Pelz rücken«), laute Stimme oder auch verächtliches Lächeln.
- Legitimiert wird die Angriffsstrategie stets mit einer **Opferrolle**: »Du bist schuld und demnach Täter.« Die Angriffsstrategie erscheint so als angreifende Verteidigung.
- Die **Opferstrategie** bezweckt die Durchsetzung eigener Interessen gegen diejenigen des Kontrahenten. Durch **Druck** soll dem Konfliktpartner ein schlechtes Gewissen gemacht werden, damit dieser kapituliert.
- Die **körpersprachlichen Waffen**, die bei der Opferstrategie zum Einsatz kommen, können sein: »Leidensmiene«, flüchtendes Blickverhalten, piepsige Stimme, jammernder Tonfall, zusammengesunkene Haltung, unsicheres Lächeln, Tränen oder auch Spannungslosigkeit.
- Auch hinter der Opferstrategie verbirgt sich eine Opferhaltung: Der Kontrahent, andere Personen oder auch die Umstände sind schuld am eigenen Leid: »Ich kann nichts dafür!«
- Bei der **kooperativen Konfliktbewältigung** verzichten die Konfliktparteien auf das Mittel des Drucks und suchen nach gemeinsamen und einvernehmlichen Lösungen.
- Kooperative Konfliktbewältigung setzt den Verzicht auf die körpersprachlichen Waffen der Macht und Ohnmacht voraus.

Praktischer Teil

Körpersprache, Macht, Konflikt und Gewalt im Alltag

Wir haben im ersten Teil des Buches an Hand einzelner Signale der Körpersprache den Zusammenhang zwischen nonverbaler Kommunikation, Macht und Konflikt analysiert, diese Einzelsignale zu Konfliktstrategien zusammengefaßt und deren Wirkungsweise und Ziele betrachtet. In den folgenden Kapiteln werden wir die gesammelten Erkenntnisse auf konkrete private oder berufliche Alltagssituationen übertragen. Bei unserer Auswahl der Situationen beschränken wir uns auf charakteristische Beispiele, die Ihnen in Ihrem Alltag bestimmt schon vielfach begegnet sind:

Im ersten Kapitel schildern wir, was wir machen, wenn wir in einem Konflikt »aus der Haut fahren«, und fragen, wie es uns gelingen kann, »bei uns zu bleiben« statt »außer uns zu geraten«.

Im zweiten Kapitel wird das provokative Auftreten von Jugendlichen bei Kampf und Gewalt analysiert. Wir untersuchen den Zusammenhang zwischen Angriffsstrategie und fossilen Leitbildern von Männlichkeit: Ist die Angriffsstrategie »männlich«?

Das folgende Kapitel fragt nach der Körpersprache der Opferstrategie und weiblicher Identität: Ist die Opferstrategie »weiblich«?

Im vierten Kapitel wird die Körpersprache von Mann und Frau unter geschlechtsspezifischen Machtaspekten analysiert.

Das fünfte Kapitel beleuchtet den Zusammenhang zwischen Humor und Status.

Im sechsten Kapitel geht es um die Frage, wie sich Vorgesetzte und Mitarbeiter mit scheinbar unbedeutenden Signalen der Über- und Unterlegenheit ihre Hierarchie kommunizieren.

Im siebten Kapitel betrachten wir den Gang durch eine Fußgängerzone unter Macht- und Ohnmachtsaspekten: Wer kommt durch, und wer weicht aus?

Das Schlußkapitel beleuchtet schließlich, wie wir die Möglichkeiten der Körpersprache für eine wertschätzende Kommunikation nutzbar machen können.

Die Auswahl der Situationen ist exemplarisch; eine Übertragung auf Ihre privaten und beruflichen Lebenssituationen ist auf der Grundlage dieser Analysen leicht möglich.

»Versuch's mal mit Gemütlichkeit ...«
Wenn uns die Sicherung durchbrennt

Die folgenden Aussagen haben Sie im Zusammenhang mit Konflikten vermutlich schon oft gehört und vielleicht selbst getätigt:

- »Ich bin ausgeflippt.«
- »Ich wußte nicht mehr, was ich tue.«
- »Ich bin total durchgeknallt.«
- »Ich war völlig außer mir.«
- »Da ist mir eine Birne durchgebrannt.«
- »Ich habe nur noch rot gesehen.«
- »Ich habe nur noch um mich geschlagen.«

Alle diese Redewendungen beschreiben sehr plastisch, was wir in Konflikten erleben, in denen wir »durchdrehen«: Das rationale Denken ist eingeschränkt oder setzt sogar vollständig aus. Oft agieren und reagieren wir in eskalierten Streitereien scheinbar kopflos und sagen oder tun Dinge, die wir später, wenn der Pulverdampf verflogen und die Wut verraucht ist, bereuen. Ein Beispiel:

Sie sind wegen einiger Probleme auf der Arbeit gereizt und gehen nach Feierabend durch die Stadt. Unterwegs werden Sie auf dem Bürgersteig von einem anderen gerempelt. Sie halten ihn für einen rücksichtslosen Rüpel und unterstellen, daß er Sie mindestens fahrlässig, wenn nicht gar absichtlich gerempelt hat. Gehässig schnauzen Sie ihn an: »Idiot! Hast du keine Augen im Kopf?!« Und schon schallt es zurück: »Paß doch selbst auf, du

Hornochse.« Sie sind empört und sehen sich in Ihrer Wahrnehmung, daß es sich beim Gegenüber um einen rücksichtslosen Rüpel handelt, bestätigt: »Unverschämtheit!« brüllen Sie ihn an. So geht das Wortgefecht noch einige Male hin und her, bevor beide wütend und schimpfend ihrer Wege gehen ...

Der Verstand auf dem Abstellgleis

Was passiert in unserem Körper, wenn uns in Konflikten die Sicherung durchbrennt und wir scheinbar kopflos agieren? Eine Antwort auf diese Frage finden wir, wenn wir die Funktion der »kopflosen Reaktion« für unser Überleben betrachten.

So kontraproduktiv die Abkopplung des rationalen Denkens von Aktionen und Reaktionen in eskalierten Konflikten heute auch erscheinen mag, sie hatte in der Evolution des Menschen durchaus ihren Sinn. In den Kämpfen zwischen Menschen oder zwischen Mensch und Tier ging es in den vergangenen Jahrtausenden nicht um die Haare im Bad oder die schmutzige Kaffeetasse im gemeinsamen Büro, sondern um Leben und Tod. Eine falsche Bewegung, eine kurze Unaufmerksamkeit, eine verpaßte Angriffschance, und der Kampf war verloren; die Niederlage kostete das Leben. Daher war es von großem Vorteil, wenn in zugespitzten Kämpfen nicht jede Aktion oder Reaktion den langen Umweg über das rationale Denken machen mußte. In Bruchteilen von Sekunden wurden überlebensnotwendige Entscheidungen getroffen, und zwar ohne Beteiligung des langsamen Großhirns. Angriffe des Gegners wurden unverzüglich pariert. Der kämpfende Körper war in höchste Alarmbereitschaft versetzt. Er war von den Haarwurzeln bis in die Zehenspitzen aktiviert, jede Faser war hellwach. Die Entscheidung, zu einem geeigneten Zeitpunkt unverzüglich einen Angriff durchzuführen oder die Flucht zu ergreifen, wurde blitzschnell und instinktiv ergriffen. Die lebensgefährlichen Kämpfe verliefen nahezu »bewußtlos«.

Auch heute noch ist die schnelle Abkopplung des Großhirns von unseren Handlungen in vielen Fällen überlebenswichtig. Wenn wir beispielsweise Fahrrad fahren und ein Autofahrer uns die Vorfahrt nimmt, dann ziehen wir unmittelbar die Bremsen. Jedes Einschalten des Großhirns zur Analyse der gefährlichen Situation würde wichtige Zehntelssekunden kosten – wir wären schwer verletzt oder gar tot.

Unsere alltäglichen Streitereien um die Haare im Bad, die nächste Gehaltserhöhung oder den Putzplan sind zwar alles andere als lebensgefährlich. Unser Körper hat sich jedoch noch nicht den neuen Konfliktsituationen angepaßt. Aus seiner Sicht ist – gemäß uralten Erfahrungen – ein eskalierter Konflikt stets ein Kampf auf Leben und Tod. Daß ein stichhaltiges Argument nicht die gleichen lebensgefährlichen Verletzungen bewirkt wie eine Stichwaffe, kann er nicht unterscheiden. So kann es passieren, daß unser Körper in einem Wortgefecht über die Haare im Waschbecken so reagiert wie seit Millionen von Jahren: Er stellt zum Schutz der körperlichen Unversehrtheit das Großhirn aufs Abstellgleis und leitet uralte Reaktionen ein:

- Die gesamte Wahrnehmung fokussiert sich auf die »tödliche Gefahrenquelle« und verengt sich drastisch. Wir sehen nur noch unseren Konfliktgegner (= »Tunnelblick«).
- Unsere Atmung wird heftiger, und der Herzschlag erhöht sich – der Körper wird aktiviert, um einen tätlichen Angriff durchführen oder die Flucht ergreifen zu können.
- Die gesamte Muskulatur spannt sich an – für einen unverzüglichen Angriff oder eine sofortige Flucht

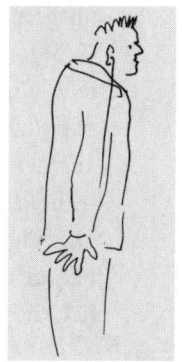

brauchen wir aktivierte Muskeln und unsere ganze Kraft und Energie.
- Wir werden weiß im Gesicht (»Weißglut«) – unser Blut zieht sich in den Rumpf des Körpers zurück, damit etwaige Verletzungen unserer peripheren Körperteile nicht zuviel Blut kosten.
- Wir ziehen den Kopf ein und nehmen die Schultern hoch – dadurch schützen wir den Hals. Wir ziehen die Augenbrauen nach unten – dadurch schützen wir unsere Augen. Wir nehmen die Arme hoch und halten sie schützend vor unseren Oberkörper – Verletzungen in diesen zentralen Körperbereichen von Hals, Kopf oder Brust können lebensgefährlich sein.
- Wir benutzen eine aggressive und verletzende Körpersprache, um den Kontrahenten einzuschüchtern.

Diese körperlichen Reaktionen lassen sich auch in heftigen Streitereien zwischen Partnern beobachten, die sich bei einer Auseinandersetzung um die Haare im Waschbecken niemals schlagen würden. Wenn wir ehrlich sind, können wir in zugespitzten Konfliktsituationen aber spüren, wie nahe wir oft einem tatsächlichen körperlichen Angriff sind; allzu gerne würden wir unseren fossilen körperlichen Impulsen nachgeben und unseren Konfliktpartner schlagen. Doch zum Glück ist das Großhirn nicht vollständig ausgeschaltet, sondern übernimmt eine zügelnde Funktion und lenkt die Energie um: Die Faust trifft nicht die Nase des Gegenübers, sondern kracht donnernd auf den Tisch; die Kaffeetassen fliegen nicht in Richtung Kontrahent, sondern gegen die Wand; und die Hand verpaßt keine Ohrfeige, sondern schlägt die Tür ins Schloß. Aber gegolten haben all diese umgeleiteten Angriffe dem Konfliktpartner. Lediglich die Restfunktion des Großhirns hat Schlimmeres verhindert.

Gelassenheit siegt

Wir sind unseren Automatismen und Konfliktgewohnheiten keineswegs hilflos ausgeliefert. Mit Hilfe unseres Großhirns können wir, so zeigen es auch die Ergebnisse der Hirnforschung, durchaus moderierend auf unsere Emotionen einwirken. Hierzu ein kleines Beispiel:

Sie gehen erneut über einen Bürgersteig und schauen sich gedankenverloren die Auslagen in den Schaufenstern der Geschäfte an. Wieder werden Sie angerempelt. Blitzschnell und wütend wenden Sie sich zu dem rempelnden Rüpel, um ihm gehörig die Meinung zu sagen. Doch da sehen Sie, daß die Person, mit der Sie im Gedränge zusammengestoßen sind, einen weißen Stock und eine gelbe Armbinde mit drei schwarzen Punkten trägt. In Bruchteilen von Sekunden analysiert Ihr Großhirn die Situation und kommt zum Schluß, daß es sich bei der betreffenden Person um einen Blinden handelt, den keinerlei Schuld für den unerwarteten Zusammenstoß trifft. Augenblicklich bewirkt die Analyse, daß Ihr Ärger verfliegt und Sie sich bei Ihrem Gegenüber für die eigene Unachtsamkeit entschuldigen.

Dieses Beispiel untermauert die These, daß unser Großhirn moderierend auf unsere Gefühle einwirken kann. Dennoch müssen wir hinzufügen: Auch diese Zusammenkunft mit dem Blinden hätte anders verlaufen können, wenn Sie wieder einmal total im Streß und vorher bereits »auf 180« gewesen wären. Dann hätte es durchaus passieren können, daß Sie trotzdem sauer gewesen wären angesichts der Unachtsamkeit des Blinden: »Was muß der auch ausgerechnet in der Stoßzeit mit seinem Stock hier durchlaufen. Der kann doch bestimmt auch zu anderen Zeiten einkaufen gehen.« Der Ärger wäre beim Anblick des Blinden nicht augenblicklich verflogen, sondern hätte sich vermutlich lediglich moderater geäußert. Sie hätten verständnislos den Kopf geschüttelt und wären eilig und ohne Entschuldigung davongestoben.

»Versuch's mal mit Gemütlichkeit ...«

Hirnforscher haben mit komplizierten Meßmethoden herausgefunden, daß unser Gehirn nur mit Höchstleistung arbeitet, wenn wir uns in einem positiven emotionalen Zustand befinden, weil dann alle Verbindungen zwischen den verschiedenen Gehirnteilen optimal funktionieren. Je entspannter unser emotionaler Zustand folglich ist, desto emotional-intellektueller können wir in Konflikten reagieren. Nur wenn alle Synapsen zwischen den alten und neuen Gehirnteilen geschaltet sind, vermögen wir zu verhindern, daß wir »außer uns geraten« und »durchdrehen«. Dann können wir uns in Konflikten kreativ und konstruktiv verhalten und unser gesamtes Potential an emotionaler Intelligenz zur angemessenen Bewältigung des Konflikts aktivieren. Streß, Ärger oder gar Wut sind schlechte Ratgeber, wenn es gilt, Streitigkeiten partnerschaftlich zu meistern – sie blockieren unsere Nervenbahnen und stellen unser Großhirn partiell oder vollständig aufs Abstellgleis. Konfliktkompetenz setzt Gelassenheit voraus.

Deshalb kann es in eskalierten Konfliktsituationen durchaus hilfreich sein, erst einmal tief durchzuatmen oder bis zehn zu zählen, bevor Sie handeln: Durch eine bewußt gesetzte Pause können Sie erreichen, daß sich Ihre Wut oder Ihre Ängste abbauen und die Denkblockade aufgehoben wird. Anschließend kann auch Ihr Großhirn als Kontrollinstanz in den Konflikt eingreifen, und Sie können den gesunden Menschenverstand benutzen, um mit einem »kühlen Kopf« den Konflikt konstruktiv zu bewältigen. Im schlimmsten Fall hilft eine kleine Auszeit während eines Konflikts, die Wut abklingen zu lassen.

Doch was können wir während der Auszeit tun, um die Wut möglichst schnell verpuffen zu lassen und wieder handlungsfähig zu werden, so daß wir klug, kreativ, wertschätzend und kooperativ den Streit beilegen können? Viele Ratgeber empfehlen für derartige Situationen das Bearbeiten eines Sandsacks, das Holzhacken oder vergleichbare Tätigkeiten, in denen mittels aggressiver Energie die Wut abgebaut wird. Das aggressive »Auspowern«, so die These, verhilft zur Spannungsabfuhr und zum Verpuffen der Wut.

Neue Forschungsergebnisse belegen allerdings: So weit diese »Sandsack-Theorie« auch verbreitet ist, so falsch ist sie. Entgegen der landläufigen Meinung kann man Gefühle nicht einfach aus dem Körper »rauslassen«, sondern lediglich innerhalb des Körpers zum Abklingen bringen. Vielmehr trägt das aggressive »Auspowern« im Gegenteil dazu bei, daß die Wut mit speziellen Hormonen genährt und mit Körperspannungen gehalten wird. Wir sollten während der Auszeit bei einem Konflikt deshalb Dinge tun, mit denen wir die Streßhormone zum Abklingen bringen und die Körperspannung reduzieren können.

Wenn wir statt zum Hackebeil oder zum Sandsack zu ruhiger Musik oder zu körperlichen Entspannungstechniken greifen, vielleicht auch einen gemächlichen Spaziergang machen, dann wird unsere Wut viel schneller abklingen, als wenn wir laute Punk-Musik hören, einen Action-Film anschauen oder einen Sandsack mit den Fäusten bearbeiten. Denn die Wut steckt in jedem angespannten Muskel, in jeder gereizten Haut, in jedem Streßhormon, in jedem »Tunnelblick« und in jeder flachen Atmung. Wut ist primär ein körperlicher Zustand und erst in zweiter Instanz ein Gefühl. Also gilt es, die Basis der Wut – den körperlichen Zustand – zu verändern. Das wirksamste Mittel, die Emotion Wut abzubauen, ist demnach, körperlich genau das Gegenteil dessen zu tun, was die Wut ausmacht und bindet: Entspannung statt angespannter Action, ruhige Bewegungen statt Schläge, tiefes Atmen statt Hecheln und den Blick weiten, statt auf einen Sandsack zu stieren.

Was aber ist nun mit den gemäß neuerer Forschung überholten Ratschlägen, die Wut mittels aggressiver Handlungen aus dem eigenen Körper »herauszupowern«? Auch wenn wir in unserer Wut einen Sandsack bearbeiten oder sämtliche Türen knallen, klingt sie irgendwann ab – doch nicht wegen, sondern trotz dieser aggressiven Tätigkeiten! Auch am Sandsack wirkt der Faktor Zeit wutlindernd – aber eben langsamer.

In therapeutischen Zusammenhängen kann das »Herauslassen der Wut« auch nach wie vor richtig und wirksam sein. Aber bei unserer »untherapeutischen« Konfliktbewältigung gilt: Je  gelassener und entspannter wir einen Konflikt angehen, desto besser können wir unser gesamtes intellektuell-emotionales Potential abrufen und zur konstruktiven Konfliktbewältigung einsetzen. Um zur Gelassenheit zu gelangen, hilft in einem Konflikt manchmal eine Pause oder eine gemeinsam vereinbarte »Auszeit«.

»Vier Fäuste für ein Halleluja«
Angriffsstrategie, Männlichkeit und Körpersprache

Jungen, Burschen und manchmal auch erwachsene Männer gehen in ihren Konflikten häufig sehr körperlich vor: Da wird gedroht und gebrüllt, aufgeblasen und gestarrt, gerempelt und geschubst, mitunter auch geschlagen und getreten. So befremdlich uns diese Formen der Konfliktaustragung, die zunehmend auch von Mädchen kopiert werden, zunächst erscheinen mögen – aus der Perspektive der Betroffenen sind sie höchst sinnvoll. Um diese Sinnhaftigkeit nachvollziehen zu können, werden wir hier die Rolle der Körpersprache bei der männlichen Konfliktaustragung und deren Funktion in bezug auf Männlichkeit näher beleuchten.

Sämtliche Studien über Jugendgewalt belegen, daß die Mehrzahl der als gewaltbereit eingestuften Jugendlichen in ihrer Kindheit überdurchschnittlich oft Opfer von (Prügel-)Strafen, Mißhandlungen und Übergriffen seitens ihrer Bezugspersonen wurde oder auch als Beobachter Gewalt zwischen den Elternteilen erlebt hat oder noch immer erlebt. Auf einen Nenner gebracht: Gewalt kommt häufig von Gewalt. Jungen, die zu Hause Gewalt erleben, ob als Beobachter bei elterlichen Auseinandersetzungen oder bei Mißhandlungen am eigenen Leib, wenden mit einer hohen statistischen Wahrscheinlichkeit später selbst aktiv Gewalt an. Denn Jungen tendieren dazu, sich mit dem Mann – und damit meist dem Täter – zu

identifizieren – sogar dann, wenn sie selbst das Opfer der Mißhandlungen ihrer Väter waren. Jungen kopieren die Täter und neigen später zu erhöhter Gewaltbereitschaft.

Der Kriminologe Christian Pfeiffer bringt es auf den Punkt: »Wir haben kein Jugendgewaltproblem, sondern ein Jungengewaltproblem. Gewalt hat ein Geschlecht!« Man müßte natürlich hinzufügen, daß sich diese provokative Aussage, die sich auf aktuelle Statistiken stützt, allein auf körperliche Gewalt bezieht.

Fachleute führen psychologische Erklärungen an: Rigide elterliche Strafen und Übergriffe sind Entwertungen, die die Entwicklung eines gesunden Selbstwertgefühls von Kindern erschweren oder sogar verhindern können. Das Hauptbestreben der geschädigten Jungen in der Adoleszenz ist es, erneute Opfererfahrungen, weitere Entwertungen und neue Verletzungen zu vermeiden. Dieses Ziel, so glauben gewaltbereite Jungen, erreichen sie am besten durch die Einschüchterung und notfalls die Verletzung der potentiellen Angreifer.

Die Strategie der Abschreckung und Verängstigung mittels Drohgebärden und symbolischer Verletzungen erscheint aus der Perspektive dieser Jugendlichen somit höchst sinnvoll und durchaus »psycho-logisch«: Eigene Angst vor erneuter Pein wird auf die Mitmenschen projiziert. Martialisches Auftreten soll dazu führen, daß mögliche Kontrahenten weiche Knie bekommen, ihren Standpunkt nicht mehr vertreten können und »Fersengeld geben«. Als Kinder haben diese Jungen am eigenen Leib oder an Hand der angstvollen Reaktionen der Mutter erlebt, wie erfolgreich dieses väterliche Modell der Verbreitung von Angst und Schrecken zur Abwehr von Angriffen sein kann. Warum sollte, was beim Vater funktioniert hat, nicht auch auf eigene Erfahrungen übertragbar sein?

Die Realität sieht, auch das beweisen sämtliche Statistiken, anders aus: Gewaltbereite Jugendliche werden zu Hauptopfern von Gewalt. Die Strategie der Vermeidung von Opfererfahrungen durch Abschreckung und Verängstigung potentieller Gegner geht nicht auf. Im Gegenteil provoziert abschreckendes Auftreten gerade die Kämpfe, die eigentlich vermieden werden sollten. Das heißt: Gewaltbereite Jugendliche suchen und finden sich. Schläge werden meist untereinander ausgeteilt und eingesteckt – Gewalt findet überwiegend im eigenen Milieu statt.

Es ist – statistisch gesehen – nur ein weit verbreiteter Mythos, daß gewaltbereite Jugendliche unbeteiligte Personen oder Schwächere suchen, um sich an denen auszulassen. Diese Fälle kommen natürlich vor, bilden aber die Ausnahme. Eine neue Untersuchung belegt: Fast 70 Prozent unserer Kinder und Jugendlichen sind nie an Gewalttaten beteiligt – weder als Opfer, noch als Täter.

Neulich in der Disko

Schauen wir uns konflikthafte Situationen von männlichen Jugendlichen genauer an: Unter welchen Bedingungen kommt es zu Streitigkeiten? Wie verlaufen die Konflikte, welche Bedeutung hat die Körpersprache in diesen Auseinandersetzungen, und was hat das alles mit Selbstwert und Männlichkeit zu tun?

Wenn wir uns als Ort des Konflikts eine Diskothek aussuchen, sollten wir anfügen, daß der Streit ebensogut in einem Klassenzimmer, einem Jugendheim, auf dem Schulhof oder auch auf dem Bürgersteig einer x-beliebigen Groß- oder Kleinstadt hätte stattfinden können.

»Vier Fäuste für ein Halleluja«

Die Diskothek ist relativ leer, da es noch früh am Abend ist. Ein junger Bursche im Alter von 17 Jahren, nennen wir ihn Kevin, betritt den großen Saal. Ein anderer Jugendlicher im Alter von 18 Jahren – Hassan – sitzt bereits lässig auf seinem Stuhl und beobachtet entspannt das Geschehen in der Disko. Die beiden sehen sich zum erstenmal.

Hassan ist der heimliche King der Disko – der »Platzhirsch«. Er wird von seinen Kumpels stillschweigend als der coolste und stärkste Typ akzeptiert und gefürchtet. Abschätzend mustert Hassan den unbekannten Neuankömmling Kevin. Dessen Blicke wiederum streifen umher und loten erst einmal die Lage aus. Nach einigen Sekunden fällt Kevins Blick auch auf Hassan, der noch immer locker auf seinem Stuhl sitzt. Es kommt zum ersten Augenkontakt. Blitzschnell verwandelt sich Hassans Blick: Er schaut nicht mehr abschätzend, sondern drohend und bohrend und versucht, durch den stechenden Blick nicht nur seine eigene Stärke zu dokumentieren, sondern gleichzeitig den Neuankömmling einzuschüchtern. Hassan fordert den hereinkommenden Kevin nonverbal auf, die Hierarchie durch Blicksenkung oder -abwenden anzuerkennen.

Doch Kevin denkt gar nicht daran. Er hält Hassans bohrendem Blick stand und fragt provozierend:

»Ey Typ, was glotzt du so blöd? Hasse 'n Problem oder was?!«

Kevins Aussage enthält neben den verbalen Verletzungen (»Typ«; »glotzen«; »blöd«) auch körpersprachliche Statusbotschaften: Die aufrechte Haltung, der in Richtung Kontrahent ausgestreckte Zeigefinger und der erwiderte bohrende Blick unterstreichen Kevins Hochstatus-Wirkung. Der sitzende Hassan soll durch diese Reaktion eingeschüchtert und von weiteren Provokationen abgehalten werden.

Die Antwort des Sitzenden läßt natürlich nicht lange auf sich warten:

»Ich kann gucken, wie ich will. Das geht dich 'nen Scheißdreck an! Verpiß dich!«

Lässig bleibt Hassan auf seinem Stuhl sitzen (entspannte Haltung = Hochstatus) und hält den bohrenden Blick weiter auf Kevin gerichtet. Mit einem verächtlichen Lächeln (= Fremdherabsetzung) grinst er Kevin an.

Dieser entgegnet mit gehaltenem Blick:
»Guck weg, sonst knallt's!«
»Wollen wir doch mal sehen!« Mit diesen Worten erhebt sich Hassan von seinem Stuhl (= Selbsterhöhung durch Aufrichtung), wirft sich in seine Brust (= Selbsterhöhung durch Expansion), starrt den hereingekommenen Gegner weiter an (= Fremdherabsetzung durch invasives Blickverhalten), legt den Kopf leicht in den Nacken (= Selbsterhöhung durch Aufrichten) und geht langsam auf den Kontrahenten zu (= Fremdherabsetzung durch Invasion).

Mit gegenseitigen verbalen Beleidigungen kommen sich die beiden Kontrahenten näher und heften dabei ununterbrochen die Blicke aufeinander. Im Abstand von nur zehn Zentimetern bleiben sie voreinander stehen. Beide sind weit in das gegnerische Territorium eingedrungen. Dadurch signalisieren sie einander nicht nur Angstlosigkeit und Entschlossenheit, sondern versuchen gleichzeitig, den Gegner einzuschüchtern. Da jedoch beide Kontrahenten gleichermaßen das Mittel territorialer Verletzungen anwenden, wird diese Waffe der Angriffsstrategie stumpf: Die beiden Jugendlichen befinden sich in einer Pattsituation, weil niemand klein beigibt.

Um diese Pattsituation aufzuheben, sind weitere Eskalationsstufen in dem Konflikt unvermeidlich: Der Abstand zwischen Hassan und Kevin wird weiter verringert. Es kommt zu ersten Körperkontakten. Mit den aufgeblasenen Brustkörben (= Expansion als Mittel der Selbsterhöhung) wird gedrückt und geschubst (= Invasion als Mittel der Fremdherabsetzung).

> Sollte sich auch auf dieser Ebene des Drückens mit dem Oberkörper ein Gleichgewicht des Schreckens zwischen den beiden Kampfhähnen einstellen, wird der Körpereinsatz erhöht: Die Arme und Hände werden ins Spiel gebracht. Die Schubser sollen dem Gegner aber nicht nur die eigene Kraft und Kampfbereitschaft beweisen, sondern ihn zusätzlich von seinem Territorium vertreiben. Daher wird derjenige, der vielleicht nur ein paar Zentimeter zurückgedrängt worden ist, unverzüglich versuchen, das verlorene Gelände zurückzuerobern. Denn Verzicht auf Rückeroberung würde heißen, die Statussenkung und damit die eigene Unterlegenheit zu akzeptieren. So werden sich Kevin und Hassan gegenseitig einige Male wegschubsen und dabei ihren Krafteinsatz ständig erhöhen. Wenn wir uns die Bewegungsrichtung der Schubser anschauen, so können wir feststellen, daß der Gegner weggeschubst wird – es soll also Distanz geschaffen werden.

Die Analyse der körpersprachlichen Signale im bisherigen Konfliktverlauf zeigt:

1. Der Gegner soll durch **Signale des Drohens** derart eingeschüchtert werden, daß er aus Angst vor einem Kampf und den damit verbundenen Verletzungen kapituliert:
- laute Stimme
- gehaltener Blick
- Muskelspiel
- aufgeblasener Körper
- aufrechte Haltung

2. Parallel dazu soll der Gegner durch **symbolische Verletzungen** geschwächt werden:
- Beleidigungen
- bohrender Blick

- verächtliche Stimme
- invasives Verhalten
- Vertreibungen durch Schubser

Wir bezeichnen die geschilderten Verletzungen deshalb als symbolhaft, weil ein bohrender Blick, ein verächtliches Lächeln oder eine territoriale Vertreibung nur aus einem Grund weh tun: Wir messen ihnen symbolische Bedeutung zu. Die Angriffe gelten eher der »Ehre« des Gegners als dessen Körper. Ihre einschüchternde Wirkung besteht darin, daß sie auf die möglichen ernsthaften Verletzungen während eines tatsächlichen Kampfes verweisen.

Alleiniges Ziel aller körperlichen Angriffe und Gegenangriffe von Kevin und Hassan ist es bis zu diesem Stadium des Konflikts, den Gegner zur kampflosen Unterwerfung zu zwingen. Jeder von beiden will kampflos der Boß werden. Erst wenn diese Methoden der körpersprachlichen Abschreckung und der symbolischen Verletzungen ausgeschöpft sind, kommt es zu einem tatsächlichen Kampf mit dem Einsatz direkt verletzender Mittel. Die Schwelle vom **körpersprachlich-symbolhaften Kampf** zum **körperlich-realen Kampf** wird überschritten.

Körpersprachlich-symbolische Kämpfe

In jeder Phase des bisher rein körpersprachlich-symbolhaft verlaufenen Kampfes bestand für beide Jugendlichen die Möglichkeit der Vermeidung einer weiteren Zuspitzung:

- Hätte Kevin gleich zu Beginn des Konflikts seinen Blick abgewendet, als Hassan ihn abschätzend musterte, wäre es zu keinen weiteren Eskalationen gekommen.
- Hätte Hassan relativ frühzeitig erkannt, daß Kevin ihm gewachsen ist, hätte er zurückweichen können, als dieser sich

ihm näherte. Mit Hilfe weiterer Signale der Besänftigung (z. B. Blicksenken, devote Haltung, verbale Deeskalation) wäre Hassan weitgehend ungeschoren aus dem Konflikt herausgekommen.
- Würde Kevin während der Phase des Schubsens die Entschlossenheit und körperliche Ebenbürtigkeit seines Gegners spüren, könnte er durch Überlassen des eroberten Territoriums, also durch Verzicht auf Re-Invasion, den eigenen Status durch Rückzug senken und dadurch die Überlegenheit Hassans anerkennen.

Auch wenn wir bei den Kämpfen zwischen männlichen Kindern und Jugendlichen eine zunehmende Brutalisierung zu erkennen glauben, so müssen wir doch zugestehen, daß nur in einem Bruchteil ihrer Konflikte die Grenze hin zu einem tatsächlichen körperlichen Kampf überschritten wird. In über 90 Prozent der Auseinandersetzungen werden durch einseitige, frühzeitige und symbolische Unterwerfungen weitere Eskalationen vermieden. Einer der beiden Kontrahenten gibt während einer der vorgestellten Konfliktphasen klein bei und trägt durch seine Demutsgesten zur vorzeitigen Beilegung des Konflikts bei. Diese körpersprachliche Statussenkung zur Vermeidung von Verletzungen kann aus zwei Gründen erfolgen:

1. Die sich ergebende Person fühlt sich tatsächlich körperlich unterlegen und handelt aus Angst.
2. Die sich ergebende Person vollzieht die Besänftigung taktisch und handelt aus Besonnenheit: Der Klügere gibt nach.

Die Forscherin Jane Goodall untersuchte eingehend das Verhalten von Primaten und stellte fest: Auch die Rangordnungskämpfe bei Schimpansen werden überwiegend körpersprachlich-symbolisch und nur selten direkt körperlich geregelt. Die Mehrzahl der Streitigkeiten um Dominanz wird entschieden, ohne daß es zwischen den Schimpansen zu gewalttätigen Auseinandersetzungen oder gar Verletzungen kommt. Drohsignale in Verbindung mit dreistem und selbstsicherem Auftreten von Alpha-Tieren reichen in der Regel aus, mögliche Rivalen von der  Sinnlosigkeit eines Kampfs zu überzeugen und diese abzuschrecken.

Der psychologische Faktor eines unerschrockenen, aggressiven und furchterregenden Auftretens spielt auch zwischen männlichen Jugendlichen die zentrale Rolle für die Errichtung oder Bekräftigung von Hierarchien. Jede Erzieherin, aber auch jeder Lehrer oder Sozialarbeiter beobachtet täglich Dutzende derartiger ritueller Kämpfe zwischen meist männlichen Kindern oder Jugendlichen, die einen unblutigen Verlauf nehmen und nach den oben skizzierten ungeschriebenen Gesetzen von Dominanz und  Unterwerfung auf rein körpersprachlicher Ebene entschieden werden. Ein stillschweigend anerkanntes Regelwerk untersagt es dann dem siegreichen Kontrahenten, einem unterlegenen Gegner weitere ernsthafte Verletzungen zuzufügen. Lediglich einige kleine – die Hierarchie bekräftigende – symbolische Nachsetzer sind erlaubt. Jede weitergehende Verletzung eines kapitulierenden Kontrahenten kann sogar statussenkend sein: »An wehrlosen und schwächeren Gegnern darf man sich nicht  vergreifen.« Dieser Leitsatz fungiert als eine Art Ehrenkodex zwischen männlichen Jugendlichen.

Daraus abgeleitet gilt auch der Kodex: »Ein Junge darf sich nicht an einem Mädchen vergreifen.« Denn nach männlicher

Logik ist das weibliche Geschlecht per Definition »schwach«. Frauen gilt es zu beschützen, nicht zu verletzen.

Soweit Anspruch und Theorie. Doch die Praxis sieht häufig anders aus:

- Zwar hat sich, quantitativ betrachtet, seit 1998 die Jugendgewalt leicht rückläufig entwickelt, doch die Jugendforscher stellen eine qualitative Veränderung männlichen Konfliktverhaltens fest – die Auseinandersetzungen werden brutaler. Auf am Boden liegende Kontrahenten wird teilweise weiter eingeschlagen. Der oben beschriebene Ehrenkodex greift in diesen Fällen nicht mehr. Der geschlagene Gegner wird nicht geschont, sondern soll besiegt und vernichtet werden.
- Der Ehrenkodex, nach dem es Männern untersagt ist, Konflikte mit Mädchen und Frauen körperlich zu auszutragen, bezieht sich nur auf den öffentlichen Raum. In den eigenen vier Wänden sind gewaltsame Übergriffe auf Frauen leider noch immer an der Tagesordnung. Gewalttätigkeiten gegenüber Frauen werden allerdings von den betreffenden Männern vertuscht oder bagatellisiert: »Mir ist die Hand ausgerutscht ...«

»Alles nur ein Spiel?«

Kehren wir zurück in die Disko: Wir haben zu Anfang unseres Beispiels betont, daß es sich bei der Beschreibung des Konflikts zwischen Kevin und Hassan um den typischen Verlauf eines rituell-symbolhaften Kampfes handelt. Die Eskalation des Streits folgte eine Art »Schema«, bei dem auf jeder Stufe eine neue Intensität der eingesetzten körpersprachlichen Mittel zu beobachten war:

1. Drohen und Verletzen mittels visueller Signale
2. Aufblasen und Aufrichten (Expansion und Vergrößerung) zwecks Abschreckung
3. Räumliche Annäherung als erste Stufe territorialer Invasion
4. Schubser als zweite Stufe territorialer Invasion (Übergriffe)

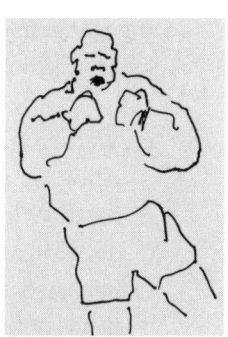

Dieser Phasenverlauf eines körpersprachlichen Konflikts mit dem Ziel der Hierarchisierung bei gleichzeitiger Kampfvermeidung wird in der Mehrzahl der Konflikte nahezu akribisch genau eingehalten. Das Befolgen dieser ritualisierten Form bedeutet, daß ein Konflikt für alle beteiligten Kontrahenten berechenbar bleibt. Das Verletzungsrisiko ist zu jeder Phase des symbolischen Kampfes kalkulierbar, und somit bleibt ein verletzungsfreier Ausstieg für jede Konfliktpartei jederzeit möglich.

Manchmal scheint es sogar, als würden die Gegner diese ritualisierten Phasen des Streits bewußt in die Länge ziehen, um nach weiteren Möglichkeiten der Kampfvermeidung zu suchen. Wenn beispielsweise Freunde, mutige Passanten, Lehrer oder Sozialarbeiter in einem Konflikt einschreiten, bevor die Grenze hin zum tatsächlichen Kampf überschritten ist, bestehen große Chancen, den Streit durch diese Intervention von außen leicht und schnell zu beenden. Die Kampfhähne sind oft sogar dankbar für derartige Eingriffe, denn sie ermöglichen ihnen in einer Pattsituation eine Kampfvermeidung ohne Gesichtsverlust.

Aber selbstverständlich gibt es auch Konfliktverläufe, die nicht dem oben skizzierten ritualisierten Ablauf körpersprachlicher Eskalationsstufen entsprechen. Scheinbar aus dem Nichts kommt es zu heftigen Remplern oder in Ausnahmefällen sogar zu sofortigen Schlägen, ohne daß von außen erkennbare symbolisch-ritualisierte Kämpfe auf der körpersprachlichen Ebene vorangegangen waren. Für diese Form des Überspringens »klassischer« Eskalationsstufen gibt es in der Regel zwei Ursachen:

1. Werden ritualisierte oder auch tatsächliche Kämpfe durch Abbruch oder durch Intervention von außen beendet, so ist das Problem nicht gelöst. Die Kampfhähne trennen sich, aber der Konflikt ist nur vertagt. Wenn die beiden Parteien bei der nächsten Gelegenheit aufeinandertreffen, kann es sein, daß der Konflikt genau an dem Punkt ansetzt, an dem er beim letzten Zusammentreffen abgebrochen wurde. Symbolische Kampfphasen müssen dann nicht erneut von vorne durchlaufen werden. Für Beobachter des aktuellen Konflikts mag sich die Heftigkeit der plötzlichen Eskalation nicht erschließen – für die beiden Parteien ist die plötzliche Explosion vor dem Hintergrund vergangener abgebrochener Kämpfe jedoch logisch.
2. Wer in einem Streit einen überraschenden und verletzenden Erstschlag landen kann, befindet sich im Vorteil. Das unerwartete Überspringen symbolischer Kampfeshandlungen beweist dem Kontrahenten nicht nur die eigene besondere Brutalität und Unerschrockenheit, sondern kann kampfentscheidend sein: Wer ohne Ankündigung einen heftigen Schlag ins Gesicht des Gegners landet, kann diesen besiegen, ohne daß er auch nur im geringsten zu einem Gegenschlag in der Lage wäre. Ein derartiger Angriff vermag einen Konflikt innerhalb von Sekunden zu entscheiden. Aus der Sicht des Täters gibt es für diese Art von Angriff eine einfache Rechtfertigung: Er deklariert den eigenen Angriff als präventiven Erstschlag. Legitimiert wird diese »angreifende Verteidigung« aus einer Opferhaltung heraus: »Der wollte Streit. Da habe ich zuerst reagiert und …« Im Irak-Krieg nannten die USA diese Art von Angriffskrieg offiziell eine »präventiv angreifende Verteidigung«.

Konflikte, die nach diesem Schema verlaufen, bergen die Gefahr einer explosionsartigen Eskalation in sich – im Kleinen wie im Großen.

Real-körperliche Kämpfe

Beobachten wir noch einmal Kevin und Hassan: Was geschieht, wenn alle Mittel des symbolischen Kampfes bis hin zu Schubsern ausgeschöpft sind und entgegen der statistischen Wahrscheinlichkeit keiner der Kontrahenten durch Signale der Statussenkung kapituliert? Dann befinden sich die beiden Kampfhähne an der Schwelle zu einer neuen Dimension ihres Konflikts. Denn Kevin und Hassan erkennen, daß niemand dem anderen auf der rituellen Kampfebene des Drohens, Abschreckens und symbolischen Verletzens signifikant überlegen ist. Den beiden Kontrahenten bleiben zwei Optionen: Entweder sie finden einen Ausweg, der eine Vertagung des Konflikts ohne Verletzungen und Gesichtsverlust ermöglicht (z. B. durch 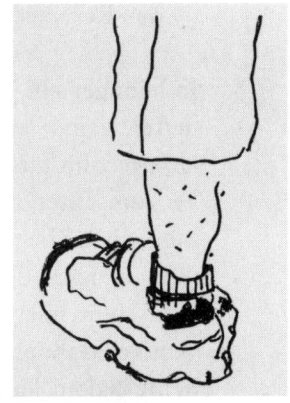 Intervention von außen), oder sie überspringen die Grenze hin zur körperlichen Auseinandersetzung und kämpfen real gegeneinander. Dann allerdings verändern sich auch die Bedingungen des Kampfes:

- Der real-körperliche Kampf unterscheidet sich von dem körpersprachlich-symbolhaften Kampf dadurch, daß die Verletzungen, mit denen sich die Kontrahenten gegenseitig schwächen wollen, physischer Natur sind. Schläge, Tritte, Würger, Hebel oder gar Stiche sollen einen so großen reellen körperlichen Schmerz beim Kontrahenten erzeugen, daß dieser zur

Aufgabe gezwungen wird. Die Angriffe gelten nicht mehr der Ehre, sondern dem Körper des Gegners.
- Eine Deeskalation durch Signale der Besänftigung und Beschwichtigung des unterlegenen Kontrahenten ist nicht mehr ohne weiteres möglich. Das Sich-Ergeben der besiegten Person führt nicht dazu, daß die Verletzungen durch den Sieger unmittelbar eingestellt werden. Es kommt trotz einseitiger Kapitulation häufig zu weiteren Übergriffen seitens des siegreichen Konfliktgegners.
- In einem realen Kampf findet eine Motiv-Verschiebung statt: Es geht nicht mehr um die Freundin, die Beleidigung oder den Rempler, sondern nur noch um den Sieg.

Je häufiger ein Jugendlicher in einen körpersprachlich-symbolhaften Kampf verwickelt ist, desto größer ist das Risiko, daß die Grenze zum tatsächlichen Kampf überschritten wird und er dabei zum Täter, aber auch zum Opfer einer gewalttätigen Handlung wird. Hier bestätigt sich die Statistik, nach der die Haupttäter gleichzeitig die Hauptopfer von Gewalt sind. Im Umkehrschluß gilt: Wer sich aus symbolhaften Kämpfen durch präventive Maßnahmen oder frühzeitige Deeskalation weitgehend heraushalten kann, läuft kaum Gefahr, zum Täter oder Opfer von Gewalt zu werden.

Ganzer Kerl oder halbe Portion?

Fragen Sie einmal die Männer aus Ihrem Freundes- und Bekanntenkreis, wie oft sie in einen dieser Konflikte verstrickt waren, in denen die oben markierte Grenze hin zum realen Kampf überschritten wurde. Sie werden, wenn Sie Männer aus der Mittelschicht befragen, zu erstaunlichen Ergebnissen kommen: fast niemand! Die meisten von ihren Freunden und Bekannten haben sich noch nie oder höchstens äußerst selten richtig geprügelt. Eine aktuelle Befragung von männlichen Gymnasiasten der Oberstufe kommt zu den gleichen Ergebnissen: Konflikte werden üblicherweise mit scharfer Zunge statt mit Fäusten geregelt. Eine körperliche Konfliktaustragung kann im Gegenteil für einen Oberstufenschüler sogar statussenkend sein. Wenn Sie sich die körpersprachlichen Verhaltensweisen von Gymnasiasten einer Oberstufe genauer anschauen, werden Sie entdecken, daß diese ein deutlich abgeschwächteres männliches Imponiergehabe zeigen  und weniger fossile Drohgebärden äußern als beispielsweise Hauptschüler.

Bei der oben zitierten Statistik, nach der rund 70 Prozent unserer Kinder und Jugendlichen nie mit Gewalt in Verbindung kommen, müßte man diese Zahl für Gymnasiasten wahrscheinlich wesentlich höher ansetzen und für Hauptschüler entsprechend absenken. Denn körperliche Gewalt ist noch immer ein schichtenspezifisches Problem.

Um diese bildungs- und schichtenspezifischen Unterschiede der körperlichen Austragung von Konflikten zu erklären, müssen wir tiefer in die Welt des Mannes eintauchen und mit Herbert Grönemeyer fragen: »Wann ist ein Mann ein Mann?«

Der Anthropologe David Gilmore gibt in seinem Buch *Mythos Mann* eine plausible Antwort. Er schreibt, daß ein Mann traditionell drei Hauptfunktionen zu erfüllen hat: Nachwuchs erzeugen, die Familie ernähren und die Gemeinschaft vor Feinden schützen. Der Mann ist also Erzeuger, Ernährer und Beschützer. Aus diesen drei Funktionen lassen sich mühelos diejenigen Fähigkeiten und Fertigkeiten ableiten, die Männer traditionellerweise aufweisen müssen, um als »ganze Kerle« anerkannt zu sein:

- Ein Mann muß **potent** sein. Schauen Sie sich die Körpersprache von Männern unter dem Aspekt der Symbolisierung von Potenz an: Das männliche Imponiergehabe zeigt zahlreiche offene oder versteckte Anspielungen auf das männliche Geschlechtsteil (Phallus-Symbolik).
- Ein Mann muß **stark** sein. Männliche Körperkraft verweist nicht nur auf die Potenz des Mannes, sondern sie bildet darüber hinaus die Voraussetzung für seine Fähigkeit, sich und die Seinen ernähren und beschützen zu können.
- Ein Mann muß risikobereit und **mutig** sein. Denn nur wer mutig ist, kann bei Gefahr für die Familie oder die Gemeinschaft die Rolle des Beschützers übernehmen. Riskante Sportarten, kriminelle Akte, Mutproben oder auch Kämpfe stellen den Mut eines Mannes unter Beweis.
- Ein Mann muß **durchsetzungsfähig** und **hart** sein. Nur wer sich mit einer gesunden Portion Aggressivität und Härte gegen Konkurrenten oder Feinde zu behaupten vermag, kann sich und die Seinen ernähren und beschützen.

Wer denkt bei den scheinbar zeitlosen Leitbildern von Männlichkeit wie Potenz, Stärke, Mut, Durchsetzungsvermögen, Härte und Risikobereitschaft nicht automatisch an muskelbepackte Männer, die ihre Kraft und ihren Waschbrettbauch demonstrativ zur Schau stellen? Und doch, so scheint es, ist diese Sorte Mann ein geschichtliches Auslaufmodell:

- Die Biologie belegt: Die Muskelkraft eines Mannes sagt nicht das geringste über dessen Potenz aus. Ein aufgeblasener Macho ist statistisch gesehen keineswegs potenter als ein kleiner »Waschlappen«.
- Die Praxis zeigt: In unserer Gesellschaft kann der schmächtige Büroangestellte in sicherer Position seine Familie besser ernähren als der muskelbepackte – aber arbeitslose – Macho.

Nur noch für die allerwenigsten Berufe stellt überlegene Körperkraft einen unmittelbaren Vorteil dar.

- Bei Gefahr gilt: Sollte dieser schmächtige Mann oder seine Familie einmal angegriffen werden, eilen ihm und den Seinen Polizei, Justiz und sogar Militär zu Hilfe. Denn auch die Funktion des Beschützens wird heutzutage an professionelle »Krieger« delegiert, die für ihre Beschützeraufgaben eher Intelligenz als Muskelkraft benötigen.

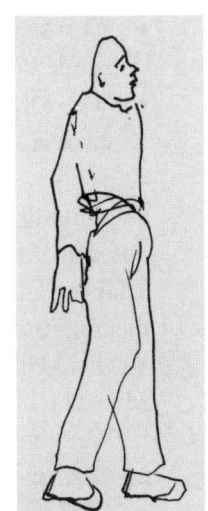

Der Mann, der seine Männlichkeit und die daraus abgeleiteten Funktionen als Erzeuger, Ernährer und Beschützer mittels Muskeln realisieren will, hat in unserer Gesellschaft daher einen schweren Stand. Er ist anderen Männern, die ihr Köpfchen statt ihre Muskeln trainiert haben, bei der Partnerwahl und auch im Berufsleben hoffnungslos unterlegen.

Das bedeutet jedoch nicht, daß Männer ihre Funktionen als Erzeuger, Ernährer und Beschützer generell verloren hätten. Sie müssen sie, wollen sie konkurrenzfähig bleiben, lediglich zeitgemäßer interpretieren:

- Wer in unserer Gesellschaft beruflich erfolgreich sein will, muß sich gegen Konkurrenten behaupten können. Dazu bedarf es eines hohen Maßes an Durchsetzungsvermögen.
- Im harten Business müssen harte Entscheidungen getroffen werden. Dazu ist eine mentale Kraft erforderlich.
- Bisweilen müssen risikoreiche Geschäfte getätigt werden. Unternehmerische Risikobereitschaft erfordert Mut.
- Wer sich in unserer Ellenbogengesellschaft nach oben durchboxen will, benötigt Beharrlichkeit, Ausdauer und Stärke.

- Wer Mitbewerber aus dem Feld schlagen will, muß eine gesunde Portion Aggressivität an den Tag legen.
- Wer erfolgreich sein will, muß belastbar sein und braucht dazu einen belastbaren und durchtrainierten Körper.

Die »fossilen« Leitbilder von Männlichkeit sind also keineswegs auf dem Müllhaufen der Geschichte entsorgt worden, sondern erfahren lediglich eine Neudefinition: Ihre Realisierung verlangt mentale Stärke statt Körperkraft, geistige und körperliche Beweglichkeit statt Körperpanzer und vor allem Intelligenz statt Muskeln.

Wer diese Fähigkeiten und Fertigkeiten entwickelt hat und im Berufsleben gezielt einzusetzen vermag, der wird mit Erfolg und Geld belohnt. Und wer Geld hat, der kann damit nicht nur seine Familie gut ernähren, sondern sich und die Seinen dadurch vor Gefahren schützen, daß er in bessere Wohngegenden zieht und sich höhere Zäune, abgelegenere Villen, sicherere Autos und im Zweifelsfall auch die besseren Anwälte leistet. Fakt ist auch, daß der berufliche Erfolg eines Mannes ein zentrales Kriterium vieler Frauen bei der Wahl ihres Partners ist: Erfolg macht nicht unbedingt sexy, aber attraktiv!

»Was Hänschen nicht lernt ...«

Die notwendigen emotionalen und intellektuellen Fertigkeiten, die für die zeitgemäße Realisierung von Männlichkeit notwendig sind, sind lernbar. Bildung beginnt bereits in der Wiege. Bis zum Eintritt in die Schule werden den Kindern von ihren Eltern die wichtigsten Grundlagen vermittelt, die für eine erfolgreiche Schullaufbahn notwendig sind.

Doch die Pisa-Studie beweist: Wer in der frühen Kindheit soziale Benachteiligung erfährt, wird bereits in der Grundschule von der gebildeteren Konkurrenz abgehängt und kann diesen Abstand kaum aufholen. Das schlägt sich später im aussichtslosen Kampf um die knappen Jobs nieder. Und nicht nur von anderen männlichen Jugendlichen werden die marginalisierten jungen Männer überrundet: Auch ein großer Teil des ehemals »schwachen Geschlechts« befindet sich auf der Überholspur des Lebens. Mädchen schicken sich an, gegenüber denjenigen Jungen »das Rennen zu machen«, denen auf Grund persönlicher oder sozialer Benachteiligung die Puste ausgeht. Wie statistische Untersuchungen belegen, bröckelt der Mythos vom »starken Geschlecht«:

- Jungen sind häufiger krank als Mädchen.
- Jungen haben größere psychische Probleme als Mädchen.
- Jungen fehlen häufig grundlegende kommunikative Fähigkeiten.
- Die schulischen Leistungen von Jungen sind – von einigen Fächern abgesehen – schlechter als die ihrer Altersgenossinnen.
- Jungen bleiben doppelt so häufig sitzen.
- Ihre emotionale Intelligenz ist deutlich geringer entwickelt als die ihrer Schulkameradinnen.
- Die Suizidrate von Jungen ist etwa achtmal höher als die der Mädchen.
- Die Frauenquote unter Abiturienten und Studenten hat die 50-Prozent-Marke überschritten.

Kein Wunder also, so führen Soziologen an, daß der Teil der männlichen Jugendlichen, dem wegen der übermächtigen Konkurrenz beiderlei Geschlechts die Aussicht auf Erfolg verwehrt ist, auf den eigenen Körper als Ort der Symbolisierung überlegener Männlichkeit zurückgreift: Die Jugendlichen der unteren Schichten, die im Kampf um knappe Arbeitsplätze anderen Jungen oder auch Mädchen zu unterliegen drohen, fixieren sich auf jenen Bereich, in dem die männliche Überlegenheit noch funktioniert: Körperkraft. Der gestählte, zur Schau gestellte Männerkörper wird in Ermangelung anderer Möglichkeiten zur wichtigsten Ressource männlicher Dominanz. Die Körpersprache dieser marginalisierten Jugendlichen strotzt nur so von traditionellem Imponiergehabe und Drohgebärden. Auch ihre zunehmende Gewaltbereitschaft verweist auf eine wenig zeitgemäße Auslegung und Realisierung der Leitbilder von Männlichkeit: Die Frage von Durchsetzungsvermögen, Mut und Stärke wird in Kategorien von Alkoholverträglichkeit, Muskeln, krimineller Energie und Kampferfahrung bemessen. Um seinen Körper zu trainieren und zu stählen und auf dem Gebiet des Kampfes Überlegenheit zu demonstrieren, dazu bedarf es keines gebildeten Elternhauses, keiner guten Noten, keiner sprachlichen Gewandtheit und keiner emotionalen oder rationalen Intelligenz. Ein Körper läßt sich – im Gegensatz zum Intellekt – notfalls auch ohne fremde und professionelle Hilfe individuell »bilden«. Kein Wunder also, daß Body-Building-Zentren und Kampfsportvereine wie Pilze aus der Erde schießen. In den Köpfen dieser Jugendlichen gilt: Die Feuertaufe für »wirkliche Männlichkeit« und »wahres Heldentum« ist immer noch der »ehrliche Kampf Mann gegen Mann«. Denn »im richtigen Leben« – so die Überhöhung und Verklärung des Wohnviertels – ist der durchtrainierte und muskelbepackte Macho jedem »warmduschenden« Gymnasiasten und jeder »Zicke« haushoch überlegen.

Körpersprache als Peilgerät

Das Wiedererstarken eines aufgeblasenen Körperkults und einer erhöhten Gewaltbereitschaft bei einigen der jungen Männer ist eine Art »Aufstand fossiler Männlichkeit«. Das Macho-Verhalten ist ein Verteidigungs- und Abwehrkampf: Marginalisierte Jugendliche und junge Männer kämpfen verzweifelt gegen die materielle und vor allem ideelle Erosion eines traditionellen männlichen Überlegenheitskonstrukts. Die zwanghafte Darstellung von männlicher Überlegenheit mittels Drohgebärden, Imponiergehabe und muskulärer Stärke fungiert für diese Jugendlichen als maskuline Selbstbestätigung, die ihnen kurzzeitig das Gefühl von Selbstwert und Überlegenheit vermittelt. Kindliche Erfahrungen der Entwertung und gesellschaftlich verweigerte Wertschätzung sollen dadurch kompensiert werden, daß von den Mitmenschen der fehlende Respekt gewaltsam erpreßt wird, indem diese durch martialisches Auftreten eingeschüchtert und verängstigt werden.

An der Bushaltestelle, in der Fußgängerzone, in der S-Bahn, in der Schule oder Diskothek – überall das gleiche Spiel: Weichen die Mitmenschen aus, senken sie den Blick, reduzieren sie ihre Größe oder lassen die Provokationen der martialisch auftretenden Jugendlichen widerspruchs- und widerstandslos über sich ergehen, so deuten diese das als Respekt ihnen gegenüber. Die Tiefstatus-Körpersprache der Mitmenschen wird mißverstanden als Zeichen von Hochachtung. Dabei verwechseln die betreffenden Jugendlichen fälschlicherweise die Angst ihrer Mitmenschen mit Bewunderung. Auch die Nähe, die andere Altersgenossen zu ihnen suchen, mißverstehen sie als Respekt. Die Suche nach Nähe zu den »Alpha-Männchen« geschieht weni-

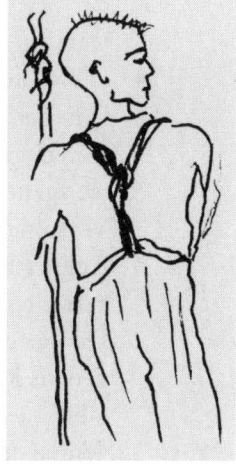

ger aus Zuneigung als aus Ehr**furcht** und Angst vor Übergriffen und dient primär der Besänftigung – wer mit einem gewaltbereiten Jugendlichen gut Freund ist, dem droht von diesem weniger Gefahr.

Vor dem Hintergrund dieser Thesen und Überlegungen wird deutlich, warum marginalisierte Jugendliche derart sensibel auf die Hochstatus-Körpersprache anderer männlicher Personen reagieren:

- Körpersprachliches Hochstatus-Verhalten anderer wird von marginalisierten Jugendlichen als verweigerter Respekt ihnen gegenüber empfonden. Verweigerter Respekt wiederum wird erlebt als erneute Kränkung und Verletzung des ohnehin schwachen Selbstwerts und muß mit einem Gegenangriff geahndet werden.
- Körpersprachliches Hochstatus-Verhalten anderer Jugendlicher wird als Angriff auf die eigene Überlegenheit interpretiert. Um das Selbstwertgefühl, das an den Mythos eigener Überlegenheit gekoppelt ist, zu heben, wird der Konkurrent entwertet. Dessen Verletzung dient der eigenen Heilung. Mit der Statussenkung des Konkurrenten wird die Illusion der Überlegenheit genährt.
- Die ständige Suche nach Beweisen für die eigene Überlegenheit basiert auf dem Gefühl mangelnden Selbstwerts und Unterlegenheit. Wer unter einem unterentwickelten Selbstwertgefühl leidet, der hat eine erhöhte Tendenz, Hochstatus-Verhaltensweisen anderer Menschen als respektlos und als Angriff auf das eigene Selbstwertgefühl zu empfinden. Der betreffende Jugendliche ist ständig darauf bedacht, durch die Entwertung anderer sich selbst aufzuwerten. Konflikte werden als Möglichkeit eigener Aufwertung aktiv gesucht. Dabei gibt es eine Gesetzmäßigkeit, die sich mit dem Modell der Wippe erklären läßt: Die subjektive eigene Aufwertung fällt

um so deutlicher aus, je höher der Status des besiegten Kontrahenten ist. Also werden für die eigene Aufwertung möglichst statushohe Gegner zu Kämpfen provoziert. Gewalt findet überwiegend im eigenen Hochstatus-Millieu statt.

Wenn ein Jugendlicher schon die Hochstatus-Körpersprache eines anderen jungen Mannes als verweigerten Respekt und Angriff auf das eigene Selbstwertgefühl empfinden kann, wird die aufgeblasene Körpersprache für alle Beteiligten zu einer Art Peilgerät: Männliche Jugendliche mit einer Hochstatus-Körpersprache suchen und finden sich. Sie sehen einander nicht nur als Provokateure, Konkurrenten und Täter, sondern auch als willkommene Opfer für eigene Aufwertungen. Sie fühlen sich wie Magneten zueinander hingezogen und geraten nahezu zwanghaft und scheinbar automatisch aneinander.

Umgekehrt laufen Jugendliche, die auf Grund individueller oder auch gesellschaftlicher Faktoren über ein entwickeltes Selbstwertgefühl verfügen und dieses nicht an Muskelkraft und die Einschüchterung und Verletzung anderer Personen knüpfen, allein schon durch ihre »unmännlichere« Körpersprache weniger Gefahr, zur Zielscheibe von gewaltsamen Herabsetzungen zu werden. Wer sich nicht aufbläst, stellt keine automatische Provokation für gewaltbereite Jugendliche dar und muß von diesen auch nicht erniedrigt werden.  Wer nicht im aufgeblasenen körpersprachlichen Hochstatus durch die Gegend läuft, wird selten »angepeilt« und provoziert, zumal dessen Erniedrigung keinen Statusgewinn für einen potentiellen Sieger bringt.

»Der Klügere gibt nach!«

Kehren wir zurück in die Disko: Nehmen wir einmal an, daß ein Junge – nennen wir ihn Lars – ein gesundes Selbstbewußtsein hat und seine Männlichkeit dadurch unter Beweis stellen kann, daß er ein intelligenter Schüler und zugleich ein guter Basketballer ist. Lars ist bei seinen Kumpels beliebt und wird von den Mädels begehrt. In Ermangelung von attraktiven Alternativen besucht Lars die gleiche Disko, in der auch Kevin und Hassan verkehren.

Im Gegensatz zu Hassan, der sich mit Kevin in die Haare kriegen wird, kann Lars sich frei und sorglos in der Disko bewegen. Er muß nur darauf achten, daß er nicht allzu dominant auftritt. Bei dem geringsten Anlaß zur Konfrontation mit Jugendlichen wie Kevin oder Hassan tut Lars gut daran, seinen körpersprachlichen Status kurzzeitig zu senken: Er wendet seinen Blick frühzeitig ab, agiert in deren Beisein raumreduziert und spielt sich nicht auf. Er nimmt eine leicht gebückte Haltung ein und läßt kleine Provokationen von Typen wie Kevin oder Hassan unbeantwortet.

Diese Statussenkung fällt Lars nicht schwer, denn schließlich knüpft er sein Selbstwertgefühl nicht daran, körperliche Überlegenheit zu demonstrieren. Weil auch seine Freunde ähnlich denken und fühlen wie er, ist es für Lars leicht, durch körpersprachliche Signale des Tiefstatus einen Streit frühzeitig zu entschärfen, ohne in seiner Bezugsgruppe oder vor sich selbst einen Statusverlust zu erleiden und das Gesicht zu verlieren.

Lars definiert seine Männlichkeit augenscheinlich anders als Kevin und Hassan. Nicht, daß er darauf verzichten würde, die in unserer Gesellschaft gültigen Leitbilder von Männlichkeit wie Durchsetzungsvermögen, Stärke, Mut und Risikobereitschaft zu verwirklichen. Im Gegenteil sieht sich Lars durchaus als »ganzer Kerl«. Aber er beweist seine Männlichkeit dadurch, daß er nicht

»*Der Klügere gibt nach!*«

nur vielseitige intellektuelle Interessen und Fähigkeiten hat, sondern auch körperlich fit ist und im Basketball seinem großen Vorbild Dirk Nowitzki nacheifert. Seine männliche Überlegenheit und seine Coolness stellt Lars in Konflikten mit Typen wie Kevin und Hassan dadurch unter Beweis, daß er einen kühlen Kopf bewahrt und eine Lösung sucht, die den eigenen Interessen gerecht wird – nämlich körperlich unversehrt zu bleiben. Lars zeigt seine Überlegenheit gerade dadurch, daß er die Größe aufbringt, in einem Konflikt – ohne inneren Statusverlust – äußerlich klein beigeben zu können. Er empfindet seine taktische Statussenkung nicht etwa als Niederlage, sondern im Gegenteil als Ausdruck seiner Coolness und Stärke: Der Klügere gibt nach.

Lars hat ein derart starkes Selbstwertgefühl und Selbstbewußtsein, daß er sich durch Beleidigungen und Herabsetzungen von Jugendlichen wie Kevin oder Hassan nicht entwertet fühlt. Im Gegenteil: Innerlich balanciert er die Wippe zu seinen Gunsten aus, indem er sich gedanklich und gefühlsmäßig über die Kontrahenten stellt: »Mein Gott, wie einfach strukturiert sind doch Hassan und Kevin. Auf deren primitive Ebene der Konfliktaustragung laß ich mich nicht herab.« Diese Überheblichkeit darf er äußerlich nicht kommunizieren, sonst setzt es Hiebe. Lars muß seinen inneren Hochstatus vor Kevin und Hassan hinter einer Fassade von körpersprachlichem Tiefstatus verstecken.

Wenn wir jetzt die Herkunft von Lars beleuchten, schließt sich der Kreis: Er ist mit einer hohen Wahrscheinlichkeit in einem Elternhaus aufgewachsen, in dem er eher geliebt, ermuntert und aufgewertet als erniedrigt, gestraft und verletzt wurde. Auch hat Lars seitens seiner Bezugspersonen frühzeitig die emotionale und geistige Förderung und Unterstützung erhalten, die für die kindliche Entwicklung von Intelligenz und sozialer Kompetenz notwendig sind. Folgerichtig besucht Lars das Gymnasium, in

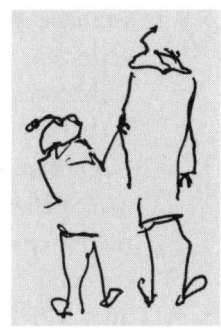

dem er zusätzlich gefördert und gebildet wird. Den Unterricht an dieser Schule erlebt er – im Gegensatz zu Hassan und Kevin – nicht etwa als fortwährende strukturelle Entwertung, sondern als aufwertend: Lars erbringt gute Leistungen und erzielt gute Noten. Von seinen Lehrerinnen und Lehrern bekommt er viel Anerkennung und eine gute Förderung. Lars ist schulisch erfolgreich und festigt auf dieser Basis sein ohnehin gesundes Selbstbewußtsein. Und im Basketballverein ist er ohnehin der »King«.

Dank umfassender Anregungen und Unterstützung von Elternhaus, Schule und Verein hat Lars vielseitige Fähigkeiten, Fertigkeiten und auch Einstellungen entwickeln können, wie Männlichkeit heutzutage interpretiert werden kann, um erfolgreich zu sein: Er ist nicht nur intelligent und gilt als sozial, sondern er weiß sich auch durchzusetzen, ist beharrlich, mental belastbar und mutig. Lars ist innerlich gefestigt und stark.

Spitze Messer, spitze Zungen

Wie regelt Lars seine Konflikte? Geht er ihnen durch Tiefstatus-Handlungen ständig aus dem Weg? Keineswegs! Lars hat durchaus erkannt, wie wirksam die Angriffsstrategie sein kann, wenn es gilt, eigene Interessen gegen die anderer Menschen durchzuboxen. Aber Lars ist schlau; er benutzt innerhalb der Angriffsstrategie Waffen, die die Kontrahenten auf eine Art und Weise verletzen, die in unserer Gesellschaft – im Gegensatz zu Fäusten – akzeptiert sind: Lars verfügt über eine »spitze Zunge« und ist verbal schlagfertig. Mit einigen wenigen Sätzen treibt er seine Gegner in die Enge. Notfalls spickt er seine Argumente mit kleinen Stichen, die seine Kontrahenten subtil verletzen. Lars kann richtig austeilen. Er ist ein Zyniker. Und er weiß auch zu taktieren und zu paktieren. Er schmiedet Koalitionen und verfügt über Möglichkeiten und Tricks, im Notfall auch mal hinter dem

Rücken der Konkurrenten agieren zu können. Da sich Lars' Waffen »im Rahmen der Normalität« bewegen, hat ihm unsere Gesellschaft so etwas wie einen Waffenschein ausgestellt. Lars darf seine verletzenden verbalen Waffen benutzen, ohne Sanktionen zu fürchten. Im Gegenteil: Seine verbale Schlagfertigkeit hilft ihm, seinen Weg zu gehen. Denn auch später, im harten beruflichen Überlebenskampf, sind die Waffen, über die Lars verfügt, nicht etwa verpönt, sondern im Gegenteil hoch angesehen. Sie sind notwendig, um sich gegen Konkurrenten im Kampf um die begehrten Posten durchzusetzen.

Ganz anders Kevin und Hassan: Sie sind mit einer hohen Wahrscheinlichkeit in einem Elternhaus aufgewachsen, in dem Gewalttätigkeiten auf der Tagesordnung standen:

- Fünfzehn Prozent der Hauptschüler geben an, von ihren Eltern mißhandelt worden zu sein.
- Die Arbeitslosigkeit des Partners verdoppelt das Risiko der Frau, von ihm geschlagen und vergewaltigt zu werden.
- Die Arbeitslosigkeit des Vaters verdreifacht das Risiko eines Kindes, von ihm mißhandelt zu werden.

Gewalt kommt von Gewalt. Jugendliche wie Kevin und Hassan haben in ihrer Kindheit mehr Gewalttätigkeiten beobachtet und am eigenen Körper erlebt als Lars. Auch haben sie von den Eltern eine geringere Förderung ihrer emotionalen und rationalen Fähigkeiten und Fertigkeiten erfahren. Mit diesen Defiziten ausgestattet, erleben sie Schule und Unterricht als eine Serie von 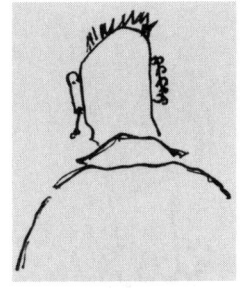 Mißerfolgen. Bereits in der Grundschule können sie mit Lars nicht mithalten. Spätestens nach vier gemeinsamen Jahren mit Lars auf der Schulbank werden Kevin und Hassan »ausgesondert«. Sie werden von ihren erfolgreichen Altersgenossinnen und Altersgenossen getrennt: Schüler wie Lars wechseln auf das Gymnasium, Kevin und Hassan besuchen die Haupt- bzw. Sonderschule. Die soziale Benachteiligung nimmt ihren Lauf.

Die gleiche Gesellschaft, die Lars für seine verletzenden Waffen einen Waffenschein ausstellt, bestraft Kevin, Hassan und ihre Kumpels dafür, daß sie ihre Konflikte mit Fäusten regeln: Es prasselt Anzeigen wegen Körperverletzung.

Mädchen rüsten nach

Zu Beginn dieses Kapitels haben wir den Kriminologen Christian Pfeiffer mit seiner Aussage zitiert: »Gewalt hat ein Geschlecht!« Aber diese Feststellung, die statistisch hinreichend belegt ist, bedeutet keineswegs, daß nicht auch Mädchen und Frauen in ihren Konflikten entwertend, verletzend und somit gewaltsam vorgehen. Allerdings, und hier liegt noch immer ein Unterschied zu den Jungen und Männern, greifen Frauen eher zu verbalen und verdeckten Waffen wie Mobbing, Ausgrenzen, Beleidigungen, Intrigen, üblen Nachreden, Zynismus oder Sarkasmus.

Auch Mädchen und Frauen verwenden die Angriffsstrategie, wenn es gilt, sich selbst auf Kosten anderer aufzuwerten oder eigene Interessen gegen die anderer durchzusetzen. Auch ihre Mittel sind verletzend, selbst wenn sie auf subtilere Formen der Gewaltanwendung zurückgreifen. Die Gewalt von Mädchen und Frauen zielt eher auf die Verletzung der Psyche als auf die Verletzung des Körpers der jeweiligen Gegner ab.

Wenn wir in Kindergärten oder Schulen auf die Körpersprache von Mädchen oder jungen Frauen achten, können wir feststellen, daß auch in deren Konflikten die nonverbalen Signale des Drohens, Abschreckens und Verletzens durchaus weit verbreitet sind. Aggressive Körpersprache ist nicht männlich, sondern wird als flankierende Maßnahme für »schlagkräftige« Argumente auch von Mädchen und Frauen verwendet: Da werden böse Blicke geworfen, territoriale Grenzen überschritten und laute Stimmen eingesetzt. Da wird aggressiv gestikuliert, verächtlich gelächelt, hämisch gelacht, visuell ignoriert oder mit dem aufgerichteten Körper gedroht. Allerdings, und darauf bezieht sich die Aussage des Kriminologen Christian Pfeiffer, wird die Schwelle vom symbolhaft-rituellen hin zum körperlichen Kampf von Mädchen und Frauen statistisch gesehen seltener überschritten als von Jungen und Männern.

Aber selbst auf diesem Gebiet der Konfliktaustragung, dem Kampf mit dem Ziel, dem Gegner körperliche Verletzungen zuzufügen, rüstet das weibliche Geschlecht nach: Die Zahl der Mädchen und Frauen, die in eskalierten Konfliktsituationen körperliche Gewalt anwenden, ist in den letzten Jahren sprunghaft angestiegen. Körperliche Gewalt als Mittel der Konfliktaustragung wird in Mädchenkreisen zunehmend »salonfähig«. Und auch in Sachen Brutalität stehen diese gewaltbereiten Mädchen und jungen Frauen ihren männlichen Altersgenossen in nichts mehr nach: Wird die Schwelle hin zur körperlichen Gewaltanwendung erst einmal überschritten, kann es auch bei ihnen zu derart massiven Verletzungen kommen, daß die  unterlegenen Kontrahentinnen – und manchmal auch Kontrahenten – ärztlich behandelt werden müssen.

Körperliche Gewalt ist folglich nur in soweit »männlich«, als es statistisch gesehen noch überwiegend Jungen und Männer sind, die auf dieses Mittel der Konfliktaustragung zurückgreifen.

»Bitte tu mir nichts!«
Wegducken oder aufmucken?

Angesichts eines Männerbildes, das Durchsetzungsvermögen, Stärke und Mut verlangt, wirken Männer im körpersprachlichen Tiefstatus lachhaft. Die größte Beleidigung, die sich Buben und Jugendliche wechselseitig an den Kopf werfen, lautet: »Du bist schwul!« Doch in der Regel besteht diese Herabsetzung des Kontrahenten nicht etwa darin, diesem eine homosexuelle Neigung zu unterstellen. Schwul-Sein fungiert vielmehr als Synonym für Nicht-Mann-Sein. Die eigentliche Botschaft der Beleidigung lautet also: »An deiner Körpersprache und deinem Verhalten erkennen wir, daß du den traditionellen Leitbildern von Männlichkeit nicht entsprichst. Du zeigst keinerlei körpersprachliche Anzeichen männlicher Überlegenheit. Deshalb bist du kein richtiger Mann – also schwul!«

Vor einigen Jahrzehnten, als das öffentliche Bekenntnis zur Homosexualität noch weitgehend tabuisiert war, lautete die Beleidigung für abweichendes männliches Verhalten: »Du benimmst dich weibisch!« Wer als Mann keine Signale der Überlegenheit aussendet, der lief und läuft auch heute noch Gefahr, sich zum Gespött von Männern und Frauen zu machen.

Helden in Not

Es gibt Situationen, in denen selbst die aufgeblasensten Machos den körpersprachlichen Tiefstatus und die »unmännliche« Opferstrategie bemühen, um ihre Interessen zu verfolgen:

Besuchen wir ein Klassenzimmer der neunten Klasse in einer beliebigen Schule, und beobachten wir, wie sich dort die männlichen Draufgänger, also die notorischen Hochstatus-Jugendlichen aus dem letzten Kapitel, verhalten, wenn die Übermacht in einem Konflikt zu groß ist und sie nicht auf ihre gewohnheitsmäßige Angriffsstrategie zurückgreifen können oder wollen.

Nehmen wir einmal an, ihre Lehrerin hat in der letzten Stunde Hausaufgaben in Englisch aufgegeben und betritt nun einen Tag später die Klasse. Nach einer kurzen Begrüßung fordert sie die Schülerinnen und Schüler auf, ihre Hefte herauszuholen und die Hausaufgaben vorzulesen. Unsere männlichen Obermachos haben ihre Hausaufgaben nur unvollständig erledigt und möchten vermeiden, ihre Lücken vor der Klasse und vor allem vor der Lehrerin offenbaren zu müssen. Zwischen der Lehrerin und den betreffenden Schülern besteht demnach ein Interessenwiderspruch: Die Lehrerin möchte, daß die Schüler aktiv werden und ihre Hausaufgaben vortragen, die Schüler möchten passiv bleiben. Sie empfinden die Anforderungen der Lehrerin als Belastung und Angriff.

Was tun diese Jugendlichen, um diesen Angriff zu parieren? Attackieren sie, so wie sie es aus ihrem privaten Alltag gewohnt sind, die Angreiferin mit einem Gegenangriff? Wohl kaum – die Lehrerin sitzt am längeren Hebel und ist zumindest in der Frage der Notengebung und der Verteilung von Lebenschancen nahezu unangreifbar. Folgerichtig verwenden die Jugendlichen angesichts der institutionellen Übermacht ihrer »Feindin« die Opferstrategie: Sie ziehen den Kopf ein, senken den Blick, kramen in ihren Taschen, krümmen ihren Rücken und versuchen, sich

möglichst unsichtbar zu machen. Ihre körperliche Botschaft an die fordernde Lehrerin lautet: »Bitte greifen Sie mich nicht an. Ich bin eigentlich gar nicht hier. Haben Sie Erbarmen, und verschonen Sie mich! Nehmen Sie andere Mitschüler dran, ihre Hausaufgaben vorzulesen.« Die Draufgänger senken ihren kommunikativen Status; sie zeigen sich klein und gänzlich »unmännlich«.

Es ist kein Zufall, daß unsere »wandelnden Truppenparaden« diese Statussenkung auf einem Gebiet vollziehen, das in ihren Augen völlig unwichtig ist: Englisch. Wer braucht schon Englisch, um ein ganzer Kerl zu sein? Auf Nebenschauplätzen des Kampfes erlauben sich selbst die harten Jungs das Zeigen von körpersprachlichem Tiefstatus. Die wahren Schlachten um die überlegene Männlichkeit, so glauben sie, werden auf anderen Schauplätzen geschlagen: auf dem Schulhof oder im Wohnviertel im Kampf gegen rivalisierende Jugendliche.

So, wie die Angriffsstrategie nicht nur von Männern ergriffen wird, so sind auch körpersprachlicher Tiefstatus und die Opferstrategie keinesfalls typische weibliche Verhaltensweisen in Konflikten. Selbst »harte Jungs« greifen auf diese »weichen« Muster von Konfliktbewältigung zurück, wenn es ihnen ratsam erscheint.

Raus aus der Opferrolle!

Eine junge Frau wird auf offener Straße von einem Mann sexuell belästigt; immer wieder drückt der Mann sein Opfer gegen die Häuserwand und begrapscht die Frau. Sie duckt sich, wimmert leise und läßt die Belästigungen nahezu widerstandslos über sich ergehen. Starr vor Angst bringt sie kein Wort des Protestes oder des Ekels über ihre Lippen.

Das leise Wimmern, der gesenkte Blick, der ausbleibende Widerstand angesichts der territorialen Übergriffe und ihre Angststarre sind körpersprachliche Selbstherabsetzungen, die dem Täter signalisieren: »Ich werde mich nicht wehren. Du bist der Überlegene. Bitte tu mir nichts, ich mache alles, was du von mir verlangst.« Die belästigte Frau wählt die Opferstrategie, um damit eigene Konfliktinteressen zu verfolgen: Sie hofft, daß der Täter sich besänftigen läßt, sich von dem Leid der Frau beeindruckt zeigt, Mitleid bekommt und daraufhin die Mißhandlungen einstellt. Sie möchte möglichst unversehrt aus der Gewaltsituation herauskommen.

Es ist unerheblich, ob die Frau aus unserem fiktiven Beispiel die Opferstrategie bewußt ergreift, ob sie sie reflexhaft und unbewußt verwendet oder einfach nur aus Angst erstarrt. Fakt ist, daß sie in dieser Bedrohungssituation strategisch handelt. Was sie vielleicht nicht weiß: Der Rückgriff auf die Opferstrategie ist in derartigen Situationen kontraproduktiv! Zu diesem Ergebnis kommt eine Studie, die bei der Kripo Hannover über angezeigte Fälle von sexueller Nötigung und Vergewaltigung durchgeführt wurde. Das Fazit aus dieser Studie lautet: Selbst eine leichte Gegenwehr führt in drei Viertel aller Fälle zum sofortigen Abbruch einer versuchten Vergewaltigung.

Erklärbar ist die hohe Quote des erfolgreichen Widerstands, wenn man sich die Interessen der männlichen Täter näher anschaut: In den meisten Fällen geht es den Tätern nicht um die sexuelle Befriedigung, sondern um Macht über andere Menschen – in diesem Fall über die Frau. Dabei sind die Täter bestrebt, ihre Macht möglichst risikolos ausüben. Der Widerstand des Opfers durchkreuzt jedoch ihr Interesse und bricht die

Machtkonstellation auf – der Täter muß erkennen, daß er kein leichtes Spiel hat, seine Macht auf Kosten des Opfers durchzusetzen. Im Gegenteil: Der Widerstand des Opfers deutet an, daß der Täter Gefahr läuft, einen hohen Preis für die Ausübung seiner Macht zu zahlen – eigene Verletzungen, das Eingreifen helfender Personen und Sanktionen in Form von Haftstrafen.

Was aber bedeutet Widerstand des Opfers in Nötigungs- oder Vergewaltigungssituationen? Die Studie aus Hannover spricht von leichter Gegenwehr und meint damit nicht etwa Tritte in die Genitalien oder Karateschläge in das Genick des Täters:

- Eine laute und kräftige Stimme fungiert als Drohgebärde und verweist auf die körperliche Kraft der Frau. Zudem schafft die laute Stimme Öffentlichkeit und signalisiert dem Täter, daß er sich in Gefahr begibt, sollte er den Übergriff fortsetzen.
- Ein standgehaltener Blick kommuniziert den festen Willen und das Durchsetzungsvermögen der Frau.
- Abwehrende Bewegungen signalisieren körperliche Kraft und Willensstärke.
- Das körperliche Zurückdrängen des Täters symbolisiert die Kraft und Energie der Frau.
- Eine aufrechte Haltung verweist auf die ungebrochene Haltung, Widerstand leisten zu wollen.

Mit den hier beschriebenen nonverbalen Verhaltensweisen nimmt die Frau vor allem Erhöhungen des eigenen Status vor. Die Handlungen verweisen auf die innere Haltung der Frau, sich nicht zum willfährigen Opfer des Täters machen zu wollen. In Selbstbehauptungstrainings für Frauen wird diese innere wie äußere Haltung der Selbsterhöhung geübt; Mittel der Fremdherabsetzung des Täters (z. B. Schläge oder Tritte) ergänzen die Trainings, sind jedoch nicht zentraler oder gar einziger Bestandteil der Kurse. Denn die Hauptwaffe gegen Übergriffe ist nicht der mühsam eingeübte Tritt in die Weichteile, sondern die innere Einstellung der bedrohten Personen, sich vom Täter nicht in die Opferrolle drängen zu lassen. Diese aufrechte innere Haltung vermittelt sich dem Täter über die entschiedene und entschlossene Körpersprache der Frau.

So ratsam es in manchen Fällen auch erscheinen mag, die Opferstrategie zum Selbstschutz zu ergreifen – in der beschriebenen Bedrohungssituation ist diese Strategie der Besänftigung statistisch gesehen kontraproduktiv.

Präventive Besänftigung

Besuchen wir die achte Klasse einer großen Gesamtschule, und beobachten wir die Schülerinnen und Schüler während der Pause. Zwei oder drei von ihnen äußern eine Körpersprache, die auf einen gewohnheitsmäßigen Tiefstatus hindeutet. Ihre innere Haltung, Konflikten aus dem Weg zu gehen und sich bei drohenden Konfrontationen in den Opferstatus zu begeben, ist ihnen bereits zur Gewohnheit geworden: Die Haltung ist ständig leicht gebückt, sie sprechen generell mit sehr leiser Stimme und senken ihre Köpfe. Mit ihrer Haltung und den fahrigen Bewegungen nehmen sie wenig Raum ein. Sie wirken spannungslos und reagieren mit flüchtendem Blickverhalten und einem unsicheren Lächeln, sobald sie in Situationen geraten, in denen ihnen von Mitschülerinnen und Mitschülern Gefahr drohen könnte. Unverzüglich ziehen sie sich zurück, wenn andere Personen ihnen zu nahe kommen. Mit jeder Faser ihres Körpers senden sie die heimliche Botschaft aus: »Ich bin euch unterlegen

»*Bitte tu mir nichts!*«

und komme euch nicht in die Quere. Ich werde mich im Konfliktfall nicht wehren. Bitte tut mir nichts.« Die betreffenden Jugendlichen sind »wandelnde Besänftiger«. Ihre äußere Haltung offenbart die innere: Um nicht wieder zum Opfer von Forderungen, Angriffen oder Übergriffen zu werden, nehmen diese Jugendlichen präventiv die körpersprachliche Tiefstatus-Haltung ein. Konflikte sollen durch vorauseilende Besänftigung potentieller Kontrahenten schon im Vorfeld vermieden werden.

Die präventive Besänftigung soll – ebenso wie das Ergreifen der Opferstrategie im konkreten Konfliktfall – helfen, Opfererfahrungen zu vermeiden. Und doch führen präventive Besänftigung und Opferstrategie mit einer hohen statistischen Wahrscheinlichkeit genau zu dem, was eigentlich verhindert werden soll: Opfersituationen.

- Die Trainerinnen von Selbstbehauptungskursen für Mädchen oder Frauen wissen, daß eine Tiefstatus-Körpersprache Belästigungen und Übergriffe seitens der Täter begünstigt. Also arbeiten sie mit den Teilnehmerinnen an selbstsicherem Auftreten.
- Auch Lehrerinnen und Lehrer beobachten immer wieder, wie Jugendliche, die in den permanenten körpersprachlichen Tiefstatus gehen und in Konfliktsituationen die Opferstrategie ergreifen, gerade von denjenigen Mitschülerinnen und Mitschülern gehänselt und angegriffen werden, die nach oben buckeln, aber nach unten treten.

Die innere wie äußere Haltung des »Ich werde mich nicht wehren« ist – statistisch gesehen – unbrauchbar, wenn es gilt, Opfererfahrungen zu vermeiden. Präventive Besänftigung begünstigt Opfersituationen.

Doch Vorsicht: Wir möchten mit dieser Aussage nicht die Opfer zu Tätern machen, indem wir ihnen die Schuld an den Übergriffen zuschieben. Wir sprechen davon, daß eine Tiefstatus-Körpersprache Opfersituationen **begünstigt**, nicht aber erzeugt. Die Täter sind und bleiben die Täter. Wir möchten mit unseren Erläuterungen lediglich aufzeigen, daß wir mit der Opferstrategie Opfersituationen leider allzu häufig nicht vermeiden können.

Weibliche Waffen?

So wenig wie die körpersprachliche Angriffsstrategie des Drohens, Abschreckens und Verletzens männlich ist, so wenig ist die Opferstrategie des Duckens, Besänftigens und Beschwichtigens weiblich.

Dennoch greifen Männer und Frauen – wiederum statistisch gesehen – im Streitfall nicht auf die gleichen Konfliktstrategien zurück:

- Die Angriffsstrategie wird häufiger von Männern ergriffen, weil sie mit den Leitbildern traditioneller Männlichkeit wie Durchsetzungsvermögen, Mut, Stärke oder Risikobereitschaft kompatibel ist. Wer sich und anderen unter Beweis stellen will, daß er diese Leitbilder von Männlichkeit auch realisieren kann, für den heißt es im Konfliktfall, auf (Gegen-)Angriff zu schalten. Bereits im Sandkasten bekommen die Jungen das passende Rüstzeug für die Angriffsstrategie geliefert, wenn ihnen ihre Mütter und Väter sagen: »Du mußt dich wehren, wenn du angegriffen wirst.« Angst vor Regression ihrer Jungen verleitet die Eltern dazu, diesen die Angriffsstrategie als Muster der »verteidigenden« Konfliktbewältigung zu empfehlen. Was als Verteidigungsfall gilt, wird von Tätern erfahrungsgemäß sehr großzügig ausgelegt: »Der hat

mich blöd angeguckt!« reicht als Legitimation für einen präventiven Erstschlag.
- Die Opferstrategie wird häufiger von Frauen verwendet, denn die traditionellen Leitbilder von Weiblichkeit wie Anschmiegsamkeit, Selbstaufopferung, Rücksichtnahme oder Anpassungsvermögen verlangen von der Frau im Konfliktfall Besänftigung und Beschwichtigung der Gefahrenquelle. Die Folge dieser Leitbilder: Aggressive Äußerungen von Mädchen wurden und werden teilweise auch heute noch nicht akzeptiert. Statt offensiv ihre Konfliktinteressen zu verfolgen, sollen Mädchen lernen, sich zurückzunehmen und lieber ausgleichend zu wirken.

Nun mag man einwenden, daß zumindest die traditionellen Leitbilder von Weiblichkeit längst überholt und Mädchen und Frauen heute weitgehend emanzipiert und gleichberechtigt sind. Wenn dem tatsächlich so ist, dann bleibt unerklärlich, warum in Schulen, Vereinen und Volkshochschulen derart viele Selbstbehauptungskurse, Durchsetzungsworkshops und Rhetorikkurse für Frauen angeboten werden und diese durchweg gut besucht sind. Auch auf dem Buchmarkt finden wir Dutzende von Titeln, die für ein neues weibliches Selbstbewußtsein und ein verändertes strategisches Verhalten in Konflikten werben. Das Credo all dieser Kurse und Bücher lautet:

- Wenn frau mit beiden Beinen im Leben stehen will, dann findet sie auf Pfennig-Absätzen nicht den Halt, der für das Durchboxen von Standpunkten gegen Konkurrenten notwendig ist. Durchsetzungsvermögen verlangt klare Stellungnahmen.
- Eine sichere Stellungnahme in Konflikten läßt sich nicht mit Augenklimpern, Kulleraugen, Kopf-Schiefstellung und säuselnder Stimme abgeben.

- Die Umsetzung von Entscheidungen gegen mögliche Widerstände ist im körpersprachlichen Tiefstatus nicht machbar.
- Ein klares und selbstsicheres Auftreten begünstigt die Durchsetzung eigener Interessen und beruflichen Erfolg.

Natürlich gibt es so manche private oder berufliche Situationen, in denen sich Frauen durch den bewußten Rückgriff auf die Tiefstatus-Strategie des Umgarnens, Bezirzens und Umwerbens Vorteile gegenüber Männern verschaffen können. Diejenigen, die die »Waffen der Frau« bewußt und taktisch ergreifen, um Punktsiege in Konflikten mit Männern zu erringen, inszenieren ihren Tiefstatus auf der Basis eines inneren Hochstatus und wenden die Strategie der Inszenierung des »Weibchens« sehr erfolgreich an. Als generelle oder alleinige Strategie ist diese Inszenierung jedoch unbrauchbar, wenn es gilt, privat oder beruflich den eigenen Weg zu gehen. Denn erstens funktionieren die »Waffen der Frau« nur gegenüber Männern, und zweitens lassen sich jene zwar gerne umgarnen, umschmeicheln und besänftigen, aber wenn es »hart auf hart kommt«, setzen auch sie ihre Interessen durch. Mit ihrem Durchsetzungsvermögen, ihrer mentalen Stärke und ihrer erhöhten Risikobereitschaft schnappen sie im Zweifelsfall dem »Weibchen« den Auftrag oder den Job vor der Nase weg. Die Opferstrategie mit ihrer Tiefstatus-Körpersprache verträgt sich nicht mit Selbstbehauptung, Durchsetzungskraft und beruflichem und privatem Weiterkommen. Dies gilt für Männer wie für Frauen.

»Der kleine Unterschied ...«
Männliche und weibliche Körpersprache

Bestimmt haben Sie irgendwann einmal eine der zahlreichen Verfilmungen der Geschichte von Tarzan und Jane im Kino oder Fernsehen gesehen und können sich an Szenen wie diese erinnern: Der starke, animalische und edle Tarzan umfaßt mit einem Arm die zierliche Jane, hebt sie hoch und schwingt sich trotz des zusätzlichen Gewichtes scheinbar mühelos von Liane zu Liane. Tarzan ist stark und dominant, Jane schutzbedürftig und unterwürfig.

Im Zeitalter der formalen Gleichberechtigung der Geschlechter und der Finanzierung von Gleichstellungsbeauftragten in Behörden und Betrieben scheinen Hierarchien wie die zwischen Tarzan und Jane überholt. Im Dschungel der Finanzen treffen wir auf Männer und Frauen, die sich nicht nur in bezug auf die Kleidung, sondern auch körpersprachlich einander angeglichen haben. Hoch- und Tiefstatus sind geschlechtsspezifisch nicht mehr so eindeutig zuzuordnen wie noch zu den Zeiten, als die Geschichte des Affenmenschen und seiner Großstadtfreundin geschrieben bzw. verfilmt wurde: Der heutige Tarzan kämpft sich nicht durch den Urwald, sondern durch das Dickicht der Aktenberge auf seinem Schreibtisch und darf deshalb körperlich durchaus schwächlich sein. Er muß weder Frauen hochheben noch sich von Liane zu Liane schwingen können, um seinen Job am Schreibtisch gut zu verrichten. Und die moderne Managerin Jane entspricht nicht mehr dem Klischee eines Weibchens, das sich von starken und animalischen Männern beschützen lassen muß. Im Gegenteil: Als Führungsperson hat sie gelernt, gegen-

»*Der kleine Unterschied ...*«

über Mitarbeitern oder Verhandlungspartnern dominant und resolut aufzutreten. In einer Berufswelt, in der es gilt, mit Köpfchen und Fingerspitzengefühl gegen sinkende Umsätze und fallende Börsenkurse anzukämpfen statt mit Muskelkraft gegen Säbelzahntiger, scheint die Geschlechterhierarchie aufgehoben: Tarzan und Jane begegnen sich auf Augenhöhe. Gleichberechtigung ist das Gebot der Stunde.

Soweit der Anspruch – doch die Realität sieht nicht selten anders aus: Eine Vergleichsstudie einiger europäischer Länder aus dem Jahr 2003 deckte auf, daß Deutschland das Schlußlicht bildet, was die Quote von Frauen in Führungspositionen anbelangt. Im oberen Management liegt der Anteil der Frauen bei 5%, im mittleren bei 14% und im unteren bei 19%. In den europäischen Vergleichsländern liegt der Anteil der Frauen in der unteren Management-Ebene dagegen im Durchschnitt bei 29%. Selbst ein Land wie Spanien mit seinem ausgeprägten »Machismo« hat uns abgehängt, und das, obwohl wir die Gleichberechtigung seit Jahrzehnten in der Verfassung verankert haben.

Schlagen sich die noch immer bestehenden Ungleichheiten zwischen den Geschlechtern auch in der Körpersprache nieder? Sprechen Männer und Frauen die gleiche (Körper-)Sprache, oder werden hierarchische Unterschiede auch dadurch verkörpert, daß sich der »Herr der Schöpfung« im körpersprachlichen Hochstatus und das »schwache Geschlecht« im körpersprachlichen Tiefstatus präsentiert?

Um Gemeinsamkeiten und Abweichungen zwischen der männlichen und weiblichen Körpersprache möglichst anschaulich vor Augen zu führen, haben wir – bewaffnet mit einem Fotoapparat – einen kleinen Spaziergang durch die Fußgängerzone einer beliebigen Großstadt unternommen. Wir haben dort aber nicht etwa lebendige Menschen fotografiert, sondern Schaufensterpuppen und Abbildungen von Models auf Plakatwänden und Schautafeln. Denn an ihnen läßt sich nicht nur die Körpersprache unter geschlechtsspezifischen Aspekten wunderbar analysieren, sondern gleichzeitig können wir aufzeigen, daß mit Hilfe körpersprachlicher Inszenierungen von Puppen und Fotos gezielt Männer- und Frauenbilder geschaffen werden, über die wiederum Produkte effizienter verkauft werden sollen.

Raumverhalten

Beginnen wir unseren Streifzug mit der Betrachtung einer männlichen Puppe, die wir im Schaufenster eines Einkaufszentrums entdeckt haben:

Raumgreifend, drohend und provozierend »steht die Puppe ihren Mann«. Ihre Arme sind weit ausgestellt, wodurch der Brustbereich deutlich größer wirkt.

Eine solche raumgreifende Körpersprache ist in vielen Bereichen anzutreffen: Männer nehmen gewöhnlich sehr viel Raum ein, wenn sie sich auf einen Stuhl, eine Bank, einen Sessel, ein Sofa oder einfach auf den Boden setzen. Frauen dagegen halten die Ober- und Unterschenkel enger zusammen. Männer schlagen ihre Beine im Sitzen breit übereinander, Frauen kreuzen sie »anmutig«. Männer stellen sich breitbeinig hin, während Frauen ihre Füße gewöhnlich enger zusammenstellen und das Spielbein nach innen knicken. Männer halten ihre Arme weiter von ihrem Oberkörper entfernt, als Frauen das gewohnheitsmäßig tun.

Raumverhalten

Mit anderen Worten tendieren Männer zur **körpersprachlichen Expansion** und stellen damit ihre Dominanz und Überlegenheit zur Schau. Frauen – zumindest wenn sie sich am traditionellen Frauenbild orientieren – neigen dazu, durch körpersprachliche Raumreduktion ihren niedrigeren kommunikativen Status auszudrücken.

Männer verfügen in der Regel über größere und komfortablere Räume, während sich Frauen mit den kleineren und spartanischeren begnügen:

In der gemeinsamen Wohnung haben häufiger Männer als Frauen einen eigenen Raum für sich reklamiert – den Arbeitsraum oder den Hobbykeller. Männer verfügen über das dicke und fette Konto, Frauen über eine schmale Haushaltskasse. Das Auto des Mannes ist luxuriöser und größer als der Zweitwagen der Frau. Der männliche Platz am Eßtisch liegt meistens so, daß er nicht aufstehen muß, um aufzutragen. Das Zimmer des Mannes in der gemeinsamen Wohnung ist so gewählt, daß es abseits liegt. Notfalls veranlaßt er seine Frau dazu, daß sie ihn vom Kinderlärm abschirmt.

Diese Aufzählung ist zugegeben tendenziös und provokativ und spiegelt nicht die Realität aller Partnerschaften wider. Doch sie repräsentiert die Mehrheit unserer Mann-Frau-Beziehungen.

Und nicht nur bei der Expansion, sondern auch bei der Invasion – dem Eindringen in fremde Räume – handelt es sich um ein Prinzip, dessen sich vornehmlich Männer bedienen. Mit invasivem Verhalten werden nicht nur fremde Ländereien oder Staaten erobert, sondern Invasionen äußern sich auch in den vielen körpersprachlichen und körperlichen Übergriffen, die sich Männer täglich zuschulden kommen lassen:

- Mit dem anzüglichen und abschätzenden Blick werden Frauen belästigt und taxiert.
- Das Begrabschen und Tätscheln von Frauen ist zwar mittler-

weile unter Strafe gestellt, ist aber noch immer millionenfach verbreitet, weil sich die weiblichen Opfer häufig nicht trauen, diese als »Kavaliersdelikte« bagatellisierten Übergriffe zur Anzeige zu bringen.
- Männer dringen, wie Untersuchungen belegen, sehr viel häufiger in den Rederaum von Frauen ein, als diese es umgekehrt bei Männern tun.
- Der sexuelle Übergriff oder die Vergewaltigung sind invasive Handlungen, mit denen nicht nur die Körper von Frauen, sondern auch deren Psyche auf massivste Weise verletzt werden.

Zusammenfassend können wir festhalten: Expansion und Invasion sind Prinzipien, deren sich häufig Männer bedienen, um Dominanz- und Machtpositionen zu besetzen und eigene Interessen durchzusetzen.

Als Kontrast zur männlichen körpersprachlichen Expansion schauen wir uns einmal weibliche Schaufensterpuppen unter Raumaspekten an:

Raumverhalten

Zunächst begegnen uns in den Schaufenstern und auf den Verkaufsflächen Puppen, die einem traditionellen Frauenbild entsprechen und dementsprechend eine raumreduzierte Körpersprache haben: Die Arme werden eng am Körper, die Beine dicht beieinander gehalten. Diese raumreduzierte weibliche Körperhaltung erscheint uns so geläufig und normal, daß viele sie für angeboren halten. Die Rede ist dann von einer »weiblichen Anmut«, die sich darin äußere, daß weibliche Bewegungen und Haltungen eben von Natur aus graziöser seien als die von Männern. Wenn weibliche Anmut tatsächlich angeboren wäre, bliebe unerklärlich, warum Anthropologen und Sozialwissenschaftler nachweisen konnten, daß die Bewegungen und Haltungen von Frauen überall dort, wo sie beruflich »ihren Mann stehen« (z. B. im Handwerk oder in der Landwirtschaft), raumgreifend sind. Überall, wo Frauen in Berufen wichtige Positionen oder gar Führungsämter einnehmen, legen oder stützen sie ihre Ellenbogen auf den Konferenztisch und signalisieren mit dieser raumgreifenden Geste Selbstbehauptung. Sie »haben die Hosen an«, tragen festes Schuhwerk und stehen breitbeinig und fest »auf dem Boden der Tatsachen«, statt staksig und mit eingeknickten, überkreuzten und wakkeligen Beinen. Umgekehrt treffen wir überall dort mit einer hohen

Wahrscheinlichkeit auf eine raumreduzierte Körpersprache, wo Frauen Berufe ausüben, in denen sie Männern zur Hand gehen.

Nun mögen Skeptiker einwenden, daß es für die territoriale weibliche Selbstbeschränkung ganz andere Gründe gibt: Der Rock zwingt zu engeren Sitz-, Steh- und Liegepositionen, und enge Röcke und Stöckelschuhe begrenzen die weibliche Schrittlänge. Stimmt! Aber zeigen Frauen die raumreduzierenden körpersprachlichen Signale nur dann, wenn sie Röcke tragen? Und warum sind es denn immer Frauenmoden, die die Bewegungsfreiheit einschränken? Wir wagen die Behauptung, daß es eine Funktion von weiblicher Mode war, »Gefängnisse aus Stoff« und »Zwangsjacken« zu entwerfen, um die Frauen zur Raumreduktion zu zwingen: Die weiblichen Korsetts führten zu Zerquetschungen der Organe. Die Verkrüppelung der Füße von chinesischen Frauen durch das Abschnüren der Zehen hatte die Funktion, die Frauen an das Haus des Mannes zu binden. Mode, Schönheitsideale, Macht und gewaltsame Einschränkungen der Bewegungsfreiheit der Frauen gehen seit Jahrhunderten eine innige Verbindung ein. Die raumreduzierte weibliche Körpersprache kann mit der einengenden Kleidung nicht hinreichend begründet werden.

Gehen wir zurück in die Fußgängerzone der Großstadt. Zugespitzt kann man sagen, daß bei der Präsentation von weiblicher Kleidermode die Aussteller auf Schaufensterpuppen mit unterschiedlichem Status zurückgreifen – je nach Image der Kleidermarke, nach Image des Geschäfts und nach Frauentyp, der mit der Kleidung angesprochen werden soll:

- Puppen, die »moderne« Frauen ansprechen sollen, posieren im Hochstatus und transportieren das Image einer selbstbewußten Frau.

- Puppen, die sich mit ihrer Kleidung eher am traditionellen Frauenbild orientieren, posieren im körpersprachlichen Tiefstatus und transportieren das Image eines »Weibchens«.

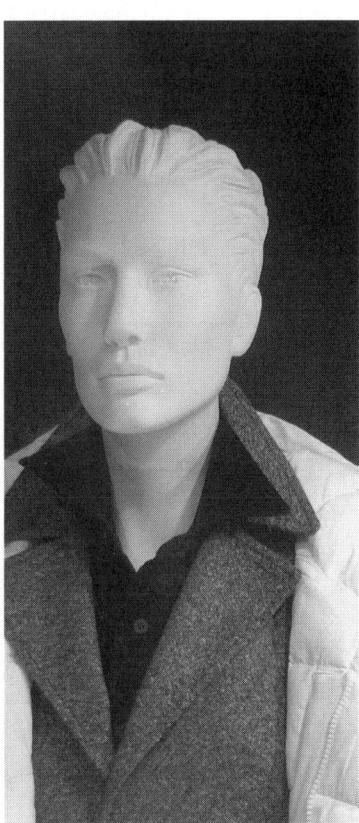

Spannung und Entspannung

In einem Kaufhaus in der Abteilung für Damenmode sitzt ausgestreckt eine weibliche Schaufensterpuppe auf einem Stuhl und wirbt für Dessous:

Trotz raumgreifender Haltung wirkt die weibliche Puppe nicht so, als nehme sie einen körpersprachlichen Hochstatus ein. Ihre Pose ist erstens zu aufreizend und anbiedernd (wie die eines Sexualobjekts), und zweitens ist die Haltung zu verkrampft, als daß die Schaufensterpuppe dominant wirken könnte.

Wenn Sie sich einen Stuhl mit Armlehnen nehmen und die Pose der Puppe nachstellen, werden Sie spüren, daß es einige körperliche Verrenkungen erfordert, ihre Haltung zu kopieren. Nach spätestens einer Minute des Ausharrens in dieser Position werden alle Glieder schmerzen, denn um diese Sitzhaltung längere Zeit halten zu können, müssen Sie Ihren Körper extrem anspannen – nach kurzer Zeit werden Sie sich verkrampfen.

Eine angespannte Haltung signalisiert, wie weiter vorne dargelegt, Tiefstatus: je verkrampfter die Haltung einer Person, desto größer ihre Tiefstatus-Wirkung. In unseren Körpersprache-

Seminaren lassen wir die als »typisch weiblich« bezeichneten Haltungs- und Bewegungsmuster von den Teilnehmerinnen und besonders auch den Teilnehmern immer wieder nachstellen und unter dem Aspekt der Körperspannung nachfühlen. Das Ergebnis: Die »typisch weiblichen« Posen und Bewegungen führen relativ schnell zu Verkrampfungen.

- Je näher die Füße und Beine im Stand nebeneinander stehen, desto mehr Muskelspannung wird benötigt, um das Gleichgewicht zu halten.
- Der »graziöse Gang« verlangt von der Frau, daß die Füße nicht nebeneinander, sondern voreinander gesetzt werden. Beobachten Sie Models auf dem Laufsteg, und Sie können diese Art des Gehens in Perfektion sehen. Doch ohne muskuläre Anspannung drohen sie bei dem »graziösen Gang« das Gleichgewicht zu verlieren.
- Auch wenn viele Frauen das Gehen und Stehen auf Stöckelschuhen traumwandlerisch beherrschen, gilt trotzdem: je geringer die Auflagefläche der Füße und je größer die Neigung des Fußes, desto angespannter die Waden-, Oberschenkel-, Gesäß- und Rückenmuskulatur.
- Weibliche Anmut im Sitzen wird dadurch erzielt, daß frau sich ohne Benutzung der Rückenlehne aufrecht hinsetzt und ihre Beine dicht beieinander hält oder eng übereinanderschlägt. Auch für diese Haltung benötigt sie ein Höchstmaß an Körperbeherrschung und Spannung.

Zusammenfassend läßt sich feststellen: Weibliche Anmut und graziöse Bewegungen und Haltungen erfordern eine hohe Körperspannung. Eine hohe Körperspannung wiederum signalisiert einen kommunikativen Tiefstatus. So wird klar, warum die Schaufensterpuppe in der Damenabteilung trotz raumgreifender Körpersprache nicht wirkt, als präsentiere sie sich im weiblichen

»Der kleine Unterschied ...«

Hochstatus: Nicht nur ist ihre Pose im sexuellen Sinne zu sehr anbiedernd-verführerisch, auch ihre Haltung ist zu verkrampft.

Betrachten Sie als Kontrast zu der angespannten Haltung der weiblichen Schaufensterpuppe das folgende lebensgroße Foto eines Mannes, das wir im Schaufenster eines Kleidungsfachgeschäftes entdeckt haben. Beworben werden Männerjacken für den Freizeitbereich.

Locker und lässig sitzt der Mann ausgestreckt vor seinem Porsche auf dem Boden. Dem potentiellen Kunden soll suggeriert werden: »Diese Kleidung ist so strapazierfähig, daß selbst der Dreck auf dem Boden ihr nicht schaden kann.« Die geöffnete Motorraumklappe des Porsches verweist auf die Kraft und Potenz seines Besitzers. Dessen legere Haltung signalisiert männlichen Hochstatus.

Stellen Sie einmal als typisch männlich eingestufte Bewegungs- und Haltungsmuster nach und überprüfen Sie dabei ihre Körperspannung:

- Stellen Sie sich hin, und setzen Sie Ihre Füße in Schulterbreite nebeneinander. Wenn Sie jetzt noch Spielbein und Standbein benutzen, dann können Sie mit einem Minimum an Körperspannung relativ locker stehen.
- Setzen Sie sich auf einen Stuhl, und schlagen Sie Ihre Beine

übereinander. Je enger Sie diese kreuzen, desto verkrampfter ist die Haltung. Männer tendieren im Gegensatz zu Frauen dazu, die Fessel ihres einen Beines auf den Oberschenkel des anderen Beines zu legen. Diese Haltung ist entspannt.
- Setzen oder legen Sie sich auf den Boden: Je stärker Sie sich hinflezen, desto entspannter ist Ihr Körper. Bei allen Haltungen und Posen werden Sie spüren: Je entspannter sie sind, desto typisch »männlicher« wirken sie. Wenn sich dagegen eine Frau in diesen »männlich«-entspannten Haltungen präsentiert, wirkt sie »unanständig« und »anstößig«.

Als typisch männlich eingestufte Bewegungs- und Haltungsmuster ermöglichen den »Herren der Schöpfung« eine relative körperliche Entspanntheit. Die Entspanntheit wiederum signalisiert einen hohen kommunikativen Status. Unsere Kleidung trägt diesem Zusammenhang zwischen Körperspannung und Status Rechnung: Männliche Mode ermöglicht ihren Trägern eine relativ große Bewegungsfreiheit und lockere und entspannte Haltungen. Das Schuhwerk verhilft zu einem sicheren und bequemen Stand. Hosen bieten größtmöglichen Bewegungsspielraum. Ganz anders die traditionelle Damenmode: Enge Kleider und Röcke schränken nicht nur die weibliche Bewegungsfreiheit drastisch ein, sondern verunmöglichen auch entspannte und lockere Haltungen und Bewegungen.

Blicke und Mimik

Schauen wir als nächstes in die Gesichter der Puppen und Models, und betrachten wir deren Mimik. Bei dem folgenden Foto beschränken wir uns auf die Analyse des überdimensionalen Portraits der Frau im Bildhintergrund:

»*Der kleine Unterschied ...*«

Der Blick des Models geht von unten nach oben. Der bewundernde Blick ist ein Signal von Selbstherabsetzung und Fremderhöhung zugleich, dessen heimliche Botschaft lautet: »Ich schaue zu dir auf, denn ich bin dir nicht gewachsen.« Handelt es sich bei dem »Dackelblick« der Frau auf dem Foto nun um eine gezielte weibliche Inszenierung oder um Zufall? Wir haben die Werbefotos in den gängigen Illustrierten durchgeblättert und festgestellt, daß mehr als 50 Prozent der abgebildeten weiblichen Models leicht von unten nach oben in die Kamera schauen! Daß Frauen auf Werbefotos derart häufig mit einem anhimmelnden, sanften und bewundernden Blick abgelichtet werden, ist daher wohl kaum ein Zufall, sondern im Gegenteil eine gezielte Maßnahme zur weiblichen Statussenkung. So auch auf dem Foto in dem Schaufenster:

1. Das Model schaut den Betrachter nicht nur von unten an, sondern legt zusätzlich den Kopf schief. Eine solche Stellung

Blicke und Mimik

signalisiert Anlehnungsbedürftigkeit und damit Tiefstatus. Auch bei der näheren Analyse der Werbefotos in den Illustrierten sind es fast ausschließlich weibliche Models, die mit zur Seite geneigtem Kopf abgebildet werden.

2. Die Frau auf dem Foto lächelt sanft. Untersuchungen belegen: Auch im »richtigen Leben« lächeln Frauen signifikant häufiger als Männer. Denn Frauen haben – gemäß dem traditionellen Geschlechterbild – sanft, emotional, aufopferungsbereit, harmoniebedürftig und anschmiegsam zu sein. Das Signal- und das besänftigende Lächeln vermögen diese »weiblichen Eigenschaften« am ehesten zu kommunizieren.

Unsere These lautet daher: In der Werbung werden viele weibliche Models mit Hilfe des »Dackelblicks«, der Kopfstellung oder des Lächelns bewußt so fotografiert, daß sie sanft, anschmiegsam und lieb wirken. Beworben werden über diese Tiefstatus-Inszenierung bevorzugt Produkte, welche die weiblich-sexuellen Attribute von Frauen betonen: Kosmetik, Körperpflege, Miederwaren oder Röcke und Kleider.

Wir haben betont, daß es in der Werbung statistisch gesehen häufiger Frauen sind, die mit geneigtem Haupt abgebildet werden. Aber auch Männer werden, wie das Schaufensterfoto beweist, mit dieser Haltung präsentiert: Der abgebildete Mann hat seinen Kopf leicht zur Seite geneigt. Und doch befindet er sich im körpersprachlichen Hochstatus. Denn seine Kopfhaltung signalisiert nicht etwa Anlehnungsbedürftigkeit, sondern im Gegenteil Überheblichkeit und Überlegenheit. Wenn wir genau hinschauen, können wir feststellen, daß die Hochstatus-Wirkung seiner Kopfstellung darin besteht, daß er den Kopf leicht in den Nacken legt und den Betrachter dadurch von oben herab anschaut.

Der eklatante Statusunterschied zwischen dem fotografierten Mann und der fotografierten Frau basiert also – äußerlich betrachtet – auf zwei Zentimetern Haltungsänderung des Kopfes.

Zugeknöpft und offenherzig

Setzen wir unseren Streifzug durch die Großstadt fort, und werfen wir einen Blick in ein weiteres Schaufenster eines Kaufhauses. Vergleichen Sie die beiden Schaufensterpuppen:

Vermutlich haben Sie nicht auf den ersten Blick erkannt, daß es sich bei dem rechten Foto um die Abbildung einer weiblichen Schaufensterpuppe handelt. Die männliche wie die weibliche Puppe werden im gleichen Hochstatus präsentiert. Sie sind sowohl körpersprachlich als auch von der Kleidung her kaum voneinander zu unterscheiden.

Auffallend ist, daß die weibliche Puppe nicht nur eine sehr männlich wirkende Kurzhaarfrisur trägt, sondern daß auch ihre Mimik eher maskulin wirkt. Im Gegensatz zu den meisten Werbefotos, auf denen weibliche Models zu sehen sind, ist der mimische Ausdruck dieser Puppe frei von jeglichen Anzeichen statussenkender Signale: Kein sanftes Lächeln, keine schräge Kopfhaltung und kein »Dackelblick« machen sie zu einem »Weibchen«. Ihre Mimik wirkt – ähnlich wie die der männlichen Puppe auf dem linken Foto – versteinert: Emotionen werden hinter einer Hochstatus-Fassade versteckt. Beide Puppen wirken sehr dominant – sie begegnen sich auf Augenhöhe.

Auch bei der weiblichen Puppe dürfte die Hochstatus-Wirkung wohl kalkuliert sein: Die beworbene Kleidung richtet sich an berufstätige und selbstbewußte Frauen. Kleidungsstücke wie Hosenanzug, Blazer und Jacke sind der Herrenmode entlehnt und werden von Frauen getragen, die mit beiden Beinen im Berufsleben ihre Frau stehen. Untersuchungen haben ergeben, daß Frauen in Führungspositionen nicht nur eine maskuline Kleidung bevorzugen, sondern auch weniger Schmuck anlegen, sich dezenter schminken und kürzere Haare tragen als ihre sozial tiefergestellten Geschlechtsgenossinnen. Alle Ausdrucksformen, die auf Emotionalität und traditionelle Weiblichkeit schließen lassen, werden sukzessive reduziert, je höher eine Frau in einer Hierarchie aufsteigt.

Auch bemühen sich Frauen darum, ihre Gefühle im beruflichen Alltag zu verbergen. Denn in der immer noch von Männern dominierten Welt der nüchternen Zahlen und Bilanzen gilt:

Die Äußerung jeder Art von Gefühlen führt dazu, daß man im harten beruflichen Überlebenskampf durchschaubar und berechenbar wird. Durchschaubarkeit und Emotionalität wiederum bedeuten Machtverlust. Wer sich im harten Konkurrenzkampf um Jobs und Geld nicht in die Karten schauen lassen will, der hält seine wahren Gefühle zurück, gibt sich selbstbeherrscht und zugeknöpft. Eine Langzeitstudie belegt, daß Mitte der 90er Jahre zwei Drittel der befragten Frauen feststellten oder befürchteten, ihre emotionale Offenheit im Berufsleben könnte als Schwäche ausgelegt werden.

Daher ist es wohl kein Zufall, daß die weibliche Puppe im Hochstatus posiert. Ihre Kleidung richtet sich an selbstbewußte, berufstätige Frauen, die sich in der Männerwelt ihren Platz erkämpfen wollen.

Auch die folgende Schaufensterpuppe, die wir in einem Fachgeschäft entdeckt haben, das Kleidung für junge Frauen zwischen 15 und 25 Jahren führt, entspricht nicht dem traditionellen Geschlechterbild:

Die Schaufensterpuppe zeigt sehr offen die Emotion, die traditionellerweise bei Mädchen und Frauen tabuisiert war: Wut. Der Ausdruck dieser Puppe bricht mit dem traditionellen Geschlechterbild des sanften, lieben und aufopferungsvollen Weibchens.

Das Äußere der Puppe lehnt sich an die Punk-Bewegung der 70er und 80er Jahre an. Die Punks standen für einen radikalen Bruch mit gesellschaftlichen Konventionen

– also auch mit den traditionellen Geschlechterbildern. Auf den ersten Blick waren weibliche von männlichen Punks kaum zu unterscheiden: Sie trugen die gleiche Kleidung, den gleichen Schmuck und identische Frisuren, hatten ähnliche Umgangsformen, und beide Geschlechter zeigten eine Körpersprache, die sich aller erdenklichen Formen von Hochstatus bediente.

Die Puppe dürfte genau die Mädchen und jungen Frauen ansprechen, die für ein neues weibliches Selbstbewußtsein stehen und das ihrer Umwelt auch mit den Kleidern und körpersprachlich dokumentieren möchten.

Körpergröße

Beenden wir unseren Spaziergang durch die Fußgängerzone mit der Analyse einer Werbetafel für eine Krimiserie, die im deutschen Fernsehen ausgestrahlt wurde:

Das Foto auf der Werbetafel bedient alle Klischees der traditionellen Geschlechterhierarchie: Mit einem lieben und netten Gesichtsausdruck schaut sie – eine Polizeibeamtin – bewundernd zu ihrem männlichen Kollegen auf. Dieser wiederum behält mit einem ernsten und Dominanz ausstrahlenden Gesichtsausdruck die Gefahr im Auge. Er zeigt sich als Herr der Lage, während sie sich ihm, Schutz suchend, anvertraut.

Durch die räumliche Nähe zwischen den beiden abgebildeten Personen und den extremen »Dackelblick« der weiblichen Darstellerin fällt der Größenunterschied zwischen Mann und Frau deutlich auf: Die kleine Polizeibeamtin begibt sich in die Obhut des großen männlichen Beschützers.

Da wir noch immer Körpergröße mit Dominanz assoziieren, wundert es nicht, daß auch im Verhältnis der Geschlechter die Körpergröße eine nicht zu unterschätzende Rolle spielt. Wir könnten lapidar feststellen: Männer sind größer als Frauen. Dieser Aussage würden die meisten von uns spontan zustimmen. Richtig formuliert müßte der Satz allerdings lauten: Die meisten Männer sind größer als die meisten Frauen. Es gibt nämlich Millionen von großen Frauen, die größer sind als Millionen kleiner Männer; es ist alles nur eine Frage der Zusammenstellung. Diese Zusammenstellung ist der entscheidende Punkt: Unsere Partnerwahl ist selektiv – wir wählen aus. Ein wichtiges Auswahlkriterium ist die Körpergröße. Erst durch die selektive Partnerwahl unter dem Gesichtspunkt Körpergröße gilt der Satz: Männer sind größer als (ihre) Frauen.

In unserer Gesellschaft gibt es nur sehr wenige Paare, bei denen die Frau den Mann überragt. Ginge es bei der Partnerwahl nach dem Zufallsprinzip und nicht nach dem Kriterium Größe, so wäre der Anteil der Paare, bei der die Frau größer ist als der Mann, um ein Vielfaches höher, als es tatsächlich der Fall ist. Unbewußt oder auch bewußt folgen wir bei der Suche nach einem Partner dem Zusammenhang von Größe und Macht. Der Mann als der Vertreter des »starken Geschlechts« hat seine Überlegenheit auch körperlich im Verhältnis zu seiner Frau auszudrücken. Er muß größer sein als seine Partnerin.

Wenn dieses erstaunliche Phänomen der selektiven Partnerwahl auf der Basis von Körpergröße in unseren Seminaren angesprochen wird, drücken in der Regel beide Geschlechter aus, daß sie sich eine Umkehrung des Größenverhältnisses in ihrer

Partnerschaft nur schwer oder gar nicht vorstellen könnten. Männer suchen Frauen, auf die sie hinabschauen können, und Frauen wünschen sich Männer, zu denen sie aufschauen und an deren starke Schulter sie sich anlehnen können – die uralte Geschlechterhierarchie sitzt tief. Wir reproduzieren sie mit fast jeder Partnerwahl.

Sollte die Partnerin tatsächlich einmal gleich groß oder gar größer als ihr Mann sein, vermeidet sie in seinem Beisein hochhackige Schuhe. Zur Not hilft dem Mann ein gesundes Selbstbewußtsein bzw. ein hoher sozialer Status: Untersuchungen belegen, daß bei den Paaren, wo die Frau ihren Mann überragt, dieser in der Regel einen überdurchschnittlich hohen sozialen Status hat. Die heimliche Botschaft dieser Männer an ihre Mitmenschen lautet: »Ich bin so groß und bedeutend, daß ich es nicht nötig habe, meine Frau zu überragen.«

Der Soldatenkönig Friedrich Wilhelm I. ging noch einen Schritt weiter: Er umgab sich gezielt mit einer Leibgarde der »langen Kerls«. Wer in diese Garde aufgenommen werden wollte, mußte eine weit überdurchschnittliche Körpergröße – das »Gardemaß« – aufweisen. Daneben wirkte der König geradezu kleinwüchsig und dokumentierte damit: »Ich habe die wahre Größe, denn ich setze die uralte Gleichung Körpergröße = Macht außer Kraft.«

Beim Casting für Spielfilme wird in der Regel darauf geachtet, daß die Größen der Schauspielerinnen und Schauspieler den traditionellen Geschlechterklischees entsprechen: Männer haben stets größer zu sein als ihre weiblichen Partnerinnen. Doch im Schauspiel gibt es ein Problem: Statistisch gesehen sind männliche Mimen relativ klein, während die Schauspielerinnen nicht selten überdurchschnittlich groß sind. Daher wurden Spezialschuhe entwickelt, bei denen die hohen Absätze nach innen verlegt wurden, und sollte selbst dieser Trick zur Vergrößerung der männlichen Darsteller nicht ausreichen, so gibt es weitere Rettungsanker: In *Casablanca* war Humphrey Bogart zwar deutlich kleiner als Ingrid Bergman, doch mittels geschickter Kameraführung und kleiner Stehbänkchen wurde seine relative Kleinwüchsigkeit zu keiner Sekunde des Films sichtbar – auch optisch wurde die »überlegene Größe« des männlichen Protagonisten stets wirkungsvoll in Szene gesetzt.

Kehren wir zurück zu unserer Plakatwand: Der Schauspieler ist deutlich größer als seine Kollegin, und die Wirkung des Größenunterschieds wird durch die Nähe und den »Dackelblick« akzentuiert. Zudem wird die Tiefstatus-Wirkung der Polizistin durch weitere Signale verstärkt: anschmiegsame Haltung und unschuldiger, fast kindlicher Gesichtsausdruck. Kontrastiert wird der weibliche Tiefstatus durch den inszenierten Hochstatus des männlichen Protagonisten: entschlossener Blick, zusammengekniffene Augen, beschützende Haltung. Tatsächlich entspricht die Inszenierung des Fotos mit seinem extremen Statusgefälle zwischen Mann und Frau durchaus der Rollenanlage des Films: Auch dort präsentiert sich der männliche Gesetzeshüter im überlegenen Hochstatus, während die Rolle der Polizistin so angelegt ist, daß sie eher unbeholfen wirkt.

Soweit unser kleiner Streifzug durch die Fußgängerzone und die Kaufhäuser der Großstadt. Mit der Frage der Inszenierung von Männlichkeit und Weiblichkeit auf Werbefotos haben sich bereits mehrere Wissenschaftlerinnen und Forscher beschäftigt; viele Ergebnisse dieser Studien decken sich mit unseren Beobachtungen:

- Frauen zeigen in der Zeitschriftenwerbung signifikant häufiger als Männer ein verbindliches und freundliches Lächeln. Männer dagegen praktizieren überdurchschnittlich häufig einen mimischen Minimalismus und wirken dadurch unnahbarer und distanzierter.

- Männer schauen zu einem weit geringeren Prozentsatz als Frauen in die Kamera und signalisieren damit nicht nur »Weitblick«, sondern praktizieren gleichzeitig gegenüber dem Betrachter der Werbefotos visuelle Ignoranz.
- Ein hoher Prozentsatz der Models auf den Werbefotos schaut leicht von unten nach oben in die Kamera. Wenn Männer in die Kamera schauen, dann überwiegend geradlinig und »auf Augenhöhe«.
- Männeraugen sind seltener ausgeleuchtet als die von Frauen.
- Männer werden häufig draußen abgebildet, Frauen oft im Haus. Die heimliche Bildaussage lautet: »Die Welt des Mannes ist die feindliche Welt, die der Frau das Heim.«
- Männer nehmen körpersprachlich mehr Raum ein als die abgebildeten Frauen. Auch stehen sie in der Regel breitbeiniger und fester. Männer praktizieren Expansion, Frauen Raumreduktion.
- Männer sind – von einigen Ausnahmen abgesehen – bezüglich Kleidung zugeknöpfter als Frauen. Wenn Männer sich entblößt zeigen, stellen sie selbstbewußt ihre überlegene Körperkraft zur Schau, während halbnackte Frauen auf ihre Funktion als Sexualobjekt reduziert werden.

In der Fernseh- und auch Zeitschriftenwerbung werden noch immer Frauen häufig im körpersprachlichen Tief-, Männer im Hochstatus abgebildet. Die uralte Legende vom »starken« und »schwachen« Geschlecht wird so per subtiler Bildaussage täglich millionenfach reproduziert. Angesichts dieses allgegenwärtigen »Bombardements« mit traditionellen Geschlechterbildern wundert es nicht, daß sich die Klischees vom dominanten Mann und seiner unterlegenen Frau so hartnäckig in unseren Köpfen halten. In unserer Mediengesellschaft regen besonders medial verbreitete Vorbilder zur körpersprachlichen Nachahmung an. Werbefotos, wie wir sie auch in den Schaufenstern und den Auslagen der Geschäfte gefunden haben, leisten ihren Beitrag zur Zementierung traditioneller Rollenklischees in unseren Köpfen und Körpern.

Doch im Gegensatz zu den Werbefotos in den Illustrierten waren bei den Schaufensterpuppen der Kaufhäuser und Fachgeschäfte auch auffällige Abweichungen vom traditionell weiblichen Rollenklischee festzustellen: Wir haben »Weibchen« neben selbstbewußten Mädchen und anmutige Püppchen neben Frauen gesehen, die mit beiden Beinen im Leben stehen. Liebe und nette Puppen waren im Schaufenster direkt neben Puppen drapiert, die versteinert, wild oder sogar aggressiv aussahen – ganz in Abhängigkeit vom Image des zu verkaufenden Produkts. Vielleicht zeugen die unterschiedlichen Statusdarstellungen der weiblichen Schaufensterpuppen von einem Wandel des weiblichen Geschlechterbilds, der sich in unserer Gesellschaft allmählich vollzieht: Frauen mit Hochstatus-Wirkung gehören – wie auch bei den Schaufensterpuppen – inzwischen zum Straßenbild.

Ganz anders bei den männlichen Schaufensterpuppen: Eine derart große Status-Bandbreite wie bei den weiblichen Puppen ist hier nicht zu finden. Männliche Puppen sind immer nur eins: dominant. Sie strahlen stets Überlegenheit aus.

Vermutlich sind die durchgehenden Hochstatus-Posen der männlichen Puppen Ausdruck davon, daß das Männerbild in unserer Gesellschaft noch immer sehr rigide ist und wenig Spielraum für Abweichungen läßt. Denn wie wir im nächsten Kapitel zeigen werden, laufen Männer, die vom Klischee männlicher Dominanz und Überlegenheit abweichen, Gefahr, zum öffentlichen Gespött zu werden: »Weicheier« und »Warmduscher«. Schon in der Schule gilt: Jungen, die sich »unmännlich« geben, werden von ihren Geschlechtsgenossen gemobbt. Männlicher Tiefstatus wirkt, wie die letzte Puppe zeigt, unmännlich und lächerlich.

»Wer den Schaden hat ...«
Komik, Status und Macht

Im letzten Kapitel wurde kurz an Tarzan erinnert, wie er mit einem energischen Griff die schwache Jane umfaßt, seinen animalischen Schrei ausstößt und sich locker von Liane zu Liane schwingt: Männlicher Hochstatus trifft auf weiblichen Tiefstatus.

Schreiben wir einige Drehbücher für fiktive Parodien:

> Der starke Tarzan richtet sich im Urwald vor Jane zu stattlicher Größe auf. Mit seinen Fäusten trommelt er auf seine Brust und stößt dabei animalische Schreie aus. Daraufhin klettert er vor Janes Augen behende auf einen Baum und ergreift eine Liane, um sich in lichter Höhe lässig von Ast zu Ast zu schwingen. Doch mitten im Schwunge reißt die Liane ...
>
> Während Tarzan in die Tiefe stürzt, stößt er einen Schrei aus, der nur noch entfernt an seinen Kraftschrei erinnert ...

Die Komik dieser Szene lebt von dem plötzlichen Statuswechsel des männlichen Helden. Der Hochstatus des Affenmenschen stürzt mit dem Zerreißen der Liane wie ein Kartenhaus in sich zusammen. Je tiefer Tarzan abstürzt, desto tiefer sinkt auch sein Status. Der Schrei während des Fallens mutiert vom Hochstatus-Schrei zum ängstlichen Tiefstatus-Hilferuf.

Der Witz steht und fällt mit der übertriebenen Inszenierung des männlich-überlegenen Hochstatus zu Beginn der Szene. Je dominanter Tarzan zunächst präsentiert wird, desto drastischer erscheint der Statuswechsel beim Riß der Liane und desto witziger wirkt die Szene.

Eines der Grundprinzipien einer komischen Szene oder auch eines Witzes lautet: Je höher der Status einer Person inszeniert wird, desto stärker fallen die Lacher bei dessen unerwartetem Statusverlust aus. Dieses Lachen des Publikums basiert auf Schadenfreude. Es handelt sich bei diesem Prinzip von Komik um eine sehr aggressive Variante von Humor – er geht auf Kosten der Personen, die den Schaden davontragen: »Wer den Schaden hat, braucht für den Spott nicht zu sorgen.«

Komik lebt vom Statusverlust: Stolpert eine gebückte Oma über eine Bananenschale, lachen nur die gefühllosen Zeitgenossen – sie erleidet durch den Fall keinen Statusverlust. Sollte aber der Kanzler bei einem Staatsbesuch durch eine Bananenschale zu Fall kommen, dann lacht das ganze Volk. Der Statusverlust fällt bei diesem Kanzler-Sturz so eklatant aus, daß er Balsam für die geschundenen Seelen der kleinen Leute ist. Daraus folgt: Je höher der soziale oder auch kommunikative Status einer Person, desto lauter ist unser hämisches Lachen, wenn dieser ein Mißgeschick passiert. Nach diesem Grundprinzip werden seit Hunderten von Jahren die Mächtigen der Welt verlacht.

Eine zweite parodistische Szene zu der Geschichte von Tarzan und Jane könnte folgendermaßen aussehen:

> Der starke Tarzan will Jane packen, doch die entpuppt sich trotz ihrer zierlichen Figur als nicht minder kräftig und dreht den Spieß um: Sie ergreift Tarzan mit dem rechten Arm und schwingt sich mit dem linken mühelos von Liane zu Liane. Bevor sie einen furchterregenden Schrei ausstößt, murmelt sie noch etwas wie: »Noch nie was von Emanzipation gehört?«

Die Komik dieser Szene lebt von dem Rollentausch, durch den die traditionelle Aufteilung von männlichem Hochstatus und weiblichem Tiefstatus aufgebrochen wird. Verstärkt wird die parodistische Wirkung dadurch, daß dieser Statustausch entgegen den körperlichen Voraussetzungen der Hauptdarsteller durchgeführt wird: Der starke Tarzan wird durch die Hochstatus-Handlungen der scheinbar schwachen Jane in den Tiefstatus gezwungen. Die traditionelle Geschlechterhierarchie wird mit einem Federstreich Janes sprichwörtlich auf den Kopf gestellt.

Auch für diese Szene gilt: Je dominanter Tarzan zu Beginn dargestellt wird, desto heftiger und witziger ist der Statuswechsel. Und je unterlegener sich Jane anfangs präsentiert, desto komischer ist ihr plötzlicher Wechsel in den Hochstatus.

Dieses Grundprinzip von Komik, nämlich eine scheinbar festgefügte Hierarchie plötzlich auf den Kopf zu stellen, kommt immer dann zum Tragen, wenn zwei Komödianten gemeinsam auf der Bühne stehen oder einen Spot drehen. Auch die Komik von Oliver Hardy und Stan Laurel (»Dick und Doof«) basiert auf diesem Grundprinzip eines abrupten oder auch vorhersehbaren Statuswechsels der beiden Protagonisten: Der im Tiefstatus präsentierte »Doof« bringt den Freund »Dick« mit seiner Trotteligkeit immer wieder in mißliche Situationen, in denen sich herausstellt, daß dessen Hochstatus aufgeblasen war.

Sie können sämtliche Komikerpaare der Bühnen- oder Filmgeschichte analysieren und werden immer wieder auf ein Grundmuster von Komik stoßen: Die beiden Protagonisten werden fast immer mit unterschiedlichem Status inszeniert. Denn jeder gute Regisseur weiß: Zwei Komödianten, die den gleichen Grundstatus spielen, laufen Gefahr, das Publikum zu langweilen. Humor lebt vom Statusbruch. Stellen Sie sich nur einmal vor, Obelix wäre so schlau wie Asterix oder Bud Spencer so intelligent wie Terence Hill. Langweilig …

»Wer den Schaden hat ...«

Die parodistischen Möglichkeiten der Tarzan-und-Jane-Szenerie sind noch nicht erschöpft:

> In dieser Variante entspricht Tarzan gar nicht dem Klischee des starken Beschützers. Als schmächtiger und kleiner Tiefstatus-Mann gibt er eine lächerliche Figur ab. Sein Versuch, die große und starke Jane zu umfassen und hochzuheben, scheitert kläglich. So sehr er sich auch bemüht, Tarzan kriegt seine Jane nicht einen Zentimeter vom Boden.
>
> Regungslos, interessiert und mit einem Anflug von überlegenem Lächeln beobachtet Jane Tarzans vergebliche Versuche, sie anzuheben. Schließlich wird es ihr zu bunt. Kurz entschlossen ergreift sie den Pantoffelhelden, dreht den Spieß um, packt Tarzan unter den Arm und vollführt mit einer Lässigkeit das, was das Publikum eigentlich von Tarzan erwartet hätte: Sie stößt einen animalischen Schrei aus und schwingt sich – mit der männlichen Witzfigur Tarzan unter dem Arm – von Liane zu Liane.

Die Komik dieser Szene basiert ebenfalls auf dem Prinzip des Statusbruchs, allerdings ist dieser Bruch schon in den Figuren der Hauptdarsteller angelegt. Wir erwarten einen starken und dominanten Tarzan und eine zierliche Jane und werden konfrontiert mit einem »Nicht-Mann« und einem »Mann-Weib«. Keine der beiden Figuren erfüllt die Anforderungen, die traditionellerweise an Männlichkeit und Weiblichkeit gestellt werden. Wenn dann gegen Ende der Szene Jane »aus der Rolle fällt« und Tarzan so packt, wie wir es eigentlich von ihm erwartet hätten, ist die Komik perfekt.

Komiker und Kabarettisten

Männliche Komik lebt vom grundsätzlichen Bruch der Figur mit der traditionellen Geschlechterrolle: Der männliche Komiker ist ein Tolpatsch. Denken Sie nur an die zahllosen Komiker wie Woody Allen, Mister Bean, Louis de Funès, Jacques Tati, Buster Keaton, Harold Lloyd, Charlie Chaplin, Jerry Lewis, Loriot, Karl Valentin, Rüdiger Hoffmann, Otto, Tom Gerhardt, Karl Dall, Mike Krüger, Dieter Hallervorden, Herbert Knebel, Wigald Boning, Helge Schneider usw. – all diese Männer sind »Trottel«. Als Nicht-Männer werden sie zur Zielscheibe männlichen wie weiblichen Spotts. In ihren Sketchen und Geschichten werden sie immer wieder zu Opfern widriger Umstände, anderer Personen oder ihres eigenen Unvermögens. Sie scheitern kläglich an den kleinsten und belanglosesten Problemen des Alltags. Wenn diese Komiker die heiklen Situationen halbwegs schadlos überstehen, dann nicht, weil sie – wie es sich für »ganze Kerle« gebührt – männlich den Widrigkeiten trotzen und aus den Kämpfen des Alltags heldenhaft hervorgehen, sondern weil ihnen in all ihrer Trotteligkeit der Zufall zu Hilfe eilt und sie aus den Fängen des Alltags befreit. Diese männlichen Witzfiguren siegen nicht, sondern überleben im Scheitern.

Stellvertretend für all die oben aufgezählten Komödianten möchten wir die Figur des Mr. Bean betrachten: Er erfüllt nicht im geringsten die Anforderungen, die in unserer Gesellschaft an Männlichkeit gestellt werden. Mr. Bean ist weder stark noch dominant oder gar gutaussehend. Er läßt grundlegende männliche Fähigkeiten und Fertigkeiten wie Durchsetzungsvermögen, Stärke oder auch Risikobereitschaft vermissen. Mr. Beans Bewegungen sind unbeholfen, seine Handlungen grotesk.

Millionen von Frauen lachen über seine unfreiwillige Komik, doch keine von ihnen würde sich »im richtigen Leben« in diesen liebenswerten Mann verlieben. Und Millionen von Männern freuen sich über seinen Tiefstatus, versuchen aber krampfhaft, jede Ähnlichkeit mit diesem Anti-Helden zu vermeiden.

Die männlichen Komiker leben von dem Statusbruch mit der traditionellen Männerrolle. Sie sind Anti-Helden, die die zuschauenden und lachenden Männer im Publikum für einige Minuten oder Stunden von der Last befreien, als Mann stets stark, mutig und durchsetzungsfähig zu sein. Der Erfolg der männlichen Trottel ist gerade darin begründet, daß die zuschauenden Männer ihre eigenen unterdrückten »schwachen« Anteile in den Komikern entdecken und darüber ausnahmsweise einmal herzhaft lachen dürfen. Das bedeutet, daß das männliche Publikum sich in den Trotteln selbst verspottet – um nach der Filmszene um so gestärkter am Selbstbild männlicher Überlegenheit festzuhalten.

Erkennen nicht auch die Frauen die mühsam unterdrückten Schwachstellen der Männer in dem Tiefstatus-Verhalten des Trottels und können endlich risikolos darüber lachen? Somit würden die Frauen nicht nur die Komiker auf der Leinwand oder dem Bildschirm belächeln, sondern diese stünden stellvertretend für ihre Männer, Partner, Söhne oder Mitarbeiter.

Natürlich lachen wir nicht nur über Trottel. Es gibt auch Hochstatus-Männer, die uns mit ihrem Spott zum Lachen bringen können: Dieter Hildebrandt, Bruno Jonas, Matthias Richling, Matthias Beltz, Ingo Appelt, Volker Pispers, Jürgen Becker usw. Doch zwischen diesen Kabarettisten und den oben aufgezählten Komikern besteht ein großer Statusunterschied:

- Wir lachen und spotten über den Tiefstatus der Komiker und stellen uns als Publikum damit über sie. Wir verhöhnen die dargestellte Figur in ihrer Nicht-Männlichkeit. Dieser Humor ist potentiell emanzipatorisch.

- Wir lachen mit den Kabarettisten über diejenigen, die eigentlich über uns stehen: die Mächtigen. Der Kabarettist nimmt uns als seinen Partner oder seine Partnerin mit in die Vogelperspektive, aus der heraus wir auf die Gesellschaft mit ihren scheinbar Mächtigen herabblicken. Mit Hilfe der Kabarettisten sind wir für einen kurzen Moment selbst die Großen dieser Welt. Von dieser Warte des Hochstatus aus können wir bitterböse mit all denen abrechnen, die uns täglich das Leben schwer machen. Der Kabarettist verhilft uns zur »Rache des kleinen Mannes« – und natürlich der »kleinen Frau«. Die Mächtigen werden entlarvt und durch den Witz entmachtet. Diese Art von Humor ist potentiell subversiv und anarchistisch.

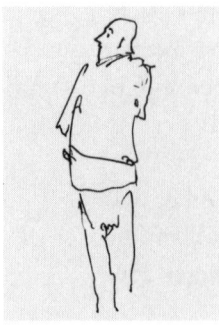

An Hand der Körpersprache des jeweiligen Komikers kann auf den ersten Blick unterschieden werden, welches Männerbild transportiert wird und welcher Art die Komik ist: Die Trottel setzen auf die Komik des körpersprachlichen Tiefstatus. Sie sind oft klein und schmächtig, dick oder aber lang und dürr. Keiner von ihnen entspricht dem maskulinen Schönheitsideal eines sportlichen, starken und attraktiven Mannes. Ihre Körpersprache signalisiert Tiefstatus: linkische Bewegungen, fahrige Gesten, unsichere Blicke, tapsige Schritte, nervöse Mimik. Anders die Kabarettisten: Mit ihrer selbstsicheren Körpersprache signalisieren sie Überlegenheit. Sie stehen erhobenen Hauptes auf der Bühne, ihre Bewegungen sind akzentuiert. Ihre Gestik ist prägnant und unterstreicht die scharfe und spitze Sprache. Mit einem verächtlichen Lächeln verspotten sie die Großen der Welt. Die Trottel betrachten die Welt von unten, die Kabarettisten von oben.

Frauen hatten lange Zeit nichts zu lachen

Komik war bis vor einigen Jahren fast durchweg männlich: Die Zielscheibe der Komik waren üblicherweise Männer, und auch die Protagonisten – die Kabarettisten, Clowns und Komödianten – waren in der Regel männlich. Zu festgefügt waren bis in die 60er und 70er Jahre die Machtverhältnisse zwischen den Geschlechtern, als daß es – von wenigen Ausnahmen abgesehen – Frauen zugestanden wurde, über die Männer Witze zu machen. Frauen, die wie Lore Lorentz vom Düsseldorfer Kommödchen die Männer aus der Hochstatus-Perspektive verspotteten, waren dem männlichen und auch weiblichen Publikum lange Zeit suspekt. Komikerinnen wie Iris Berben oder Evelyn Hamann wurden zu »Zuspielerinnen« für ihre berühmten männlichen Kollegen Dieter Krebs und Loriot degradiert.

Doch seit einigen Jahren scheint eine der letzten Bastionen von Männlichkeit – die Komik – zu fallen. Immer häufiger sind es auch Kabarettistinnen und Komikerinnen, die frech und frei die kleinen wie die großen Mißstände aufs Korn nehmen. Zielscheibe des weiblichen Humors sind zunächst einmal die Herren der Schöpfung. Das ist nicht verwunderlich, denn die parodistische Umkehrung von bestehenden Machtverhältnissen ist seit je ein zentrales Merkmal von Humor. Die scheinbare Stärke des »starken Geschlechts« wird von weiblichen Komikerinnen als eigentliche Schwäche entlarvt und somit der öffentlichen Lächerlichkeit preisgegeben. Den Deutschen Kabarettpreis 2003 gewann erstmals eine Frau: Lisa Politt. Sie sagte in einem Interview mit der *taz:* »Wenn ich keine Frau wäre, hätte ich den schon viel

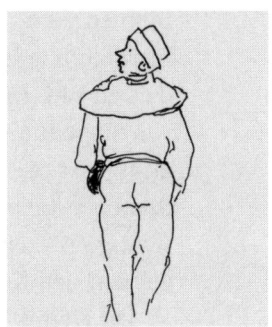

eher gekriegt.« Das, was Jahrzehnte undenkbar schien, ist tägliche Realität auf unseren Bildschirmen: Frauenfiguren holen Männer mit ihren Witzen vom hohen Roß herunter und nehmen dadurch indirekt selbst den Hochstatus ein.

Die Galionsfigur weiblicher Komik ist im deutschsprachigen Raum zur Zeit zweifellos Anke Engelke. Sie schlüpft überwiegend in Frauenrollen, die einen körpersprachlichen Tiefstatus aufweisen, und verspottet Vertreterinnen ihres eigenen Geschlechts. Fällt sie damit dem eigenen Geschlecht auf dem Weg zur Gleichberechtigung in den Rücken? Wohl kaum, denn letztlich ist diese neue Art von weiblicher Komik, die nicht nur den Männern, sondern auch dem eigenen Geschlecht einen Spiegel vorhält, Ausdruck eines neuen weiblichen Selbstbewußtseins. Über sich selbst oder die Schwächen des eigenen Geschlechts lachen zu können, erfordert Distanz zum traditionellen Rollenklischee einerseits und generelles Selbstbewußtsein andererseits. Mächtige Männer dieser Welt haben sich immer schon von männlichen Hofnarren umgeben, deren Pflicht es war, ihnen einen Spiegel vorzuhalten. Sich im Spiegel zu erkennen und auch noch über sich selbst lachen zu können, zeugt von Größe und Selbstbewußtsein.

Alle Beispiele belegen: Komik und Status sind untrennbar miteinander verbunden. Die Komik einer Figur, eines Witzes, einer Bühnenszene, eines Spots oder eines ganzen Films lebt von der Inszenierung des Statusbruchs. Es gibt mehrere Möglichkeiten, dies zu tun. In jedem Fall gilt: Je heftiger der Bruch mit den Erwartungen und Sehgewohnheiten des Publikums ausfällt, desto größer ist die humoristische Wirkung eines Sketches oder einer Szene. Festgefahrene Machtverhältnisse werden mit einem beabsichtigten oder unbeabsichtigten Handstreich der Ohnmächtigen auf den Kopf gestellt.

Da Komik und Status so untrennbar miteinander verknüpft

sind, ist es kein Wunder, daß die Körpersprache der Schauspielerinnen und Schauspieler zu einem zentralen Element dieser Art von Humor wird. Die berühmtesten Komiker der Bühnen- und Filmgeschichte waren und sind Schauspieler, die ihre witzigen und entlarvenden Geschichten ohne Worte transportieren und uns allein mit der Kraft ihrer Körpersprache rühren können, wie Buster Keaton, Stan Laurel und Oliver Hardy, Charlie Chaplin, Jacques Tati, Karl Valentin oder auch Marcel Marceau. Ihrer ausgefeilten und überzeugenden Körpersprache verdanken wir großartige Momente der Bühnen- und Filmgeschichte.

Wer hat hier das Sagen?
Körpersprache und Macht in Hierarchien

Beim Militär gibt es, was Hierarchien anbelangt, kaum Mißverständnisse: In einer Kaserne weiß jeder Soldat vom Rekruten bis zum Generalstabschef bei jeder Zusammenkunft augenblicklich, welchen militärischen Dienstgrad das jeweilige Gegenüber bekleidet. Fragen des Austeilens und Empfangens von Befehlen sind zweifelsfrei innerhalb von Sekunden geklärt. Die Anzahl der Sterne oder Streifen auf den Schulterklappen, aber auch die Art der Mützen auf den Köpfen signalisieren eindeutig, wer welchen Rang bekleidet.

In den Unternehmen, Verbänden und Behörden muß man schon genauer hinschauen, um den Rang einer Person innerhalb

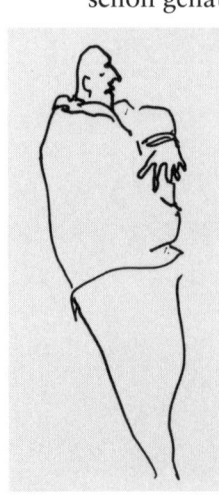

der Organisation an Hand der Kleidung bestimmen zu können. Der graue Anzug oder auch das saloppe Jackett und die Jeans sind Uniformen, die auf Sterne oder Striche zur Kennzeichnung von Hierarchieunterschieden verzichten. Zumindest auf benachbarten Hierarchiestufen fällt eine kleidungsbedingte Unterscheidung zwischen Vorgesetzten und Untergebenen schwer. Unterschiedliche Ränge werden dort eher verkörpert denn bekleidet: In Unternehmen oder Behörden kommunizieren sich die dort arbeitenden Personen mittels ihrer Körpersprache, wer wem vorgesetzt, unter- oder gleichgestellt ist.

Chefsache

Betrachten wir die ersten 60 Sekunden einer Begegnung zwischen einem Chef und einem untergeordneten Mitarbeiter:

> Ein leitender Angestellter hat seinen Chef um ein Gespräch ersucht, um mit diesem einige Dinge bezüglich seines Weiterkommens in der Firma zu bereden. Nach mehrfachen Nachfragen bekommt er schließlich einen Termin gewährt, der allerdings – so wird ihm über eine Sekretärin des Chefs mitgeteilt – erst in zwei Wochen stattfinden kann.
> Am Tag X steht der leitende Angestellte pünktlich zu dem vereinbarten Termin vor der Bürotür seines Chefs. Bevor er anklopft, ordnet er noch einmal schnell seine Kleidung und überprüft die Frisur. Mit einem verhaltenen Klopfen bittet er um Audienz. Anschließend wartet er auf das »Herein« des Chefs. Keine Reaktion! Nach zehn Sekunden des Lauschens und Wartens klopft der Angestellte erneut an die Tür – nun etwas energischer. Tatsächlich: Fünf Sekunden später vernimmt er von Drinnen das erlösende »Ja?« seines Chefs. Der Angestellte öffnet die Tür, tritt ein, schließt die Tür vorsichtig hinter sich und bleibt stehen.
> Der Direktor blättert weiter in seinen Akten, würdigt seinen Angestellten nur eines kurzen Streifblicks und grüßt flüchtig: »Tag, Herr Maier. Moment bitte!« Weitere zwanzig Sekunden vergehen, in denen der Chef seine wichtige Arbeit fortführt und den Angestellten, der noch immer in der Nähe der Tür steht, mit keinem Blick beachtet. Endlich wirft er dem Angestellten einen erneuten flüchtigen Blick zu mit dem Satz: »Setzen Sie sich doch!« Dabei deutet er auf den Stuhl, der vor seinem Schreibtisch steht. Während der Angestellte sich dankend setzt, öffnet der Chef die Schublade seines Schreibtischs und sucht darin herum.

> Der Angestellte sitzt derzeit in einer relativ angespannten Haltung so auf dem Stuhl, daß seine Beine parallel auf dem Boden stehen, er mit seinem Gesäß nur die Hälfte der Sitzfläche besetzt und die Hände zusammengefaltet auf seinem Schoß liegen. Höflich wartet er darauf, daß der Chef das Suchen in der Schublade beendet und das Gespräch eröffnet – was dieser, nachdem er endlich eine Diskette in seiner Schublade gefunden hat, einige quälende Sekunden später auch tatsächlich tut: »Nun, Herr Maier, was kann ich denn für Sie tun?«

Sie sehen: Die ersten 60 Sekunden der Begegnung sind mit Signalen der Macht des Direktors, aber auch mit Signalen der Anerkennung der Hierarchie seitens des Angestellten gespickt. Jetzt werden Sie vielleicht einwenden, daß sich Chefs und Ihre Untergebenen heutzutage anders verhalten als in diesem fiktiven Beispiel. In unseren Führungsseminaren machen wir jedoch andere Erfahrungen: Die meisten Führungskräfte beanspruchen zwar für sich, einen partnerschaftlichen Führungsstil zu pflegen, doch ihre Körpersprache ist, ohne daß sie sich dessen bewußt sind, durchsetzt mit Signalen der Selbsterhöhung und der Fremdherabsetzung:

- Viele Vorgesetzte betreten die Räume ihrer Angestellten, ohne vorher anzuklopfen: ⇛ Invasion
- Vorgesetzte berühren ihre Mitarbeiter häufiger als jene ihre Chefs: ⇛ Invasion
- Bei Konferenzen und Besprechungen beanspruchen die Vorgesetzten für sich räumliche Vorteile: Ihre Stühle sind bequemer, ihr Platz ist zentraler gelegen, und sie haben mehr Raum vor bzw. neben sich zur Verfügung: ⇛ Entspannung und Expansion
- Vorgesetzte unterbrechen Untergebene häufiger in deren

Redefluß, als diese es bei ihren Chefs tun: Das Wort abzuschneiden ist invasives Verhalten
- Höhergestellte Personen nehmen sich im Kontakt mit rangniedrigeren Mitarbeitern das Recht heraus, eine Besprechung für ein Telefongespräch zu unterbrechen: ⇒ Verfügung über fremde Zeit
- Vorgesetzte dürfen eine Kleiderordnung eher verletzten als Untergebene: In Konferenzen sind es zunächst die Chefs, die den Schlips lockern oder ablegen. Der Chef öffnet fraglos das Fenster, wenn es ihm zu heiß oder die Luft zu stickig wird: ⇒ Entspannung
- Angestellte dürfen ihre Chefs nicht im gleichen Maße kritisieren wie Chefs ihre Angestellten: Kritik ist Invasion in fremde Wissensgebiete

Aber um nicht einseitige Schuldzuweisungen vorzunehmen, läßt sich auch beschreiben, wie Angestellte durch ihr nonverbales Verhalten die untergeordnete Position anerkennen:

- Keiner der Angestellten besetzt den bequemsten Stuhl in einem Teamraum oder Besprechungszimmer. Jeder wählt stillschweigend eine unbequemere Sitzgelegenheit: ⇒ Selbstherabsetzung bzw. Fremderhöhung.
- Wenn Untergebene bei einer Konferenz ein Fenster öffnen wollen, fragen Sie um Erlaubnis: ⇒ Selbstherabsetzung und Fremderhöhung.
- Angestellte akzeptieren widerspruchslos, wenn der Chef ohne Anklopfen eintritt oder ihnen ins Wort fällt ⇒ Erdulden von Invasion.

Die Chefs sind daher nicht einfach die Bösen, die den anderen ihre Macht aufzwingen, sondern Macht ist Ausdruck eines hierarchischen Verhältnisses, in dem die Bemächtigten ihre Macht immer wieder auch an die Bevollmächtigten abgeben. Die Körpersprache kommuniziert diese Machtverhältnisse täglich.

Das System der Höflichkeit

Hierarchisches Verhalten ist daran erkennbar, daß es nicht umkehrbar ist. Das, was die ranghohen Personen tun, dürfen die rangniedrigeren nicht kopieren: Ein Angestellter, der seinem Chef ins Wort fällt, verstößt gegen ungeschriebene Gesetze der Hierarchie. Das gleiche Verhalten, das ein Chef sich gegenüber seinem Angestellten herausnimmt, wird mißbilligt, wenn der Angestellte es sich ihm gegenüber herausnimmt. An der Unumkehrbarkeit von Verhalten erkennen wir das darin enthaltene Machtpotential. Wir sprechen von hierarchischer bzw. asymmetrischer Kommunikation.

Umgangssprachlich werden Verstöße gegen die ungeschriebenen Gesetze der hierarchischen Kommunikation häufig mit dem Begriff »unhöfliches Verhalten« belegt. Ein Angestellter, der ohne Voranmeldung seinen Chef in dessen Büro besucht, handelt ebenso unhöflich wie ein Mitarbeiter, der sich in einem Besprechungszimmer auf den größten und bequemsten Stuhl setzt. Das Verhalten eines Chefs jedoch, der ohne Termin seinen Angestellten in dessen Büro besucht oder während einer Konferenz ungefragt das Fenster öffnet, werden die meisten von uns nicht als unhöflich bezeichnen, sondern diesem zugestehen. Warum kann ein und dieselbe Handlung, je nachdem, ob sie von einem Vorgesetzten oder Untergebenen durchgeführt wird, in einem Fall als unhöflich und im anderen als normal und legitim bewertet werden?

Das System der Höflichkeit

Es lohnt sich, das Wort »unhöflich« und dessen Bedeutung einmal näher zu betrachten: »Höflich« leitet sich aus dem Wort »Hof« ab. Zu der Zeit, als nicht Direktoren, sondern Adlige das Land regierten und über die Macht verfügten, war an deren Hofe peinlich genau geregelt, wie miteinander kommuniziert werden durfte. Ein Hof war nach hierarchischen Gesichtspunkten bis in die kleinsten Details durchstrukturiert. Jeder der am Hofe Lebenden wußte genau, auf welcher Stufe der Hierarchie er stand. Aus dieser festgefügten Hierarchie leiteten sich sämtliche Kommunikationsformen ab: Wer wem wann und wie lange in die Augen schauen durfte war ebenso vorgeschrieben wie die Tiefe des Dieners, den man gegenüber einer höhergestellten Person zu vollziehen hatte. Höflich zu sein bedeutete, die höfische Hierarchie zu beachten und sich gegenseitig auch körpersprachlich zu kommunizieren. Wer eine körpersprachliche Geste der Unterwerfung gegenüber einem Vorgesetzten unterließ, handelte unhöflich. Jeder dieser unhöflichen Verstöße gegen die Hierarchie wurde von den Vorgesetzten geahndet. Wer sich höflich verhält, verhält sich hierarchisch korrekt.

Auch heute noch bildet die Beachtung bzw. Nichtbeachtung von Hierarchiesignalen die Basis für die Bewertung eines Verhaltens als höflich oder unhöflich.

Unhöfliches Verhalten ist ein Verstoß gegen stillschweigende Gesetze der Hierarchie und kommuniziert die bewußte oder unbewußte Egalisierung bestehender Hierarchien: **körpersprachliche Amtsanmaßung.**

Behandelt eine Person einen Partner, der eigentlich auf gleicher Stufe steht, von oben herab, ist auch dieses Verhalten ein Verstoß gegen das ungeschriebene Gesetz der Hierarchie: Partnerschaftlichkeit muß sich ausdrücken in symmetrischer Kommunikation. Bei dieser Art von Unhöflichkeit handelt es sich um **körpersprachliches Chefgebaren** unter Freunden.

Kommunikation mit Augenmaß

Gegen hierarchische Kommunikation ist prinzipiell nichts einzuwenden. In so mancher Konfliktsituation ist ein klares und deutliches Auftreten der Vorgesetzten notwendig, um Diskussionen zu beenden, Entscheidungen herbeizuführen, Hierarchieunterschiede zu klären oder Anweisungen zu geben. In unseren Führungsseminaren trainieren wir mit den Teilnehmerinnen und Teilnehmern, wie man einen klaren Führungsstil praktizieren kann, ohne die Mitarbeiter zu erniedrigen und zu verletzen.

Wir haben nichts gegen punktuelle hierarchische Kommunikation, wohl aber etwas gegen Automatismen. Oft sind wir uns unserer nonverbalen Macht- und Ohnmachtssignale nicht bewußt. Gehäuft auftretende verletzende Machtgesten können Mitarbeiter jedoch in den Widerstand oder gar in die innere Kündigung treiben. Devotes Verhalten seitens eines Angestellten kann grenzüberschreitendes Verhalten von Vorgesetzten begünstigen oder sogar provozieren. Daher ist es sinnvoll, sich der eigenen körpersprachlichen Signale bewußt zu werden. Denn die Selbstvergewisserung kann dazu beitragen, viele kommunikative Situationen unseren Wünschen angemessener zu gestalten:

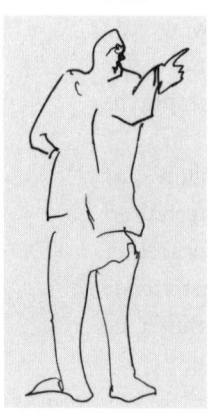

Ein Chef, der einen partnerschaftlichen Führungsstil pflegen und seine Mitarbeiter zur Selbstverantwortung ermutigen möchte, darf seinen Ansatz nicht durch eine machtvolle oder gar verletzende Körpersprache konterkarieren. Er sollte sich daher seiner Machtgesten bewußt werden, um sie gegebenenfalls auch ablegen zu können. Denn nur wenn Körpersprache und verbale Sprache kongruent sind, wirkt ein Chef in den Augen seiner Mitarbeiterinnen und Mitarbeiter glaubhaft. Nur wer sich wertschätzend seinen Mitarbeiterinnen und Mitarbeitern gegenüber verhält, kann sich erhoffen, daß jene für das Unternehmen oder die Behörde auch Werte produzieren.

Für die Mitarbeiter gilt: Wer von seinen Vorgesetzten respektvoll behandelt werden möchte, muß sich bei empfundenen Grenzverletzungen auch respektabel verhalten. »Katzbuckeln« und das widerspruchsfreie Erdulden von Verletzungen ist kein Verhalten, das dazu verhilft, respektvoll und wertschätzend behandelt zu werden. Die Akzeptanz von Invasion begünstigt das verletzende Verhalten von Vorgesetzten. Wer seine Arbeit verantwortlich verrichten möchte, sollte auf entmündigendes und kränkendes Verhalten von Vorgesetzten oder Mitarbeitern auch mit Einspruch und Grenzziehung antworten.

Verletzende Machtgesten üben Druck aus und produzieren allzu oft Widerstand – denn Druck erzeugt Gegendruck. Der Verzicht auf eingeschliffene Machtmuster dagegen kommuniziert Respekt und Wertschätzung und untermauert eine Autorität, statt diese zu schwächen. Denn ein Mitarbeiter, der von seinem Vorgesetzten mit Respekt behandelt wird, gibt die erfahrene Wertschätzung an diesen in gleicher Münze zurück.

Da wir in Hierarchien selten ganz oben oder ganz unten stehen, sind wir in der einen Situation Vorgesetzter, zwei Minuten später Untergebener und in einer anderen Situation gleichberechtigter Partner eines Teamkollegen. Achten Sie einmal darauf, wie sehr sich Ihr Status und Ihre Körpersprache verändern, je nachdem, in welcher Rolle bzw. Position Sie sind. Fragen Sie sich immer wieder, ob Ihr kommunikativer Status kongruent mit Ihrem verbalen Verhalten und Ihren Einstellungen und Werten ist.

Was in betrieblichen Hierarchien hinterfragt werden sollte, dürfte auch in anderen Bereichen einen kritischen Gedanken wert sein:

- Wie verhalten wir Eltern uns gegenüber unseren Kindern? Hierarchisch betrachtet sind wir deren »Vorgesetzte«. Welche Signale der Macht senden wir unbewußt aus, und welches Verletzungspotenzial enthalten sie?
- Wie respektvoll begegnen Pädagogen den ihnen anbefohlenen Kindern? Welche Machtgesten haben sich in deren pädagogisches Verhalten eingeschlichen, die den Kindern Entwertung statt Wertschätzung kommunizieren?
- Wie verhalten sich die Mitglieder eines Teams? Gibt es dort heimliche Hierarchien und Wortführerschaften, und werden diese mit offenen oder verdeckten Machtsignalen kommuniziert?

Wer die Prinzipien der hierarchischen Kommunikation durchschaut hat, sollte mühelos in der Lage sein, die gewonnenen Erkenntnisse auf die eigene berufliche oder auch private Situation zu übertragen. Es gibt keine allgemeingültigen Regeln, wie Sie sich nonverbal verhalten sollen. Wir möchten Sie lediglich so sensibilisieren, daß Sie einerseits die Entscheidung, wie sie künftig auftreten und wirken möchten, bewußter fällen und andererseits unbewußte und verletzende Machtgesten vermeiden können.

»Bitte nach Ihnen!«
Körpersprache und Macht in der Fußgängerzone

Es ist Samstag morgen in der Vorweihnachtszeit. Wir hetzen durch die Einkaufszone der Großstadt, auf der Suche nach den letzten Geschenken für den Gabentisch. Doch trotz der vielen Menschen kommt es in dieser wie in anderen Fußgängerzonen nur äußerst selten zu Zusammenstößen zwischen Passanten.

Was passiert zwischen uns Fußgängern auf der »Konsumrennbahn«; wie vermeiden wir Berührungen oder gar Rempler? Die Tatsache, daß es trotz der Enge zu keinen Zusammenstößen kommt, deutet darauf hin, daß wir als Passanten miteinander kommunizieren. Mit scheinbar geheimen Zeichen sprechen wir uns ab, wer wem wann wie und wohin ausweicht. Unsere Absprachen vollziehen sich dabei überwiegend nonverbal. In der Regel reichen subtile körpersprachliche Signale aus, um uns mit den Mitmenschen so zu einigen, daß keiner den anderen berührt oder rempelt.

Für diese nonverbalen Absprachen verwenden wir als Fußgänger Blicke, Andeutungen mit den Armen und Händen, aber auch Oberkörper-, Becken- und Kopfdrehungen. Mit diesem Instrumentarium an Körpersignalen können wir unseren Mitmenschen relativ eindeutige Richtungszeichen senden und andeuten, wohin wir angesichts eines drohenden Zusammenstoßes auszuweichen gedenken. Da fast alle Passanten dieses Signal-System kennen und beachten, ist der rempelfreie Einkauf das

»Bitte nach Ihnen!«

Ergebnis Dutzender nonverbaler Absprachen zwischen wildfremden Menschen. Nur äußerst selten ist ein Fußgänger bei der Klärung des Wegerechts auf die verbale Sprache angewiesen und läßt einer anderen Person den Vortritt mit den Worten »nach Ihnen« oder einfach nur »Bitte«.

Bringen wir das Modell der Wippe ins Spiel, und fragen wir nach der möglichen Hierarchie in diesen kommunikativen Prozessen in der Fußgängerzone. Verlaufen die Absprachen zwischen uns Passanten stets partnerschaftlich, oder neigt sich die Wippe mal zur einen, mal zur anderen Seite?

- Jeder von uns kennt Tage, an denen wir ohne Ausweichmanöver durch die dichtgedrängte Einkaufszone kommen. Nur selten müssen wir von der Ideallinie abweichen, die uns ohne Umweg zu unserem Ziel führt. Wir gehen unseren Weg. Die Mitmenschen weichen uns aus.

- An anderen Tagen ist es genau umgekehrt: Wir können keine drei Meter gehen, ohne anderen Passanten ausweichen zu müssen. Ständig werden wir von ihnen fast umgerannt. Es scheint zum Verzweifeln, denn für den gleichen Weg brauchen wir an »schlechten« Tagen viel länger.
- Es gibt Menschen, die immer »ihren Weg gehen«. Nur selten weichen sie von der geraden Linie ab.
- Für andere Zeitgenossen ist der Gang durch die volle Einkaufszone stets ein einziger Spießrutenlauf: Immer wieder müssen sie ihren Mitmenschen ausweichen.

Diese vier Beispiele deuten darauf hin, daß auch unser Gang durch die Fußgängerzone bestimmt ist von Prozessen hierarchischer Kommunikation. Betrachten wir diese unterschiedlichen Gänge durch die Fußgängerzone einmal unter Macht- und Ohnmachtsaspekten.

»Augen zu und durch«

Wie kann es gelingen, einen Weg durch die Fußgängerzone ohne Ausweichmanöver, also auf dem geraden Weg, zurückzulegen?

Wir beginnen mit der Analyse unserer **inneren Haltung:** Wir treffen eine Entscheidung im Kopf: »Ich will einen möglichst direkten Weg wählen und mich nicht nach anderen Passanten richten.« Eine solche innere Haltung bildet die notwendige Voraussetzung für einen zielstrebigen Gang. Zu dieser Einstellung können wir aus ganz unterschiedlichen Gründen gelangen:

- **Situative Zielstrebigkeit:** Wir sind in Eile, weil wir beispielsweise den nächsten Zug erwischen wollen, der in wenigen Minuten vom Bahnhof abfährt. Um diesen Zug pünktlich zu erreichen, entscheiden wir uns dazu, den Weg zum Bahnhof durch die volle Fußgängerzone möglichst schnell und geradlinig zurückzulegen.
- **Gewohnheitsmäßige Zielstrebigkeit:** Wir sind es gewohnt, daß sich die Mitmenschen – ob im Berufs- oder Privatleben – stets nach uns richten und sie im Zweifelsfall zu unseren Gunsten zurückstecken. In diesem Falle sind wir so etwas wie gewohnheitsmäßige Hochstatus-Menschen. Wir gehen zielstrebig durchs Leben. Diese innere Haltung äußert sich auch auf dem Weg durch die Fußgängerzone: Wir halten es für selbstverständlich, daß andere Menschen uns ausweichen, und nicht wir ihnen.

In beiden Fällen bildet die innere Haltung der Zielstrebigkeit – ob situativ oder gewohnheitsmäßig – die Basis für die **äußere Haltung.** Denn die Einstellung der Zielstrebigkeit setzt sich in Körpersprache um: Die geistige Entschlossenheit bewirkt eine Öffnung (**Entschließung**) des Oberkörpers, die wiederum eine aufrechtere Haltung bedingt. Zielstrebige Personen gehen relativ aufrecht und wirken dadurch größer und selbstbewußter:

- Eine aufgerichtete Person wirkt durch den geöffneten Brustkorb und das vorgeschobene Becken selbstsicher. »Ich muß mich nicht schützen«, so lautet die Körperbotschaft der Öffnung des Brustkorbs. Die betreffende Person signalisiert Angstfreiheit, Selbstsicherheit und Durchsetzungsvermögen.
- Die Öffnung des Brustkorbs zieht weitere Veränderungen der Körpersprache nach sich: Die Person wirkt größer. Der Kopf steht gerade und aufrecht über dem Körper; die Halspartie ist dadurch verlängert und freigelegt. Aufrichtung und Öffnung sind körpersprachliche Mittel der Selbsterhöhung und verursachen die Hochstatus-Wirkung der betreffenden Person.
- Zielstrebige Personen gehen zielgerichtet. Selbstsichere Menschen machen – statistisch gesehen – größere Schritte und gehen oft schneller als ihre ängstlichen Mitmenschen. Die heimliche Botschaft eines zielgerichteten Ganges an andere Passanten ist: »Ich weiß, wohin ich will, und kenne auch die weiteren Schritte, die mich zu meinem Ziel führen. Etwaige Hindernisse werden mich nicht aus der Bahn werfen. Ich werde sie wegräumen.« Solchen Personen stellen wir uns aus Angst vor möglichen Konflikten nur ungern in den Weg – es sei denn, wir sind aus dem gleichen Holz geschnitzt und verfolgen ähnliche Ziele.
- Zielstrebige Menschen haben immer ihr Ziel vor Augen, das sie verfolgen. Sie schauen seltener nach links und rechts und richten statt dessen ihren Blick nach vorne (»Tunnelblick«). In der Fußgängerzone bedeutet das, daß sie mit ihren Mitmenschen kaum Augenkontakt aufnehmen. Sie praktizieren weitgehende visuelle Ignoranz. Der *Tagesthemen*-Sprecher Ulrich Wickert, der viele Jahre in Paris gelebt hat, hat vor

laufenden Kameras einmal dokumentiert, daß man einzig mit dem Mittel der visuellen Ignoranz eine Chance hat, die vollbefahrenen Champs-Élysées zu überqueren: Er schaute weder nach rechts noch links, als er über diese mehrspurige Strasse ging. Die Autofahrer registrierten das Hochstatus-Verhalten Ulrich Wickerts – und bremsten, um ihn passieren zu lassen.

Fazit dieser Beobachtungen: Die innere Haltung der Zielstrebigkeit bedingt die äußere Haltung – Öffnung und Aufrichtung des Oberkörpers, zielstrebiger Gang und ein nach vorn gerichteter Blick. Eine zielstrebige Person sendet Hochstatus-Signale aus und signalisiert damit ihren Wunsch nach Dominanz. Sie strebt eine Hierarchisierung der Kommunikation an. Ihr Ziel ist es, auf der Basis von Dominanz ihr Interesse an einem direkten Weg durchzusetzen.

Man(n) trifft sich ...

Ob der gewünschte Effekt tatsächlich eintritt, daß die anderen Passanten einen Schritt kürzertreten, hängt von vielen Faktoren ab und ist das Ergebnis relativ komplexer Kommunikationsprozesse, die wir beleuchten wollen.

Ein Beispiel:

Unser Bus fährt in zwei Minuten. Wir haben noch 300 Meter Fußgängerzone vor uns, und es wird zeitlich ziemlich eng. Entschlossen und zügigen Schritts gehen wir in Richtung Busbahnhof. Die meisten Passanten lesen unsere Zielstrebigkeit an unserem entschlossenen Auftreten ab und lassen uns den Vortritt. Doch von rechts nähert sich eine Person, die es ebenfalls eilig zu haben scheint. Auch ihre Schritte verraten Entschlossenheit. Wir haben es demnach mit einem klassischen Machtkampf zu tun, der in ein Kräftemessen mündet: Wer ist stärker und setzt sich auf Kosten des anderen durch? Wer tritt einen Schritt zurück und riskiert dadurch, sein Ziel nicht pünktlich zu erreichen?

In unserem Kopf spielt sich in Bruchteilen von Sekunden folgendes ab: Wir sehen die Körpersprache unseres Kontrahenten und schließen von ihr auf seine innere Haltung. Wir bewerten seine Stärke und fragen uns gleichzeitig: »Bin ich der anderen Person ebenbürtig oder ihr gar überlegen? Wer ist entschlossener, sie oder ich?«

Nehmen wir einmal an, daß wir uns unserem Kontrahenten überlegen fühlen. In diesem Falle kommunizieren wir ihm unsere Selbstgewißheit. Da auch unser Gegenüber unsere äußere Haltung sieht und darüber unsere innere Einstellung bewertet, tritt er mit einer hohen Wahrscheinlichkeit einen Schritt zurück.

Doch vielleicht kommen wir auch zu dem Ergebnis, dem Kontrahenten noch nicht ganz gewachsen zu sein. Dann müssen wir uns, wollen wir unseren Bus nicht verpassen, ins Zeug legen. Wir rüsten nach, indem wir unsere Hochstatus-Signale verstärken: Unser Schritt wird energischer; der Gang wird fester und wir gehen etwas schneller; wir richten uns auf und vermeiden konsequent den Blickkontakt mit dem Kontrahenten. Wenn auch bei ihm ähnliche Prozesse ablaufen, dann spitzt sich die Situation dahingehend zu, daß der Machtkampf erst in letzter Sekunde entschieden wird: Wer trotz drohender Kollision die Stärke und die Nerven behält, seinen Weg fortzusetzen, entscheidet den Machtkampf auf den letzten Zentimetern meistens für sich. Aber nur meistens, denn es kommt in jeder Fußgängerzone durchaus zu kleinen Remplern, weil zwei gleich entschlossene Hochstatus-Passanten aneinandergeraten.

Ganz anders dagegen verhält sich die Situation, wenn diese Personen, die möglichst unbeirrt ihres Weges gehen wollen, an

Fußgänger geraten, die überhaupt keine Notiz von ihnen nehmen können, weil sie sie nicht sehen: Ein Passant, der mit gesenktem Kopf und gedankenverloren durch die Fußgängerzone schlendert, bremst unbewußt jeden eiligen Hochstatus-Passanten aus. Das Hochstatus-Verhalten eines Fußgängers stößt überall da an seine Grenzen, wo andere Personen es – aus welchen Gründen auch immer – nicht beachten bzw. nicht sehen.

Das erstaunliche ist, daß wir Körpersignale der Macht in der Regel vollkommen unbewußt ergreifen, um anderen Menschen nicht ausweichen zu müssen. Die Kommunikation vollzieht sich überwiegend intuitiv und so selbstverständlich, daß uns die dahinter verborgene Hierarchisierung kaum auffällt.

»Ein Schritt vor und zwei zurück«

Eingangs haben wir bemerkt, daß es Situationen gibt, in denen wir anderen Personen ständig ausweichen müssen. Welche unbewußten Statussignale senden wir aus, daß sich unsere Mitmenschen trauen, uns den Weg abzuschneiden?

Bevor wir auf die Ebene der Körpersprache eingehen, beleuchten wir erneut die innere Haltung, die die äußere bedingt: Wir alle kennen Tage, an denen wir nicht ganz klar sind im Kopf. Vielleicht sind wir mit dem falschen Bein aufgestanden, vielleicht bedrücken und belasten uns gravierende Probleme, oder wir hängen irgendwelchen Gedanken nach. Wir sind verwirrt und unentschlossen und können keinen »klaren Standpunkt« entwickeln.

Wie sollen wir, wenn wir eine schwere Last zu tragen haben, die uns bedrückt, aufrecht gehen können? Wie können wir mit einem Kopf voll schwerer und verwirrender Gedanken »erhobenen Hauptes« gehen? Wenn wir innerlich schwanken, wie können wir da fest stehen? Und wie sollen wir, wenn wir nicht mal einen festen Standpunkt haben, in den labilen Zustand des Gehens übergehen, ohne zu schlingern?

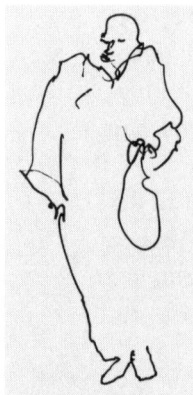

Die innere schwankende Haltung setzt sich um in eine äußere Haltung. Das innere Geknicktsein zeigt sich in der Körpersprache: Unentschlossenheit führt zur gebückten Haltung, zu fahrigen Bewegungen und kleineren und langsameren Schritten. Unser Gang ist zögerlich.

Wir senden körpersprachliche Tiefstatus-Signale aus, die dem inneren Tiefstatus entsprechen. Diese werden von den Mitmenschen wahrgenommen und als mangelndes Durchsetzungsvermögen interpretiert.

Die anderen Passanten nehmen unseren inneren wie äußeren Tiefstatus wahr und schneiden uns den Weg ab, und wir verhalten uns komplementär, indem wir ihnen ausweichen oder einen Schritt zurücktreten.

Pas de deux

Wir möchten natürlich nicht den Eindruck erwecken, unsere Fußgängerzonen seien Orte permanenter Konflikte, in denen ein erbarmungsloser Machtkampf um die knappen Güter Zeit und Raum stattfindet. Die meisten von uns verhalten sich nur in Fällen akuten Zeitmangels rücksichtslos, um ihr Ziel möglichst schnell und auf Kosten anderer Passanten zu erreichen. In der Regel agieren wir trotz tendenzieller Zeitknappheit überwiegend kooperativ, wenn es gilt, Wegerechte zu klären. Wir nehmen unsere Mitmenschen als Partner wahr.

Grundlage dieser Partnerschaftlichkeit bezüglich unseres Fußgängerverhaltens ist die innere Haltung einer prinzipiellen Gleichrangigkeit gegenüber den anderen Passanten. Wir wollen diese weder über den Haufen rennen noch übertriebene Rücksicht walten lassen, indem wir ihnen selbstlos den Vortritt und damit den Raum überlassen. Voraussetzung für diese partnerschaftliche Einstellung ist – neben einer respektvollen Grundhaltung unseren Mitmenschen gegenüber –, daß wir genügend Zeit mitbringen und über ein Mindestmaß an Selbstbewußtsein verfügen.

Diese innere Haltung des Respekts beeinflußt die äußere Haltung und bewirkt ein körpersprachliches Verhalten, das auf Macht- und Ohnmachtsgesten weitgehend verzichtet. Konkret bedeutet das, daß wir bei einem drohenden Zusammenstoß mit einem anderen Passanten versuchen, mit diesem Blickkontakt herzustellen. Durch diesen Kontakt, der nur einen Augenblick dauert, teilen wir dem Gegenüber die Botschaft mit: »Wir haben einander wahrgenommen. Ich möchte mich partnerschaftlich mit Ihnen darüber einigen, wer wem wie ausweicht.«

Nach dem vollzogenen Blickwechsel wende ich meine Augen in die Richtung, in die ich zu gehen beabsichtige. Ich teile dem Gegenüber also meine intendierte Bewegungsrichtung mit. Durch eine leichte Körperdrehung und durch Andeutungen meiner Arme signalisiere ich zusätzlich, daß ich bereit bin, von meiner Ideallinie ein wenig abzuweichen. Meinen Absichtssignalen lasse ich Taten folgen: Durch ein oder zwei Ausweichschritte oder die Verlangsamung meiner Schritte mache ich dem Gegenüber Platz.

Ob die Einigung sich jedoch tatsächlich partnerschaftlich vollzieht, hängt natürlich auch von der anderen Person ab: Kooperativ und auf Augenhöhe ist die Einigung nur dann, wenn auch das Gegenüber durch Abweichen von der Ideallinie Platz macht. Sollte der andere Passant dagegen meine Rücksicht dahingehend ausnutzen, daß er weder von der geraden Linie abweicht noch seine Schritte verlangsamt, dann würde der Konflikt nicht partnerschaftlich, sondern durch das »Recht des Stärkeren« gelöst.

Sind Sie rechts oder links?

Wir haben bisher ausschließlich individuelle Dispositionen angesprochen, die dazu führen, daß wir uns als Fußgänger gegenüber anderen Passanten entweder den Vortritt nehmen, einen Schritt zurücktreten oder uns partnerschaftlich verhalten. Danach scheint es so, als wäre die Klärung des Wegerechts im öffentlichen Raum einzig eine Frage persönlicher innerer wie äußerer Haltungen: Jede konflikthafte Fußgängersituation würde demnach nach Maßgabe individueller Stärke oder Schwäche neu ausgetragen.

Es gibt jedoch noch andere Faktoren, die Auswirkungen darauf haben, wie wir uns den knappen Raum mit anderen Menschen teilen:

- Begegnen sich zwei Menschen beispielsweise in Deutschland, Österreich, der Schweiz oder auch Frankreich auf einem Bürgersteig, so ist es höchst wahrscheinlich, daß sie rechts aneinander vorbeigehen.
- In England, Australien oder Neuseeland dagegen verhält es sich unter gleichen Bedingungen mit einer hohen Wahrscheinlichkeit genau umgekehrt: Sie gehen links aneinander vorbei.

Wenn Sie an den Autoverkehr der betreffenden Länder denken, wird klar: In Ländern mit Rechtsverkehr bewegen sich auch die Fußgänger tendenziell rechts, in Ländern mit Linksverkehr verhält es sich umgekehrt. Der Autoverkehr prägt auch unser Fußgängerverhalten.

Sind Sie rechts oder links?

Für die nonverbalen Absprachen zwischen Passanten bedeutet diese Feststellung, daß wir uns in vielen unserer Begegnungen körpersprachliche Signale sparen können, um uns unsere Bewegungsrichtung mitzuteilen: Begegnen sich zwei Fußgänger in einer unserer Fußgängerzonen oder auf einem Bürgersteig mehr oder weniger frontal, so ist schon im Vorfeld geregelt, daß sie höchstwahrscheinlich rechts aneinander vorbeigehen werden. Mit feinen Körpersignalen muß dem jeweiligen Gegenüber lediglich kommuniziert werden, daß man gewillt ist, sich an die Konvention zu halten.

Anders auf einem Schulhof oder einem freien Platz: Dort treffen die Passanten nicht nur frontal aufeinander, sondern sie laufen kreuz und quer durcheinander, und es kommt häufig auch zu seitlichen Begegnungen. Die stillschweigende Vereinbarung des Rechtsverkehrs ist auf viele der dortigen Begegnungen nicht übertragbar – die Passanten sind auf individuelle Absprachen angewiesen.

Bestimmt können Sie sich an Situationen wie diese erinnern: Zwei Passanten stehen voreinander und vollführen eine Art Tanz miteinander. Beide vollziehen Ausweichschritte – der eine nach links, der andere nach rechts. Und schon stehen sie wieder voreinander. Blitzschnell schalten beide Passanten um: Derjenige, der gerade einen Ausweichschritt nach links vollzogen hat, schwenkt nach rechts aus, der andere Passant entsprechend auf seine linke Seite. Und wieder stehen sich die beiden Passanten frontal gegenüber. Dieses Spielchen wiederholen sie vielleicht noch einmal, bis sie sich mit einem Lächeln auf den Lippen per eindeutigem Handzeichen den Weg weisen ...

Diese komische Situation basiert auf einer Fehlinterpretation: Beide Passanten hatten die körpersprachlichen Signale der anderen Person falsch gedeutet und dementsprechend die falschen Schlüsse daraus gezogen. Blitzschnell schwenken sie gleichzeitig um – und stehen erneut voreinander. Der unfreiwillige Tanz ist, so zeigt dieses Beispiel, das Ergebnis von mißverständlicher Kommunikation – harmlos und meist belustigend.

Beim Tanzen führt der Mann

Neben der Regel des Rechtsverkehrs für Fußgänger gibt es noch eine weitere Einflußgröße, die unser Fußgängerverhalten prägt – Geschlecht. Alle wissenschaftlichen Beobachtungen über unser Fußgängerverhalten belegen, daß Frauen Männern im öffentlichen Raum statistisch gesehen signifikant häufiger ausweichen als umgekehrt. Männer nehmen sich gegenüber Frauen also häufiger den Vortritt, als Frauen das gegenüber Männern tun.

Raumverhalten und Macht hängen, das haben wir in dem Kapitel »Bleib mir von der Pelle!« gezeigt, eng zusammen. Der Mann leitet aus dem Selbstverständnis, dem »starken Geschlecht« anzugehören, die Selbstverständlichkeit ab, gegenüber Frauen im öffentlichen Raum den Vortritt zu haben. Wenn auch Frauen das komplementäre Selbstverständnis verinnerlicht haben, daß sie dem »schwachen Geschlecht« angehören und dementsprechend eher ins Haus als in die Öffentlichkeit gehören, dann tendieren sie dazu, bei einem Zusammentreffen mit einem Mann kürzerzutreten. Es ist wie in der Tanzstunde: Auch dort steht durch stillschweigende Vereinbarung bereits im Vorfeld fest, daß der Mann seine Tanzpartnerin zu führen hat. Wenn sich Mann und Frau an diese Konvention halten, führt das dazu, daß er mit feinen Signalen der Führung die Initiative ergreift und die Schritte und Figuren bestimmt. Die Frau schmiegt sich an und läßt sich führen.

Diese Einstellungen bezüglich der Aufteilung des öffentlichen Raums sind in aller Regel so tief verinnerlicht, daß sie vielen nicht einmal andeutungsweise bewußt sind. Sprechen wir dieses Phänomen des Wegerechts in Abhängigkeit vom Geschlecht in unseren Seminaren an, äußern zumindest die meisten Männer, sie könnten sich unmöglich vorstellen, daß sie sich als Fußgänger gegenüber Frauen dominant verhalten. Frauen sind diesbezüglich meist sensibler: Sie spüren, daß sie vermehrte Anstrengungen unternehmen müssen, um halbwegs geradlinig an ihr Ziel zu gelangen. Auch berichten sie, daß sie immer wieder Situationen erleben, in denen ihnen ihre Zielstrebigkeit von Männern als Rücksichtslosigkeit ausgelegt wird.

An dem Beispiel unseres Fußgängerverhaltens in Abhängigkeit der Geschlechtszugehörigkeit zeigt sich auch, daß Macht immer ein Verhältnis ist, an dem zwei Parteien beteiligt sind. Ohne den weiblichen kleinen Schritt zurück könnte sich der männliche Vortritt nicht behaupten. Oder, wie wir im systematischen Teil festgestellt haben: Ein niedriger Status äußert sich dadurch, daß dominanten von rangniedrigen Personen das Recht auf Invasion zugestanden wird.

Wie verträgt sich diese statistisch erfaßte Besetzung des öffentlichen Raumes seitens des Mannes mit seinen Kavaliershandlungen? Hält der Mann einer Dame nicht die Tür auf und überläßt ihr beim Betreten eines Raumes den Vortritt? So rücksichtslos kann also das männliche Verhalten gar nicht sein!

Gerade dadurch, daß der Mann der Frau die Hand reicht, indem er ihr die Tür öffnet, unterstreicht er in Wahrheit seine Dominanz. Denn die heimliche Botschaft dieser scheinbar selbstlosen Handlung lautet: »Du, schwache Frau, hast zuwenig Kraft, die Tür mühelos zu öffnen. Das übernehme ich für dich, denn ich bin im Gegensatz zu dir stark.« Nach dem Öffnen der Tür hält der Kavalier diese fest und fordert die Dame auf: »Nach Ihnen.« Auch diese generöse Geste ist keinesfalls Ausdruck männlicher Selbstlosigkeit, sondern im Gegenteil wiederum Ausdruck von männlicher Dominanz: Der Kavalier diktiert die Situation, indem er die Dame durch die Tür weist. Er führt, sie läßt sich führen.

Hat ein Mann einer Frau die Tür geöffnet und dieser beim Betreten eines Restaurants den Vortritt gelassen, dann verlangt es die »Höflichkeit« von einem Kavalier, daß er sofort nach dem Eintritt in die Lokalität wieder voranzugehen hat. Denn schließlich ist es seit Jahrmillionen die Aufgabe des Mannes, fremde Territorien zu besetzen und die Frauen vor den Gefahren zu schützen, die in der Fremde auf sie lauern könnten.

Kavaliershandlungen kommunizieren und bekräftigen den uralten Mythos vom »starken« und »schwachen« Geschlecht. Sie dokumentieren männliche Überlegenheit: Das scheinbar selbstlose und höfliche Verhalten unterstreicht die Asymmetrie zwischen den Geschlechtern. Untersuchungen haben aufgedeckt, daß ausgerechnet die Männer, die sich für Edelmänner halten und überdurchschnittlich häufig wie Kavaliere handeln, die konservativsten Einstellungen bezüglich der Geschlechterhierarchie haben. Traditionsbewußte Kavaliere halten in der Regel überhaupt nichts von der Gleichberechtigung der Geschlechter!

Unser täglicher Gang durch Menschenmengen bietet ausreichend Anschauungsmaterial für eine spannende Analyse des Zusammenhangs zwischen Körpersprache, Macht, Geschlecht und Konflikt. Das besondere unserer Begegnungen mit anderen Menschen ist, daß wir sie zwar täglich erleben, uns aber selten bewußt ist, wie komplex die Kommunikationsprozesse dort sind und welche herausragende Rolle die Körpersprache dabei spielt.

Wenn Sie das nächste Mal durch die Fußgängerzone gehen, spielen Sie doch einfach mal mit dieser Situation: Senden Sie Hochstatus-Signale aus, und nehmen Sie sich einmal ganz »rücksichtslos« den Vortritt. Oder gehen Sie in den körpersprachlichen Tiefstatus und erleben Sie am eigenen Leib, was es heißt, »kein Bein auf den Boden zu bekommen.« Sie können wichtige Erfahrungen sammeln.

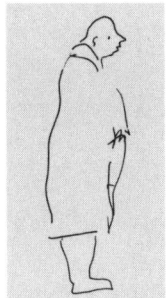 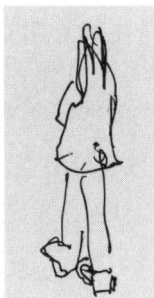 

Schlußbemerkungen

Körpersprache, Bewegung und Konflikt

Am Beispiel von exemplarischen Alltagssituationen haben wir die Zusammenhänge zwischen Körpersprache, Macht, Konflikt und Gewalt erläutert. Die Körpersprache vollzieht sich in der Regel auf der unbewußten Ebene der Kommunikation, daher bietet allein schon die Bewußtmachung der Körperstrategien von Macht und Ohnmacht die Möglichkeit, sich im Konfliktfall gegen aggressive und verletzende oder auch mitleidheischende Körperstrategien zu schützen. Das Wissen um die druckvolle Wirkung von Machtsignalen, mit denen uns unsere Mitmenschen konfrontieren, entkräftigt diese:

- Wenn ich spüre, daß sich mein Gegenüber im Konflikt vor mir aufbaut, um mich zu bedrohen und zu verängstigen, dann kann ich meine Angst reduzieren, indem ich mir vor Augen führe, daß die Basis seiner Drohung die Angst vor der eigenen Schwäche ist. Die Strategie der Drohung verfehlt ihr Ziel. Wie auf wundersame Weise wird mein Gegenüber in meinen Augen mit jeder Steigerung seiner Drohgebärden kleiner statt größer.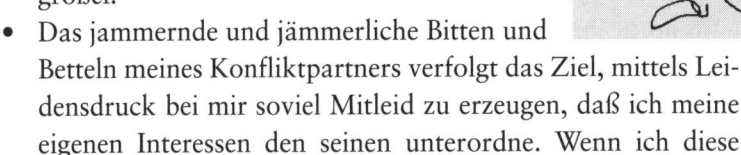
- Das jammernde und jämmerliche Bitten und Betteln meines Konfliktpartners verfolgt das Ziel, mittels Leidensdruck bei mir soviel Mitleid zu erzeugen, daß ich meine eigenen Interessen den seinen unterordne. Wenn ich diese

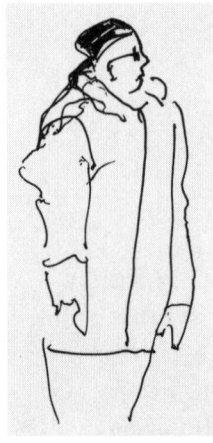

Absicht der Opferstrategie erkenne und durchschaue, kann ich mich davor schützen und mich unbeeindruckt zeigen.
- Wenn mir bewußt ist, daß Coolness und Undurchschaubarkeit im Konfliktfall die Angst – und nicht die Stärke – meines Kontrahenten verraten, kann ich mich gegen ihre verletzende Wirkung wappnen: Wenn es mir in der konkreten Auseinandersetzung gelingt, dieses Bewußtsein zu aktivieren, zielen die verletzenden Waffen des Angreifers ins Leere.

Aber wir sind nicht nur Opfer druckvoller nonverbaler Konfliktstrategien unserer Mitmenschen, sondern ebenso häufig auch Täter. Wir müssen unser Bewußtsein und unser Verhalten ändern, wollen wir uns von eingeschliffenen Körperstrategien des »Wegduckens«, »Aufpustens«, des Verletzens und des Jammerns verabschieden. Nur dann können wir unseren Kommunikationspartnern verantwortungsvoll, respektvoll und wertschätzend begegnen. Daher möchten wir Ihnen zum Abschluß dieses Buches noch einmal Mut machen, diesen Weg der Bewußtheit und Selbstveränderung wirklich zu gehen. Denn die Körpersprache bietet ein großes Reservoir an Möglichkeiten, unsere Kommunikation effektiver zu gestalten.

Bewegung tut gut

Ein Redner möchte sein Auditorium erreichen. Eine Schauspielerin hofft, ihr Publikum zu berühren. Ein Dozent möchte, daß ihm die Studentinnen und Studenten bei seinen theoretischen Ausführungen folgen können. Und eine Vorgesetzte möchte bei ihrem Team gut ankommen, um dieses für die anstehenden

Arbeiten zu motivieren. »Erreichen«, »berühren«, »folgen« und »ankommen« – die Worte deuten an, daß in allen vier Beispielen Bewegungen notwendig sind, wollen die Kommunikationsparteien zueinander finden:

- Trägt ein Redner seine Rede mit unbewegter Stimme, in einschläferndem Tonfall und mit starrer Körpersprache vor, wird sein Vortrag verpuffen, mag der Inhalt auch noch so spannend sein. Der Redner sollte, will er sein Auditorium erreichen, eine bewegte und damit bewegende Rede halten.
- Auch eine Schauspielerin muß »anrührend« spielen. Nur durch ihr eigenes bewegtes Spiel kann sie das Publikum zu Tränen rühren oder zum Lachen bringen.
- Die Studentinnen und Studenten werden den Ausführungen ihres Dozenten nur dann folgen, wenn dieser seine Theorien auch ansprechend vorträgt. Je engagierter er seine Vorlesungen abhält, desto leichter können die Zuhörerinnen und Zuhörer seinen Gedankengängen folgen.
- Will eine Teamleiterin ihr Team motivieren, muß sie bei diesem gut ankommen. Sie sollte die Distanz zu ihren Mitarbeiterinnen und Mitarbeitern überwinden. Nähe kann sie nur herstellen, wenn sie authentisch ist und selbst lebt, was sie predigt: Engagement und Begeisterung für die Arbeit, gepaart mit Wertschätzung ihren Mitarbeitern gegenüber.

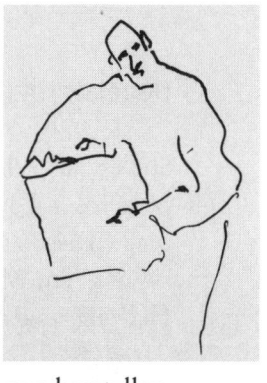

Bei allen vier Beispielen handelt es sich um das gleiche Prinzip von Bewegungen: Nur durch eigene Bewegtheit und Bewegung kann die Distanz zu den Ansprechpartnerinnen und Ansprechpartnern überbrückt und können diese dazu bewegt werden, das zu tun, was im Interesse der agierenden Person liegt.

Schlußbemerkungen

Täglich möchten wir andere Menschen zu irgendwelchen Handlungen motivieren, von denen wir uns Vorteile versprechen. Ob wir wünschen, daß sie sich unseren Ideen anschließen, unseren Gedanken folgen oder Dinge für uns erledigen – stets möchten wir, daß sie sich bewegen.

Das Wort »Motivation« hat den gleichen lateinischen Wortstamm (»movere« = »bewegen«) wie das Wort »Emotion«. Eigenmotivation bedeutet demnach, aus eigenem Antrieb heraus zu handeln, und die Motivation anderer ist der Versuch, andere Menschen gemäß eigenen Vorstellungen zu bewegen. Doch ohne eigene Bewegtheit (= Emotion) lassen sich andere Menschen nicht bewegen. Nur wer emotional ist, kann andere Menschen dazu motivieren, den eigenen Interessen zu folgen.

Begeisterung begeistert

Stellen Sie sich vor, Sie hätten eine gute Idee, wie man ein Problem lösen könnte, mit dem sich Ihr Team schon länger herumplagt. Diese zündende Idee bringen Sie auf der nächsten Teamsitzung ein. Mit leiser Stimme, gesenktem Blick und gebückter Haltung tragen Sie Ihre Vorschläge vor:

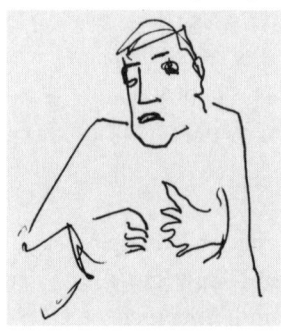

»Ähm, ich hätte da mal einen Vorschlag. Ich meine, ist ja nur eine Idee von mir, also, ähm, vielleicht sollten wir mal probieren – so als Versuch ...«

Ihre Idee, die sie derart vorsichtig und stotternd vorbringen, mag inhaltlich noch so brillant sein – niemand wird ihrem Vorschlag folgen, weil Sie diesen im körpersprachlichen und verbalen Tiefstatus vortragen. Sie werden Ihre Kolleginnen und Kollegen nicht dazu bewegen können, Ihre Vorstellungen anzunehmen und umzusetzen.

Wir verbinden Ideen mit Personen; nicht abstrakte Gedanken haben das Rad der Geschichte bewegt, sondern Menschen mit Hirn und Herz. Wir folgen nicht Theorien, sondern Menschen, die ihre Ideen sowohl authentisch und begeistert vertreten als auch selbst leben. Gute Ideen benötigen Menschen, die diese bewegt und bewegend verkörpern. Eine bewegende Verkörperung eigener Ideen setzt eine engagierte, klare und mitreißende Körpersprache voraus, die die heimliche Botschaft kommuniziert: »Ich stehe hinter meiner Idee, und an meiner engagierten Körpersprache sieht man, daß ich sie mit viel Energie erarbeitet habe. Diese Energie werde ich auch dazu einsetzen, die Idee in die Tat umzusetzen. Wenn ihr also meiner Idee folgt, dann könnt ihr sicher sein, daß ich meine volle Kraft zur Verfügung stellen werde, um sie umzusetzen.«

Warum orientieren wir uns an den Ideen von Menschen, die Souveränität, Energie und Enthusiasmus ausstrahlen? Warum folgen wir eher den Vorschlägen selbstsicherer Menschen, wenn wir uns zwischen unterschiedlichen Vorschlägen entscheiden müssen? Ganz einfach: Weil wir Sicherheit und Orientierung suchen. Wenn wir selbst zwischen verschiedenen Ansätzen, Ideen und Möglichkeiten hin- und herschwanken, suchen wir Halt. Souveräne Menschen geben uns durch ihr Auftreten die relative Sicherheit, daß wir bei ihnen in guten Händen sind und sie uns diesen Halt geben können. Bei ihnen fühlen wir uns gut aufgehoben:

- Schauen Sie sich die Bewegungen von Dirigenten an, die ihr Orchester dazu veranlassen möchten, eine Musik zu spielen, die das Publikum berührt: Die dirigistischen Bewegungen verschiedener Dirigenten mögen zwar sehr unterschiedlich sein, doch stets sind sie absolut präzise und akzentuiert. Je klarer und eindeutiger jemand dirigiert, desto leichter kann ihm das Orchester folgen. Es fühlt sich bei einem sicheren

Schlußbemerkungen

Dirigenten ebenfalls sicher. Die Qualität der Musik wird besser, je souveräner ein Dirigent seine Führungsposition besetzt.
- Packende Rednerinnen und Redner agieren wie Dirigenten: Sie bringen mittels Körpersprache ihre eigenen Emotionen in den Vortrag ein und wirken authentisch, weil sie nicht nur abstrakte Ideen vorstellen, sondern ihre Ideen auch verkörpern. Authentizität steckt an und bewegt – das Auditorium fühlt sich bei einem engagierten Redner gut aufgehoben und kann dessen Ausführungen leichter folgen.

- Gute Lehrerinnen und Lehrer bieten einen lebendigen Unterricht und schaffen es dadurch, ihre Schülerinnen und Schüler zu erreichen. Doch nicht allein spannende Inhalte machen den Unterricht lebendig, stets müssen die Pädagogen diese Inhalte auch lebendig vermitteln. Ein lebendiger Unterricht lebt von dem Engagement und damit der Bewegtheit der Lehrerinnen und Lehrer.
- Ein guter Chef oder eine gute Chefin schaffen es, ihre Mitarbeiterinnen und Mitarbeiter zu begeistern. Um diese Begeisterung zu entfachen, die die Basis für die Motivation der Mitarbeiter bildet, müssen die Vorgesetzten selbst begeistert sein.

Begeisterte Menschen sind mit Haut und Haar, mit Verstand und Herz bei der Sache. Begeisterung ist dank ihrem hohen Maß an Authentizität und Emotionalität ansteckend – Begeisterung begeistert. Bewegung bewegt. Eine bewegte Körpersprache motiviert.

Starre Fronten

Auch in unseren Konflikten geht es darum, andere Menschen zu bewegen: Wir möchten, daß sie sich unseren Interessen anschließen. Denn Konflikte sind Interessenwidersprüche, in denen die Konfliktparteien zunächst unterschiedliche Standpunkte vertreten. Beharrt jede der Parteien auf ihrem Standpunkt und rückt keinen Zentimeter davon ab, ist ein Konflikt nicht lösbar. Die Konfliktpartner kommen nicht zueinander, und der Streit trägt Züge eines Stellungskrieges, in dem die unterschiedlichen Positionen hartnäckig verteidigt werden: die Fronten sind starr.

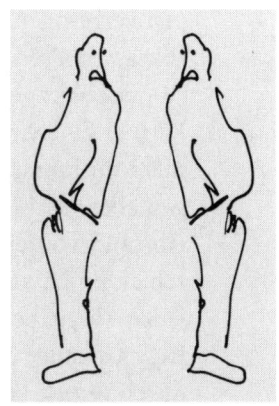

Stellen Sie sich einen Konflikt einmal ganz bildlich vor: Sie und Ihr Kontrahent stehen sich in einem Abstand von fünf Metern mit verschränkten Armen gegenüber, und jeder beharrt trotzig und bewegungslos auf seiner Position. Sie bewegen sich keinen Zentimeter aufeinander zu. Jeder versucht, den Gegner dazu zu bewegen, die Distanz zu überbrücken und dem andern entgegenzukommen.

Wieviel Überwindung wird es Sie kosten, freiwillig auf einen starren Kontrahenten zuzugehen, der sich keinen Zentimeter von seinem Standpunkt entfernt? Vielleicht übt dieser mit Hilfe der Angriffsstrategie sogar Druck aus, indem er Ihnen mit Drohungen Angst einjagt und mit Distanzwaffen wie bösen Blicken und einem verächtlichen Lächeln Verletzungen zufügt. Wie mag wohl Ihr Verhältnis zu der Person aussehen, wenn Sie sich dem Druck beugen, die komplette Distanz zu ihm zurücklegen und sich neben ihn stellen? Die Beziehung wird mit einer hohen Wahrscheinlichkeit vergiftet sein. Die innere Distanz bleibt trotz scheinbarer Annäherung bestehen.

Schlußbemerkungen

Übertragen wir diese theoretischen Erläuterungen auf ein konkretes Beispiel: Sie möchten den nächsten Urlaub in den Bergen verbringen, Ihr Partner am Meer. Es kommt zu einem Konfliktgespräch darüber, wohin die Reise nun geht.

Vielleicht gelingt es Ihnen mit massivem Psycho-Druck, Ihren Partner zu zwingen, mit Ihnen in die Berge zu fahren: »Wenn du nicht mitfährst, fahre ich eben alleine.« Bei den Bergwanderungen aber wird er Ihnen mißmutig und mit einem demonstrativen Abstand von einem halben Meter folgen. Das geringste Mißgeschick im Urlaub wird neuen Anlaß für Diskussionen bieten. An jeder Weggabelung, bei jeder schlechten Matratze, bei jedem Regenschauer oder bei jedem Krach vor dem Hotel holt Sie der durch Druck bewältigte Konflikt in Form von mieser Laune des

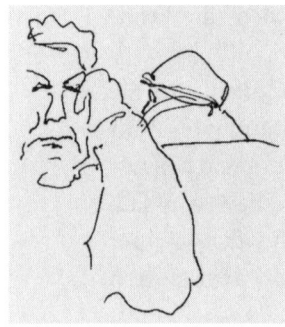

Partners oder von Streitereien um scheinbare Nebensächlichkeiten neu ein. Mit dem Sieg über Ihren Partner haben Sie sich letztlich selbst besiegt – der Urlaub ist vermiest. Denn in Wirklichkeit hat sich Ihr Partner gar nicht selbst in die Berge bewegt, sondern Sie haben ihn dorthin gedrückt und müssen ihn den gesamten Urlaub wie ein schweres Paket mitschleppen: Druck erzeugt Gegendruck.

Bewegung im Konflikt

Ganz anders ist die Qualität der Bewegung in einem kooperativ geführten Konflikt: Sie wenden keinen Druck an, um Ihren Partner von seinem Standpunkt wegzudrücken, sondern versuchen ihn dazu zu bewegen, seinen Standpunkt freiwillig zu verlassen und Ihnen entgegenzukommen. Eine kooperative Konfliktbewältigung basiert auf der inneren Einstellung, den Partner für die eigenen Ideen begeistern zu wollen. Folglich bemühen Sie sich darum, ihn für Sie und Ihre Ideen zu gewinnen, statt ihn in einem Konflikt zu besiegen.

Das bedeutet, daß Sie versuchen, Ihrem Partner die Berge schmackhaft zu machen. Begeistert erzählen Sie von Ihren Erlebnissen und Erfahrungen, von der Schönheit der Bergwelt und den herrlichen Ausblicken. Ihr Ziel ist es, dem Partner mit Hilfe Ihrer Begeisterung den Mund so wäßrig zu machen, daß dieser neugierig wird und darauf brennt, die Bilder, die Sie mit Ihren Erzählungen erzeugen, direkt vor Ort lebendig zu erleben.

Im Gegensatz zur konfrontativen Vorgehensweise üben Sie bei der Kooperation keinen Druck auf den Partner aus. Er soll eigene Beweggründe finden, in die Berge fahren zu wollen. Dann – und nur dann – haben Sie selbst im Urlaub keine doppelte Last durch die Berge zu schleppen:

- Vielleicht haben Sie Glück, und Ihre Schilderungen der Berge sind so begeisternd, daß der berühmte Funke überspringt und der Partner sich Ihrem Urlaubswunsch anschließt. In diesem Fall wäre die Lösung des Konflikts – trotz scheinbarer Einseitigkeit – einvernehmlich getroffen worden, weil sich Ihr Partner auf der Grundlage eigener Entscheidung auf Sie zu bewegt. Er gibt seinen Standpunkt selbstverantwortlich und freiwillig auf.
- Falls dieser Idealfall nicht eintritt und Ihr Partner gegenüber einem Urlaub in den Bergen skeptisch bleibt, dann wissen Sie: Sie müssen sich auf ihn zu bewegen, damit Bewegung in den Konflikt kommt. Also bieten Sie ihm an, den Urlaub zu splitten und eine Woche mit ihm ans Meer zu fahren. Oder Sie geben die Zusage, den nächsten gemeinsamen Urlaub am Strand zu verbringen. Bei einem derartigen Kompromiß besteht die Lösung des Konflikts darin, daß beide Parteien ihren Standpunkt freiwillig verlassen und schrittweise aufeinander zugehen: Es kommt Bewegung in die starren Fronten.

Ohne beidseitige Beweglichkeit und Bewegung ist ein Konflikt nicht kooperativ lösbar. Das entscheidende Kriterium für jede gemeinsame Konfliktbewältigung ist, daß die Bewegungen beider Parteien aus innerem Antrieb, nicht durch äußeren Druck erfolgen – gewinnen statt besiegen, bewegen statt pressen.

Wie wollen Sie Ihrem Partner die Berge schmackhaft machen, wenn Sie ihm keinen emotionalen Vorgeschmack geben können? Seien Sie bewegt, Sie wollen doch motivieren und begeistern! Begeisterungsvermögen wiederum wird vor allem über eine bewegte Körpersprache vermittelt. Nutzen Sie die Kraft einer authentischen und bewegenden Körpersprache, denn Bewegung bewegt.

Körpersprache ist reflexiv

Bewegung im Konflikt tut gut, nicht nur im übertragenen Sinn, sondern ganz wörtlich: Wenn die Fronten in einem Konflikt erstarren, ist es ratsam, sich körperlich zu bewegen. Ein gemeinsamer Spaziergang beispielsweise kann helfen, die Erstarrung aufzulösen. Denn verhärtete Fronten gehen oft mit verhärteten Körpern einher. Lockert sich aber die körperliche Erstarrung durch Bewegung, kommt auch wieder Bewegung in die Gedanken und Gefühle der Konfliktpartner. Der Körper beeinflußt die Seele.

Führen Sie doch einmal das folgende Rechenexperiment durch:

Körpersprache ist reflexiv

> Bitten Sie einen Partner, sich auf einen Stuhl zu »flezen«, und veranlassen Sie ihn, seine Mimik der Sitzhaltung anzupassen: Er soll den Unterkiefer hängen lassen, den Mund leicht öffnen sowie die Augenbrauen hochziehen. Diese Körperhaltung muß Ihr Partner während der gesamten Übung beibehalten.
> Nun nehmen Sie eine Uhr zur Hand und stoppen die Zeit, die er für das Rechnen der folgenden vier Aufgaben benötigt:
>
> 8×18 14×17 7×24 34×11
>
> Nach diesem ersten Durchgang bitten Sie Ihren Partner, sich aufrecht auf den Stuhl zu setzen, einen konzentrierten Gesichtsausdruck anzunehmen und – ebenfalls auf Zeit – folgende Aufgaben zu rechnen:
>
> 7×19 13×12 9×26 21×17
>
> Sie werden feststellen, daß Ihr Partner zur Lösung der Aufgaben bei zerfließender Haltung mehr Zeit benötigt als mit einem Körperausdruck der Konzentration.

Unser Körperausdruck hat erheblichen Einfluß auf unser Denken und Fühlen. Wir können uns nicht konzentrieren, wenn unser Körper unkonzentriert ist. Solange wir eine unkonzentrierte, lasche körperliche Haltung einnehmen, erschwert oder verhindert diese Haltung unsere geistige Konzentration. Den aus dem Lateinischen stammenden Ausdruck »Konzentration« kann man eben auch doppelt deuten: »concentrare« heißt »zusammenziehen«, und so ist Konzentration immer auch körperlich. Wenn wir uns geistig konzentrieren und unsere Gedanken auf einen Punkt zusammenziehen, so vollzieht unsere Mimik exakt den gleichen Prozeß – sie zieht sich zusammen. Die Augenbrauen senken sich, der Blick verengt sich und der Unterkiefer schiebt sich leicht nach oben; wir beißen die Zähne zusammen.

Schlußbemerkungen

Es ist so, als ob sich das gesamte Gesicht in Richtung Nasenspitze zusammenzieht. Wenn wir diese Konzentration des Gesichts verhindern, indem wir unseren Gesichtsausdruck wie in der Übung öffnen, dann können wir uns auch geistig nur schwer konzentrieren. Was für die Mimik gilt, das gilt auch für den übrigen Körper: Die Flezhaltung auf dem Stuhl ist alles andere als konzentriert, sie ist sehr lasch und »zerfließend«. Unser Körper befindet sich in einem Zustand der Entspanntheit, der wiederum ein Gefühl der Gleichgültigkeit erzeugt. Diese Gleichgültigkeit erschwert das rationale, zielgerichtete und konzentrierte Denken. Geistige Konzentration setzt eine gewisse Körperspannung voraus.

Daraus folgt: Körpersprache ist »reflexiv«. Sie ist nicht nur der Ausdruck unseres Denkens und Fühlens, also »Spiegel der Seele«, sondern prägt und bestimmt zugleich unser Denken und Fühlen, wie auch die folgende Übung verdeutlicht:

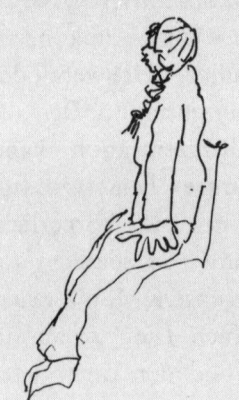

Setzen Sie sich auf einen Stuhl, und spannen Sie Ihren gesamten Körper an. Verkrampfen Sie sich; ballen Sie die Fäuste; ziehen Sie Ihre Augenbrauen zusammen; pressen Sie die Zähne aufeinander; rollen Sie Ihre Zehen ein, und schließen Sie Ihre Augen.

In dieser Haltung verharren Sie eine Zeitlang und stellen sich vor, am Strand zu liegen. Versuchen Sie sich auszumalen, wie das Meer rauscht, wie die Sonne Ihren Körper wärmt und der Wind Ihren Körper kühlt.

Danach nehmen Sie eine bequeme Position auf dem Stuhl ein oder legen sich auf den Teppich oder aufs Bett. In dieser entspannten Haltung versuchen Sie erneut, die Sonne, das Meer und den Wind zu spüren.

Das Nachspüren der Erholung am Meer setzt einen entspannten Körper voraus. Mit einer verkrampften Haltung läßt sich kein Gefühl der Entspannung, Ruhe und Erholung erzeugen. Das Gefühl der Entspannung und des Liegens am Meer kann sich erst einstellen, wenn Sie sich auch körperlich lockern. Der entspannte Körperzustand bildet die materielle Grundlage unseres Gefühls der Entspannung.

Dieser auf den ersten Blick verblüffende Zusammenhang zwischen Körper, Gefühl und Gedanken verdeutlicht, daß eine Emotion mehr ist als nur ein Gefühl, das sich entmaterialisiert irgendwo in unserem Bauch abspielt. Eine Emotion ist immer körperlich. Unser Körperausdruck und unsere Körpersprache sind nicht nur zentrale Bestandteile, sondern sogar die materielle Basis einer jeden Emotion und beeinflussen wiederum unsere Gedanken. Daraus folgt, daß unsere äußere Haltung nicht nur Spiegel unserer inneren Haltung ist, sondern auch unsere innere Haltung bestimmt. Über die bewußte Veränderung unserer körperlichen Haltung können wir Einfluß nehmen auf unsere geistige Haltung.

Diese Erkenntnis über den Zusammenhang zwischen Körper und Seele ist längst zum täglichen Allgemeingut geworden, wenn es gilt, Streß abzubauen und die geistige Fitneß zu erhöhen: Mit Hilfe von Yoga, Meditation, Entspannungstechniken oder auch Sport nehmen wir direkten Einfluß auf unseren Körper und wissen und spüren ganz genau, daß die positiven körperlichen Auswirkungen unsere Gefühle und Gedanken beeinflussen. Wir können uns anschließend besser konzentrieren, werden ruhiger und gelassener.

Auf den Körper achten

Bestimmt unser Denken und Fühlen unseren Körperausdruck, oder bestimmt der Körperausdruck das Denken und Fühlen? Diese Frage ist müßig. Denn unsere Gedanken, Gefühle und Emotionen sind nicht nur irgendwelche Schaltungen und Strömungen in unserem Gehirn oder diffuse Gefühle in unserem Bauch, sondern sie sind immer zugleich auch unser Körper. Es gibt keine körperfreie Emotion. Da jeder Gedanke, den wir fassen, unsere Gefühle beeinflußt und umgekehrt, gibt es keinen körperlosen Gedanken. Jeder Gedanke ist zugleich Körper. Weil dies so ist, bedeutet jede körperliche Veränderung zugleich eine Veränderung unserer Gedanken und Gefühle. Wir **sind** unser Körper, unsere Gefühle und unsere Gedanken – auch wenn die meisten Menschen äußern, daß sie einen Körper, Gefühle und Gedanken **haben**.

An die Stelle der Einbahnstraße setzen wir den Kreis: Nicht der Körper ist der Spiegel der Seele, sondern Körper, Gefühle und Gedanken bilden ein untrennbares Ganzes ohne Anfang und Ende – wie in einem Kreis. Verändert sich unser Körper, so verändern sich automatisch auch unsere Gedanken und Gefühle. Verändern sich die Gedanken, beeinflussen sie unsere Gefühle und unseren Körper. Und modifizieren wir unseren Körperausdruck, so bedingt diese Veränderung auch veränderte Gefühle und Gedanken:

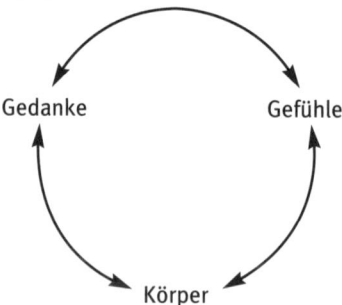

Auf den Körper achten

Diese wichtige Erkenntnis, daß Körpersprache »reflexiv« ist und unser Denken und Fühlen beeinflußt, hat weitreichende Auswirkungen: Wir können über eine bewußte Veränderung unseres Körperausdrucks nicht nur die Wirkung auf unsere Mitmenschen verändern, sondern zugleich auch Einfluß auf unsere eigenen Gefühle und Gedanken nehmen.

- Wenn Sie spüren, daß sich Konflikte verhärten, weil die Fronten erstarren, schlagen Sie Ihrem Gegner vor, das Problem im Gehen zu behandeln. Die Erstarrung löst sich. Sie entspannen sich und wirken so Ihrer Wut und Angst entgegen, die eine kooperative Konfliktbewältigung blockieren.

- Wenn Sie während eines Streits bei sich selbst feststellen, daß Ihnen die Angst die Kehle zuschnürt, lenken Sie Ihre Atmung in tiefere Körperregionen. Atmen Sie einige Male bewußt tief ein, bevor Sie antworten, statt mit Schlagfertigkeit Ihre Ängste auf Ihr Gegenüber abzuwälzen und diesem Verletzungen zuzufügen.
- Wenn Sie sich in ein Problem verbissen haben, lösen, lockern und entspannen Sie ganz bewußt Ihren Unterkiefer. Sie werden spüren, wie Ihre innere Anspannung und Verbissenheit abnehmen werden.
- Wenn Sie feststellen, daß Sie sich gegenüber den Emotionen, Bedürfnissen und Wünschen Ihres Konfliktpartners verschlossen haben und nur noch eigene Interessen verfolgen, öffnen Sie sich zunächst einmal körperlich. Überprüfen Sie, an welchen Stellen Ihres Körpers sich Ihre Verschlossenheit äußert. Wenn es Ihre Atmung ist, lassen Sie sie fließen. Wenn es Ihr Oberkörper ist, öffnen Sie Ihr Arme und ziehen Sie Ihre Schultern weiter zurück. Wenn Sie die Zähne aufeinan-

der beißen, öffnen Sie leicht Ihren Mund. Und wenn es Ihre geballten Fäuste sind, entkrampfen Sie Ihre Finger und öffnen Sie Ihre Hand: Nur mit einer offenen Hand können wir die Gefühle, Gedanken und Bedürfnisse unserer Konfliktpartner aufnehmen, um sie zu begreifen, zu erfassen und uns darauf einzulassen.

Keine der beschriebenen körpersprachlichen Veränderungen wird folgenlos bleiben. Jede Modifizierung der äußeren Haltungen und Bewegungen verursacht sofortige Veränderungen unserer inneren Haltungen und Bewegungen.

Das Potential des Körpers für Selbstveränderungen auf dem Weg zur Verbesserung sowohl der kommunikativen Kompetenz als auch der emotionalen Intelligenz ist nahezu unerschöpflich. Nutzen Sie die Möglichkeiten der Körpersprache. Wir konnten nur einige kleine Beispiele geben, wie die Beschäftigung mit dem Körperausdruck Veränderungen herbeiführen kann; den wahren Schatz der Selbstveränderung durch Körpersprache müssen Sie für sich selbst entdecken.

Der längste Weg beginnt immer mit dem ersten Schritt. Diesen haben Sie mit der Bewußtwerdung der Bedeutung von Körpersprache bereits hinter sich gebracht. Die weiteren Schritte müssen Sie in der Praxis wagen. Denken Sie daran: Der Weg ist das Ziel. Mit jedem Schritt entdecken Sie neue Horizonte.

Literaturliste

Arendt, Hannah: *Macht und Gewalt*. Piper, München, 15. Aufl. 2003.
Argyle, Michael: *Körpersprache und Kommunikation*. Junfermann, Paderborn, 7. Aufl. 2002.
Becker, Boris: *Augenblick, verweile doch ...* Bertelsmann, Gütersloh 2003.
Benard, Cheryl / Schlaffer, Edit: *Let's kill Barbie!* Heyne, München 1997.
Conniff, Richard: *Magnaten und Primaten*. Blessing, München 2003.
Damasio, Antonio: *Ich fühle, also bin ich*. List, München 2000.
Damasio, Antonio: *Descartes' Irrtum*. List, München 1995.
De Waal, Frans: *Unsere haarigen Vettern*. Harnack, München 1983.
De Waal, Frans: *Der gute Affe*. dtv, München 2000.
Dux, Günter: *Die Spur der Macht im Verhältnis der Geschlechter*. Suhrkamp, Frankfurt 1997.
Farin, Klaus (Hrsg.): *Die Skins – Mythos und Realität*. Links, Berlin 1997.
Findeisen, Hans Volkmar / Kersten, Joachim: *Der Kick und die Ehre. Vom Sinn jugendlicher Gewalt*. Kunstmann, München 1999.
Gilmore, David: *Mythos Mann. Rolle, Rituale, Leitbilder*. Artemis & Winkler, München 1991.
Glass, Lilian: *Ich weiß, was Sie denken. Vier glasklare Methoden, Menschen zu durchschauen*. Oesch, Zürich, 6. Aufl. 2003.
Goffman, Erving: *Interaktionsrituale. Über Verhalten in direkter Kommunikation*. Suhrkamp, Frankfurt 1986.
Goffman, Erving: *Wir alle spielen Theater. Die Selbstdarstellung im Alltag*. Piper, München 2003.
Goleman, Daniel: *Emotionale Intelligenz*. dtv, München 1997.
Goodall, Jane: *The Chimpanzees of Gombe*. Belknap Press, Cambridge 1986.

Grabrucker, Marianne: »*Typisch Mädchen ...*« Fischer, Frankfurt 1985.
Herle, Ulrike: *Selbstverteidigung beginnt im Kopf.* Piper, München 1994.
Johnstone, Keith: *Theaterspiele.* Alexander, Berlin 1998.
Kersten, Joachim: *Gut und Geschlecht. Männlichkeit, Kultur und Kriminalität.* Gruyter, Berlin 1997.
Klein, Stefan: *Die Glücksformel.* Rowohlt, Reinbek 2003.
Molcho, Samy: *Körpersprache.* Mosaik, München 1983.
Morris, Desmond: *Körpersignale.* Heyne, München 1986.
Mühlen Achs, Gitta: *Wie Katz und Hund. Die Körpersprache der Geschlechter.* Frauenoffensive, München 1993.
Mühlen Achs, Gitta: *Geschlecht bewußt gemacht.* Frauenoffensive, München 1998.
Neffe, Jürgen: »Risikofaktor Mann.« / *taz*, Berlin, 8. 3. 2003.
Otten, Dieter: *MännerVersagen. Über das Verhältnis der Geschlechter im 21. Jahrhundert.* Lübbe, Bergisch Gladbach 2000.
Rhode, Rudi / Meis, Mona Sabine / Bongartz, Ralf: *Angriff ist die schlechteste Verteidigung. Der Weg zur kooperativen Konfliktbewältigung.* Junfermann, Paderborn 2003.
Rosenberg, Marshall B.: *Gewaltfreie Kommunikation.* Junfermann, Paderborn 2001.
Rubin, Hariett: *Machiavelli für Frauen.* Krüger, Frankfurt 1998.
Schnack, Dieter / Neutzling, Rainer: *Kleine Helden in Not. Jungen auf der Suche nach Männlichkeit.* Rowohlt, Reinbek 1990.
Sofsky, Wolfgang: *Traktat über die Gewalt.* S. Fischer, Frankfurt 1996.
Theweleit, Klaus: *Männerphantasien.* dtv, München 1995.
Windfuhr, Manfred (Hrsg.): *Heinrich Heine. Historisch-kritische Gesamtausgabe der Werke.* Bd. 13/1; Hoffmann und Campe, Hamburg 1988.
Wölfl, Edith: *Gewaltbereite Jungen – was kann Erziehung leisten?* Reinhardt, München 2001.
Wortberg, Christiane: *Bye, bye Barbie. Körpersprache und Körperbild in der Gewaltpräventionsarbeit.* Unrast, Münster 1997.

labor-k

Institut für
körpersprache
konflikt
kommunikation

Rudi Rhode   Mona Sabine Meis

Seminarauswahl:

Körpersprache
Selbstpräsentation
Konfliktbewältigung
Teamentwicklung
Führungstraining
Reklamationstraining
Verkaufstraining
Kreativitätstraining

www.rudirhode.de
www.labor-k.de
buero@labor-k.de

Szenisch-
schauspielerische
Vorträge
zur
Körpersprache

Notizen

Notizen

Notizen

Bücher für positive Lebensgestaltung

Shirley Trickett

Endlich wieder angstfrei leben

Selbsthilferatgeber gegen Angst, Depressionen und Panikattacken

7. Auflage
189 Seiten, gebunden,
ISBN 3-03 50-0020-4

Angst und Depression können in so schwerwiegender Form auftreten, daß sie ein normales Leben unmöglich machen. Trickett weiß, wie wir uns mit einfachsten Mitteln selbst zu helfen lernen. Gleichzeitig weist sie aber auch darauf hin, wann wir ärztliche Hilfe benötigen, beschreibt offen Wirkung und Nebenwirkungen von Medikamenten – und zeigt Alternativen auf, welche die Naturmedizin bietet.

Oesch Verlag
Jungholzstraße 28, CH-8050 Zürich
Telefax 0041-1/305 70 66
E-Mail: info@oeschverlag.ch
www.oeschverlag.ch

Bitte verlangen Sie unser aktuelles Verlagsprogramm direkt beim Verlag

Alle Bücher von Oesch erhalten Sie in Ihrer Buchhandlung

Bücher für positive Lebensgestaltung

Susan RoAne

Sag doch einfach hallo!

Wie man sich in Gesellschaft selbstbewußt bewegt und Kontakte knüpft

Neuausgabe!
Erweitert und auf den neuesten Stand gebracht
18. Auflage

245 Seiten, gebunden, mit Schutzumschlag,
ISBN 3-03350-0006-9

Der Partylöwe, der sich ungezwungen in jeder Gesellschaft bewegt und »smalltalkt«, ist in unseren Breitengraden eine Seltenheit. Ob Cocktailparty, Klassentreffen, Geburtstagsfeier oder Vernissage: für die meisten Menschen ist das gesellschaftliche Parkett allzu glatt. Sie wünschen sich sehnlichst einen souveränen Auftritt – und stehen statt dessen da wie bestellt und nicht abgeholt.

Oesch Verlag
Jungholzstraße 28, CH-8050 Zürich
Telefax 0041-1/305 70 66
E-Mail: info@oeschverlag.ch
www.oeschverlag.ch

Bitte verlangen Sie unser aktuelles Verlagsprogramm direkt beim Verlag

Alle Bücher von Oesch erhalten Sie in Ihrer Buchhandlung

Bücher für positive Lebensgestaltung

Lillian Glass
Mit mir nie wieder!
10 Methoden,
mit Menschen umzugehen,
die Ihnen das Leben
schwer machen

14. Auflage
317 Seiten, gebunden,
ISBN 3-0350-0014-X

Das Leben könnte schön sein, wären da nicht die Nervensägen, die uns den Alltag vermiesen. Lästermäuler, Weicheier, Scherzkekse, Geizhälse, Fanatiker, Quasselstrippen und andere üble Zeitgenossen – sie nerven uns nicht nur, sie machen uns krank. Glass zeigt, wie wir uns wehren können. Sofort und ohne Umschweife. Damit unser Leben lebenswert wird.

Oesch Verlag
Jungholzstraße 28, CH-8050 Zürich
Telefax 0041-1/305 70 66
E-Mail: info@oeschverlag.ch
www.oeschverlag.ch

Bitte verlangen Sie unser aktuelles Verlagsprogramm
direkt beim Verlag

Alle Bücher von Oesch erhalten Sie in Ihrer Buchhandlung